危機時代與主體建構

新世紀以來中國大眾文化研究

張慧瑜———著

| 目次 |

緒　論

一、「崛起」中國

　　新世紀已經「悄然」過去了十多年，不僅世界／美國發生了重要的轉折——從「911」（2001年）到阿富汗戰爭（2001年）、伊拉克戰爭（2003年），再到席捲全球的金融危機（2007年）及阿拉伯世界的政治／社會革命（2011年），而且中國也發生了巨大的變化——從世紀之交成為世界製造業加工廠到「大國崛起」，再到北京奧運（2008年）及GDP超過日本成為世界第二大經濟體（2010年）。關於世界與中國的故事呈現出兩幅圖畫，一邊是恐怖／反恐戰爭與深陷泥沼的經濟危機，另一邊則是和平崛起與高歌凱奏的中華民族偉大復興曲。不管樂觀，還是悲觀，這麼短暫的十年讓人們很難再回到冷戰剛剛終結之後的那個「快樂的90年代」[1]，那個充盈著全球化／市場化自由迷夢的時代。

　　如果說七八十年代之交啟動的全球新自由主義是為了應對70年代西方發達資本主義世界所遭遇的經濟滯脹危機（也預示著二戰後歐美三十年「黃金時代」的結束），那麼伴隨著冷戰瓦解而

---

[1]　馬淑貞編寫：《齊澤克論柏林牆的倒塌》，《國外理論動態》2010年第2期，第69頁。

被加速的全球化／資本主義化進程則遭受到911和金融危機的雙重挫敗之後進入調整與反思的時期。這是一個西方現代性真正波及全球版圖的時代，又是一個美英主導的新自由主義秩序面臨失敗的時代。就在金融海嘯的帳單還未理清「債務」之時，中東／阿拉伯世界的社會、政治革命引起多米諾骨牌效應，在美國心臟地帶也發生「佔領華爾街」運動，一種不同於20世紀的「新」世紀已然拉開了屬於自己的幕布。正如生活在一戰前夕的人們（主要是歐洲）很難想像20世紀的風雲激蕩，也許生活在當下的人們面對21世紀的開場白也沒有做好充分的準備，「新」的世紀究竟會上演什麼劇碼？

七八十年代之交，中國的改革開放恰好與英美世界全面推行雷根─柴契爾主義同步開啟。上世紀90年代以來，在經歷國內外劇烈震盪之後，中國憑藉廉價勞動力「優勢」走向了大力發展對外加工產業的「東亞四小龍」之路（也正是憑藉冷戰終結，亞洲四小龍的製造業開始轉移到中國大陸）。在世紀之初，中國沿海地區已經成為名副其實的「世界工廠」，正如好萊塢災難片《2012》（2009年）中拯救「人類」的諾亞方舟要由中國來建造。2001年中國成功加入WTO，這十年來中國經濟始終保持高速增長。這種為「世界」（主要為歐美中產階層市場供應廉價消費品）打工／生產的角色為中國積累了巨額的外匯儲備，以至於次債危機、歐債危機蔓延之時中國戲劇性地成了全世界最大的金主。這與其說是中國發展道路／經驗意料之中／外的事情，不如說更是全球化時代的產業分工及被派定的國際角色使然。

不過，與中國經濟起飛相伴隨的則是國內社會階層的急速「沉浮」。新世紀以來，一部分新富、中產階層、小資在市場

化／城市化過程中開始被主流媒體想像／建構為社會主體，而人數巨大的農民工、下崗工人則被論述為底層或者等待被救助的弱勢群體[2]。如何協調不同階層、利益群體之間的矛盾也成為2003年新一屆政府上臺之後所面臨的可持續發展的難題，也正是在這種背景下創建「和諧社會」成為執政者宣導科學發展的核心口號。2003年以來，中國政府逐漸調整執政策略，提出科學發展觀、和諧社會、和平崛起等一系列論述。這種論述暫時修正了90年代所急速推進的市場化政策，而轉向對社會民生的關注（如廢除收容制度、廢除農業稅、設立勞動法、全民醫保等）。這個過程被一些學者描述為一種針對90年代「經濟」市場化的「社會」保護運動[3]。

　　2007年十七大之後，政府積極推進產業轉型升級和發展模式的轉變，尤其是「金融危機」以來，中國經濟幾乎成為世界舞臺中的「一枝獨秀」，一種「大國崛起」以及「領導世界」的大國心態開始浮出水面。這種現狀使得在2003年先後出現的「北京共識」及其「中國模式」的討論更加方興未艾、愈演愈烈[4]，

---

[2]　2012年，據統計農民工有超過2.5億人之眾，還有3億人之說；在1998年至2003年下崗工人累計人數達2818萬，還有5千萬、6千萬的說法。

[3]　香港學者王紹光借用波蘭尼的「大轉型」理論來解釋2003年新一屆政府上臺之後的轉變，認為「胡溫新政」是一種從90年代以經濟為中心的發展策略轉變為向社會政策傾斜的「歷史性轉折」，參見《胡溫改革：新共識、新走向》（瑪雅主編：《戰略高度：中國思想界訪談錄》，中國出版集團、生活‧讀書‧新知三聯書店：北京，2008年）、《大轉型：1980年代以來中國的雙向運動》（http://www.chinathinktank.cn/ShowArticle.asp?ArticleID=9556）等文章。

[4]　「北京共識」、「中國模式」、「中國崛起」基本上2004年前後由海外中國觀察家提出，隨後引起國內學者越來越強有力的呼應，尤其是伴隨著2008年北京成功舉辦奧運會，關於有沒有「中國模式」的討論也漸入佳境，儘管有著截然相反的判斷（中國擁有獨特的發展之路或中國走得是彆腳的西化之路），但是中國經濟無疑正在改寫著全球政治經濟版圖。參考黃平、崔之元主編《中國與全球化：華盛頓共識還是北京共識》（社會科學文獻出版社：北京，2005年）、黃平、崔之

暫且不討論「中國模式」是否存在以及中國是否已然崛起[5]，一個基本的事實是，這種建立在經濟自由主義和國家威權主義之上的現代化之路，「使得新馬克思主義的依附理論和自由主義理論都陷入困境」[6]。與80年代在新啟蒙主義的改革共識下走向現代化之路不同，也與90年代在市場化衝擊下所帶來的社會困窘和危機不同，這種建立在經濟自由主義和國家威權主義之上的現代化之路，既沒有像實行新自由主義的拉美國家那樣走向債務危機和破產（所謂貧富分化引發社會動盪的「拉美化」），也沒有像韓國、臺灣等「亞洲四小龍」伴隨著經濟高速增長而帶來政治民主化。

在以美國為霸主的世界體系遭遇911和金融危機的雙重打擊之下，中國在世界政治經濟版圖中的位置發生了意想不到的變化。這種變化使得中國1840年以來的近代恥辱史被改寫為不斷走向現代化的大國崛起和復興之路。與此同時，中國社會階層已

元等主編：《中國模式與「北京共識」：超越「華盛頓共識」》（社會科學文獻出版社：北京，2006年）、潘維主編：《中國模式：解讀人民共和國的60年》（中央編譯出版社：北京，2009年）、鄭永年：《中國模式經驗與困局》（浙江人民出版社：杭州，2010年）等。

[5] 中國究竟有沒有特殊的「中國模式」、「中國經驗」還存在爭議，有趣的是，一種對中國歷史及現實的批判性分析往往很快被挪用或吸納為主流敘述。正如反思歐洲中心主義歷史觀的作品德國學者貢德・弗蘭克的《白銀資本——重視經濟全球化中的東方》、美國學者彭慕蘭的《大分流——歐洲、中國及現代世界經濟的發展》、義大利世界體系學者喬萬尼・阿里吉的《亞當・斯密在北京》等，某種程度上也可以支撐中國走向「復興之路」的表述，或者說，即使在歐洲進入現代時期，中國已然佔據世界經濟的中心位置，僅僅在1840年以來遭遇短暫的挫折，如今即將恢復到舊日的榮光。

[6] 正如義大利學者亞伯特・馬蒂內利在《全球現代化——重思現代性事業》一書中所接著指出的「前者認為居支配地位的中心國家與欠發達的邊緣國家之間的差距會越來越大，後者支持經濟增長與政治民主之間相互強化的觀點」，商務印書館：北京，2010年，第3頁。

然分化完成（如富二代、窮二代、農二代出現），處在某種危機四伏和積重難返的狀態。現實的複雜和糾纏在於，無論是「盛世中國」，還是「危機中國」都能找到足夠的例證來支撐，或者說光怪陸離的大都市景觀與景觀背後的「灰塵」、「死耗子」同時存在[7]。相比八九十年代所形成的國家（政府／體制）、市場（民營經濟／私有經濟）與藝術家（個人／個體）的分裂，新世紀以來這些不同的力量開始呈現更多的共識或共謀。一方面，隨著文化體制改革民營資本參與到大眾文化生產之中，另一方面，都市白領、小資等青少年群體成為文化消費市場的主力軍。如果再加上國家也經常以文化軟實力、國家形象的名義投入大量資本來推動社會主義核心價值觀的建設，那麼國家、資本與對特定歷史主體的詢喚共同完成了新主流共識的重建。如何回應中國現實的巨變／劇變以及金融危機時代的主流意識形態書寫，是每一個關心中國社會和從事文化研究的工作者不得不面對的迫切問題。

---

[7] 2009年有一部反映都市青年買房難的電視劇《蝸居》，與姐姐辛苦做白領依然無法買房相比，妹妹卻選擇了一條做市長秘書情人的人生之路，劇中有一段對話是妹妹詢問市長秘書「這個城市，你們這些人是怎麼管的？房價那麼高，工資那麼低，還讓不讓老百姓活了？」，市長秘書道出了「真言」：「原本在光鮮亮麗的背後，就是襤褸衣衫。國際大都市，就像一個舞臺，每個人都把焦點放在鎂光燈照射的地方，觀眾所看到的，就是華美壯麗絢爛澎湃。對於光線照不到的角落，即便裡面有灰塵，甚至有死耗子，誰會注意呢？我不是說上海，就是紐約、巴黎、東京，都一樣。你能對外展示的，別人看到的繁華，只有那一片，而繁華下的沉重，外人是感受不到的。這是一種趨勢，我們回不去的。」也就是說，出現「灰塵」、「死耗子」是國際大都市的必然代價，市長秘書接著告誡妹妹「資本市場原本就不是小老百姓玩的。但老百姓又逃不出陪練的角色。只能慢慢努力吧！海藻，也許你可以換一種活法，不走你姐姐的路。本來，這個世界就是一個多元化的世界，各種人都能找到自己的位置。」這段話不僅說出了「國際大都市」的秘密，也說出了作為「資本市場」的房地產本來「就不是小老百姓玩的」事實，可謂「一針見血」、「毫不掩飾」，所謂另外的道路就是一條「二奶致富」的捷徑。參見六六著：《蟻族》，湖北長江出版集團、長江文藝出版社：武漢，2007年，第79頁。

二、主體位置的置換

自80年代改革開放、尤其是90年代急速推進的市場化進程，中國社會迅速進入階級分化的時期，借用社會學家孫立平的表述就是社會結構及階層之間的「斷裂」[8]。為了彌合階層之間的斷裂，國家領導人提出科學發展觀、以人為本、和諧社會等一系列論述，一種在80年代末期被熱情呼喚、在90年代被想像為社會穩定和民主化力量的中間階層開始佔據社會主體的位置（中產階級具有保守和激進的雙重面孔），這就是市場經濟內部的消費者──小資、白領及中產階級，與此同時則是底層、弱勢群體的被命名。也就是說，中產階級與弱勢群體同時成為新世紀之交的社會命名方式，來指稱經歷90年代市場化的雙重主體。

新世紀以來，在這種中產階級作為社會中間／中堅的主體想像中，公民社會、公民權利被作為「和諧社會」的「和諧」話語，成為某種社會共識。在這種共識之下，救助弱勢群體、志願者精神成為新的道德自律，都市白領／中產階級充當著整合社會階層的「和諧」功能。不得不說的是，90年代末期和21世紀之初，關於中產階級、公民社會的討論還「猶抱琵琶半遮面」，那麼經過近十年的過程，「審慎而理性」的公民／中產終於成為社會的標竿和典範。尤其是近兩年來，公民「正大光明」地出現在維權、環保、捐助等各個「耀眼」的社會舞臺之上，不僅在媒體、雜誌上成為「公民勞模」，而且也入選央視評選的年度法治

---

[8] 孫立平著：《斷裂：20世紀90年代以來的中國社會》，社會科學文獻出版社：北京，2003年。

人物、年度道德模範、年度十大責任公民等。因此,《新週刊》評論這是一個「公民社會到來,『人民』應該退位」的時代。不幸的是,如果說2009年是公民登上歷史舞臺、成為社會主體和中堅的故事,那麼2010年則是「中產之殤」、「被消失的中產」、「不再中產」、「中產階級的沉淪」和「中產階級將倒掉」的故事。作為中產階級後備軍的80後成為「失夢的一代」,被迫「逃離北上廣,回歸體制內」。在這個意義上,這是一個公民獲得命名的時代,也是一個中產階級「人人自危」的時代。2009年末,蝸居、蟻族的出現,使得這些準中產階級或中產階級後備軍成為第四大弱勢群體,在空間上與同樣是80後、90後的新生代農民工處在相似的「進不來」、「回不去」的位置上。

中產階級的主體位置與執政黨的官方說法處在微妙的遊離和分裂狀態,這種分裂產生於七八十年代之交中國改革開放的進程建立在對50-70年代革命歷史的批判之上,因此,反官方/反革命/反主流一直是中產階級的底色,這與一種反體制的想像密切相關。80年代以來成功而有效地建構了一種反體制的想像。這種反體制的位置為改革開放提供了意識形態合法性基礎,因為解放思想、突破禁區等一系列政策調整正是對那種一元化的政治經濟體制的批判和修正。新世紀以來,政府、國家、官方意識形態在不斷地吸納這些非體制的力量,與此同時也在法治和市場經濟內部保障公民權利。與其說這是某種官方意識形態收編、命名了這些在共產黨國家不被信任的非體制力量,不如說他們才是有中國特色社會主義事業的「建設者」。從這裡可以看出一種主流意識形態共識建立在去革命和反體制的想像之上(國家與體制外的個人的彌合、國家與資本的融合)。正如無論是2002年出現的「新

革命歷史劇」，還是2007年以來的「主流電影」或「新主旋律大片」，都獲得了以中產階級為消費群體的認可，尤其是在2008年經歷西藏騷亂、海外青年護衛奧運聖火以及「汶川大地震」等一系列社會政治事件中，中產階級與主流價值觀達成某種和解。

　　不過，這種反體制的體制化想像卻充當著重要的意識形態功能。當市場經濟中自由擇業的公民和自主經營的非國有經濟，都因其反體制的位置而受到褒獎之時，那麼被迫離開「鐵飯碗」即下崗工人的故事也就變成了一種反體制及離開體制的勇士之舉，離開壓抑的工廠體制走向「社會」的「自由」空間就獲得了一種合理化的解釋。從歷史上看，80年代以來尤其是90年代急速推進的市場化，與那些「主動」選擇自主創業、自謀出路（其中的少數成了現在的民營企業家）相比，越來越多的人們從體制內被放逐到體制之外。特別是國有大中型企業在轉型、改制中產生了巨大的「多餘的人」，這些被作為企業包袱的工人被迫「下崗」或經歷「再就業」的過程。也就是說，這些曾經作為社會主體的工人階級重新從一種生老病死有依靠的「束縛」狀態中，變成了除了出賣「勞動力」之外一無所有的「自由」人。與之相似而不同的是，在90年代中後期大量工人大崗的同時，是80年代末期另外一群脫離土地、家族等「束縛」的農民進城打工，變成了「半自由」的勞動力（因為他們還被「強制」保有一塊無法買賣的土地）。可以說，工人下崗與農民工進城是兩個完全相反的過程，一邊是中小國有企業破產帶來的工人失業，另一邊則是逐年增加的農民工湧入東南沿海等「世界工廠」。

　　在這種社會結構的「乾坤大挪移」中，反體制、離開體制成為一種自由解放的神話，有效地遮蔽了曾經作為社會主體或準主

體的工人與農民重新變成被資本墾殖的廉價勞動力的過程。從這裡可以看出雙重主體的流動和轉化過程，一種是從體制之外的中產階級、富裕階層上升為社會主體的過程中，一種是農民工、下崗工人由工農兵的人民主體被放逐到社會邊緣、弱勢、客體位置的過程。

三、危機時代的主流意識形態

如果說從好萊塢電影中可以看到中產階級所遭遇的某種困境——正如美國紀錄片導演邁克爾・摩爾在講述金融危機下美國中產階級悲慘生活的紀錄片《資本主義：一個愛情故事》中，那個中產階級與資本主義的愛情密月期正是被歷史學家霍布斯鮑姆命名為「黃金時代」的從戰後到70年代的歲月，還如3D巨片《阿凡達》講述一個癱瘓的美國士兵在潘朵拉星球／異族之地的重新「站」起來的故事，那麼對中國來說，則是曾經作為準中產階級或中產階級後備軍的蝸居、蟻族變成弱勢群體的故事。主流意識形態能否有效地建立文化霸權，關鍵在於能否吸納、回應、包容諸多批判性和異質性的敘述。在這樣一個自我反思的時刻，也可以看出主流意識形態講述整合、度過危機的方法。在「紙包不住火」的時候，意識形態經常通過描述或呈現某一階層的現實危機，一方面讓危機中的人們接受並不如意的現實（因為除此之外，沒有其他的選擇），另一方面對其他階層的議題就可以「置若罔聞」，正如對於當下中國來說，中產階級下層的傷痛和哀怨無疑遮蔽了更為邊緣的其他三大弱勢群體的問題（農民工、農民和下崗工人才是「沈默的大多數」）。對於每一個不安於現狀的

人們來說，能否有另外的選擇，或者能否想像另外的選擇是創造一個真正「多元化的世界」的開始。

　　在白領越來越難以奮鬥成功的時代，佔據大眾文化中心位置的卻是一群「草根達人」。隨著旭日陽剛、西單女孩等草根明星登上春節晚會的大舞臺，近一兩年來，在電視螢幕上出現了越來越多的草根明星或草根達人，用「草根」來描述這些達人、奇人的身份，是近幾年來常見的社會命名方式。「草根」儘管來自於英文「grass roots」的直譯，但其作為社會流行詞彙與2005年湖南衛視舉行的選秀節目《超級女聲》有關。從「超女快男」到「草根達人」，關於草根的想像由帥哥靚妹變成了更為底層的農民工旭日陽剛、農民歌手劉大成、「大衣哥」朱之文等。翻唱和模仿成為這些草根歌手最為重要的看點和技能，如農村歌手劉大成對男高音和朱之文對《三國演義》主題曲的模仿。這種對流行歌曲或高雅藝術的「高超」模仿與其農民、農民工、流浪歌手的「底層」出身之間的錯位，給電視機前的觀眾帶來了「見證奇跡的時刻」（恰如劉謙的近景魔術，電視達人們也具有魔幻效應）。這一方面可以看出從網友紅人到電視真人／模仿秀的越來越嫻熟的文化生產機制，以至於旭日陽剛的「終南捷徑」使得全國各地的流浪歌手紛紛湧進北京的地下通道；另一方面也改變或建構著人們關於電視機之外的世界／生活的「傳奇性」和「奇觀化」想像，仿佛這是一個不斷發現「達人」和創造「奇跡」的時代。這些出身底層的草根明星的「出場」並沒有讓以網路、電視機為消費主體的中產及市民觀眾更多地關注和瞭解城市「地下」通道和城市之外的農村空間，反而這些在消費主義景觀中鮮有呈現的空間被進一步定型化為盛產「奇人異事」的化外之地。他們

的載歌載舞、高超藝能與其「真實」的生活／生存狀態之間沒有任何關係。無論是專門訪談、還是現場講述，這些草根明星的故事都被講述為懷揣著夢想、並夢想成真的故事，而觀眾也絲毫意識不到這些草根明星的「成功」很大程度上來自於發現他們的「眼睛」（網友的圍觀及攝像機）及其網路、電視媒體的生產機制，仿佛他們「從天而降」、來自於「烏有之鄉」。

在這樣一個社會階層越來越固化、就連蟻族、蝸居都要「逃離北上廣」、中產及準中產階級倍感都市生活之艱的時代，人們不僅僅需要白領杜拉拉升職／升值記的「奮鬥」故事，更需要底層草根的「一夜成名」的「成功記」或者說「變形記」的故事。因為觀眾可以從這些草根達人／弱者（身體、性別、年齡和社會意義上）身上看到「身殘志堅」、「生活雖貧困卻擁有美好心靈、才藝」的想像，他們被賦予純潔的、沒有被污染的「有機／綠色」人生。可以說，這些「達人秀」在把草根變成「草根達人」的同時，更實現了一種消費「底層」、把「底層」傳奇化、他者化的意識形態效果（與圍觀「犀利哥」、「鳳姐」等相似）。草根作為一種社會指認方式，在突顯體制外、底層、普通人等涵義的同時（相比富二代、官二代，草根是弱者的代表），又有效地成為突破這些社會區隔的成功者（草根式的成功代表著個人奮鬥、勤奮等美好的價值觀），從而被賦予一種弱者變成強者／成功者的迷思，其意識形態功能在於使得作為底層、弱勢群體的農民、農民工被轉述／再現為一種可以「實現個人夢想」、成為令人羨慕的「大明星」的故事。

也許，在這個欣欣向榮而又危機重重的時代，人們更願意相信「奇跡」會發生。

第一章

「愛的奉獻」的霸權效應、公民社會的想像及批判的位置
——關於2008年「汶川抗震救災」的文化解讀

　　「汶川大地震」已經過去一個多月了[1]，關於這次抗震救災，媒體與國家如此親密無間的合作，可以說，達到了非常成功和有效的動員效果，尤其是地震不久中央電視臺舉辦的大型直播晚會「愛的奉獻」（2008年5月18日）[2]，把這次「眾志成城、抗震救災」的情感動員推向高潮，從最高國家領導人把人的生命放在最高位置，到一次次地出現生命的奇蹟，坐在電視機前的觀

---

[1]　這篇文章寫於地震發生後不久，有感於中央電視臺抗震救災的晚會《愛的奉獻》，作為媒體事件的「抗震救災」已經接近尾聲。其實在這樣一個時刻，發表這些或許與大眾媒體不太和諧的聲音，心裡也有些不舒服，畢竟如何持久地安置災民和災區的後續重建，依然需要「大家」盡一份心、盡一份力。

[2]　5月12日14點28分「汶川大地震」之後，中央電視臺15點就開始了24小時不間斷直播，其他電視臺也陸續舉辦了各種賑災晚會：如5月15日19:30，湖南衛視、湖南經視聯合直播《愛心總動員——我們都是一家人》、5月16日20:00，湖南衛視直播第二場《愛心總動員——真情相守、共度時艱》、5月16日20:00，深圳衛視直播「抗震救災 深圳有愛」募捐晚會、5月16日20:00，河北衛視舉辦《我們在一起——燕趙兒女情繫災區賑災義演》大型直播晚會、5月17日晚，廣東衛視舉辦《川粵同心，眾志成城——廣東省抗震救災義演晚會》、5月17日19:30，重慶衛視規模浩大的「我們是一家人」5·12賑災義演、5月17日，東方衛視直播《血脈相連、眾志成城——上海市社會各界賑災文藝晚會》、《加油！2008特別節目——緊急救災總動員》等多台抗震救災主題晚會、5月18日，香港TVB《眾志成城抗震救災》、5月18日晚，中央電視臺《愛的奉獻——2008抗震救災大型募捐活動》（共募得15.14億元）、5月19日，江蘇衛視舉辦「眾志成城，唱響愛」的賑災義演晚會等等。見《賑災節目很快很及時》，2008年05月24日，南方都市報。

眾無數次地經歷著悲喜交加的情感洗禮。「天地有大愛，人間有真情」、「只要人人獻出一點愛」、「明天更美好」、「地陷天不塌，大災有大愛」、「一方有難，八方支援」、「只要人在，就不怕沒有希望」，國家領導人、解放軍、醫療隊、媒體人、國際救援隊，還有無數的企業、個人捐出善款，似乎一切都無需動員，我們看到了人們的自覺和自發，並且這種自覺不僅僅在國內，「全世界」都以直接或間接捐助的方式參與到對災民的關愛和救助之中。在這個過程裡，一方面可以感受到各級各種國家機器運行的如此流暢，另一方面感覺到「企業家」、「普通市民」如此之高的自覺捐獻的熱情，一切都是這麼自然、這麼恰當。但是，除了「愛的奉獻」也說不出其他的話語。問題不在於愛的話語的空洞性，而在於這種建立在人性、人道基礎上的道德、倫理話語是如此地具有霸權性（從領導人把以人為本作為國家政策，到普通個人獻出愛心的道德自律）。

如果稍微拉開歷史的縱深，回到新時期初期關於人道主義、異化的爭論還被作為一種資產階級自由化的標誌，那麼近30年之後，這種話語已經不知不覺地成為這個社會唯一具有整合力的話語。在這種「愛的奉獻」的感人畫面中，救助者是如此地盡心盡力、無私奉獻，被救助者又是如此自覺地說出「謝謝」、「感謝」，連90年代以來借助冷戰想像不斷地製造人權話題來指責中國或中國政府的西方媒體（尤其是發生中國與其他國家的貿易摩擦時），也幾乎找不出任何質疑的空間，就在地震發生前不久（3月14日）因西藏問題而出現的「反華」大合唱也瞬間瓦解。與海外華人護衛聖火的悲壯不同，日本、美國、俄羅斯、英國等國家紛紛伸出援助之手，以至於產生了「全世界聯合起來」的幻

覺（當然不是無產階級聯合起來）。可以說，借助這次救災，國內變得空前和諧，國際環境也暫時逾越了冷戰想像，中國終於成為「世界」大家庭的一員，「世界」竟然會如此美好！？

一、「愛的奉獻」的霸權效應

在這次抗震救災中，我們看到了志願者或民間（公民、市民）社會的力量和作用，民眾自發的救助是如此「強大」和自覺。這次救災的動員效應絕不僅僅是政府自上而下的宣傳，而是城市市民或者說中產階層的自覺地慷慨解囊，一種以人道主義為主的道德自律被由衷地調動起來，不由地感歎中國公民社會的強大，如果說2005年超女比賽通過娛樂選秀想像「拇指民主」的實踐，那麼這次救災可以很清晰地感受到中產階級市民強烈的責任感和道德感。這種道德感並非此時此刻才被煥發出來的，最近幾年，在媒體上不斷地看到關於救助弱勢群體的公民行動，如被廣泛報導的是對貧困大學生的資助和對殘障人士的救助（一種因生理而不是社會造成的弱勢，如同地震作為自然災害更容易免除「社會」責任一樣）。其中，一個引起廣泛爭論的事例是，被救助大學生沒有把捐款用作讀書反而去開公司創業，捐贈者向大學生「索要」善款和道歉。從這裡可以看出，被捐助者應該有「自覺」地向捐贈者感恩的意識。這不僅是一個獻出自己的愛心去幫助別人的時代，也是一個被救助者要時刻感謝「恩人」及社會的時代。而關於這次救災捐款，在網路上討論最多的是哪些企業捐了多少錢，哪些企業沒有捐錢，在這裡「富而有禮」獲得最佳的體現。對於那些沒有捐款或捐款較少的知名企業家（如王石遭遇

捐贈門）則被指責為「為富不仁」。在不斷增長的捐款數額裡，「為富仁」就獲得了道德正義性。或者說在這種以金錢為唯一指標的人道主義救助中，階級的問題得到了想像性彌合。這種社會救助的大合唱試圖面對和解決90年代中期以來中國急劇分化的階級事實，貧窮與富裕的問題被轉移為富者如何救助窮困者的問題，慈善和大愛精神已經成為當下的社會共識。

　　「愛的奉獻」作為一個名詞性短語，如同90年代中期國企改革攻堅戰中出現的社會文化表述「分享艱難」一樣，非常巧妙地通過迴避主體與客體的位置來構造一種霸權表述，比如「分享艱難」並沒有說出「誰」分享「誰的」艱難，似乎「分享艱難」不言自明地具有主體和客體，但是這個短語本身卻把市場化進程中被剝奪者（下崗工人）承受國家改革代價的問題（也常常被描述為轉型期的「陣痛」）轉化為讓「人民」來分享「國家」艱難的一種有效詢喚。「愛的奉獻」也是如此，「誰的」愛奉獻給「誰」是不需要說出的前提。如果說後者／客體是災民，那麼前者／主體又是誰呢？是你，是我，是他，還是電視機前的觀眾？「愛的奉獻」恰恰要空出這樣一個主體位置等著你、我、他來由衷地填充（恐怕很少有人把自己放置在被救助者的位置上）。在這種道德撫慰中，我們無需追問「地震」發生的合不合理。當然，如果是自然災害，就更不需要去追究社會的責任。「愛的奉獻」把無法抗拒、無法預測的「地震」轉化為「人間自有真情在」、「大愛無疆」的溫情舞臺。有效的意識形態不是不讓人看見，而是讓「黑暗」的、有威脅的力量以某種方式顯露出來，然後再用安全的方式來驅逐「黑暗」，現在的「驅魔術」最有效的一個，就是「人人」都點亮一盞燈可以少一點黑暗。「愛的奉

獻」與其說在告慰災民，不如說在撫慰我們自己。可是，人人都是奉獻者，這裡的人人真的是全部嗎？這種中產階級道德依然是有邊界的，從電視中可以清楚地看出，所有獻愛心的人都是市場內部的城市市民，農村／農民依然在這種市民空間的想像之外，也就是說農村／農民不在捐款、不在獻出愛心的共同體裡面。他們之所以被排除在外，是因為農村還沒有被市場的邏輯吸納、在市場之外，儘管市場已經對農村虎視眈眈了，不斷有通過農村土地私有化的方式來實現農村市場化的呼聲。或許有一天，市場把所有的外部都吞沒了，但悖論的是，市場永遠需要一個外部，以前是殖民地、女性、黑人，現在這些都被「解放了」，鄉村、欠發達地區、家庭以及欠發達地區依然充當著市場的外部，為市場提供原料／勞動力，並負責回收廢棄物／殘疾勞動力，正如家庭和欠發達地區的鄉村發揮著收治傷殘勞動力並維繫勞動力再生產的功能。

如果稍微追溯一下《愛的奉獻》這首歌曲的誕生之處，是1989年政治風波之後的春節聯歡晚會上，《愛的奉獻》由當時實力女歌星韋唯為著名圍棋大師聶衛平姐姐家的保姆演唱的。名人家的外地保姆不幸身患絕症，所以號召現場觀眾和社會各界給她捐錢。有趣的是，這裡的被救助者是保姆，捐款者是保姆的「主人」，捐助與被捐助者的權力以及階級位置已經很清楚了（相比「為了六十一個階級兄弟」這一社會主義時代的經典文本[3]，同階級的兄弟情誼已經轉變為主人與保姆的「和諧相

---

[3] 在《〈為了六十一個階級兄弟〉真相》（馬門全，《南方週末》，2003年7月3日）的解密文章中指出「當年作為反革命分子而被槍斃的投毒犯張德才，投毒的真正動機，原來不是破壞社會主義事業，而是出於報復的目的」、「在家喻戶曉的『六十一個階級兄弟』中，其實有不少是地主富農子弟，還有個別是反革命

處」）。聯繫到最近幾年的感恩教育，顯然愛的奉獻也不是無私的奉獻，捐獻者捐助的是「恩情」，因此被捐助者應該懂得「報恩」。這種感恩的話語一次次從廢墟裡救出來的孩子、婦女口中說出（孩子、女性依然是更感人的弱勢者的代表，在媒體宣傳策略中也更為有效），尤其是在《愛的奉獻》晚會現場，來自災區的孩子要求剛剛聯絡上的已經脫險的父親，一定要去做志願者，去幫助更多的人，確實是最感人的場景之一（我看的時候，也哭了，相信人性的偉大，相信世界將變成美好的人間）。在這裡，可以反思一下「志願者」為什麼會成為一種有效的身份認同，「『志願者』是英文Volunteer的中文譯法，也被譯做『義工』。志願服務起源於19世紀西方國家宗教性的慈善服務，在世界上已經存在和發展了100多年。核心精神是『自願、利他、不計報酬』」、「志願者概念從上個世紀80年代引入中國，並以1993年12月5日中國青年志願者協會的成立為標誌性事件」[4]，這些說法顯然更強調志願者服務的西方源頭以及中國與世界接軌的標誌。不過，與人們的文化記憶更相關的是，「志願」所引起的聯想是抗美援朝時的「中國人民志願軍」，是入黨、入團志願書中所填寫的「我志願加入……」，而中國志願者網上查到的關於志願者服務精神的實踐者是雷鋒精神和白求恩的國際主義精神。這種志願者精神與其說是雷鋒和白求恩精神在志願者服務中

家屬……但為了突出『階級兄弟』的概念，這些出身不好的人的家庭成分均被填作下中農或中農，暫時享受了『階級兄弟』的待遇」，暫且不管這篇「解密」文章的真實性，文章本身所要解構的恰恰是「為了六十一個階級兄弟」的「階級情誼」，這從反面可以看出「階級情誼」也是一種特定意識形態話語的產物。

[4] 《什麼是志願精神？》，http://www.southcn.com/news/community/shzt/volunteer/analyze/200509150540.htm。

的延續，不如說借助志願者服務這樣一個詞彙把雷鋒精神中的共產主義戰士的道德典範和國際主義精神轉化為一種人道主義敘述。「我志願」中志願是一個動作，加上「者」這個助詞就變成了名詞了，也就是說「我志願」的物件就消失了，我志願做什麼不重要了，「志願者」是「志願」的名詞化，同時也是志願的對象，即「我志願成為志願者」，「志願」本身就是「志願」，多麼好的同義反覆啊！

這種「愛的奉獻」的話語成為一種霸權表述，不在於作為準中產階級主體的城市市民被這種話語所整合，而在於這種意識獲得了其他階層尤其是被統治階層的由衷的、發自內心的認同，這正是文化霸權的威力，使人們意識不到或者說不能馬上就意識到這是某個階層的訴求。也許「愛的奉獻」的晚會很空洞，但從另一個角度來說，能指越空洞越具有包容性。下面我試圖從兩個方面來論述「愛的奉獻」所預留出的主體位置是如何被非中產階級的底層民眾以及作為中產階級預備軍的80後所分享的，以說明這種話語所具有的文化整合力。

網路上有一篇關於「非震區災民」的帖子[5]，是一個工廠的工人（對於作者是不是這個身份，網友有所質疑）為自己沒有捐款而感到愧疚，非常自責地說「我是不是值得鄙視」。而沒有去捐款的原因有這樣幾個：一是廠門口的捐款箱無人問津，作者也不願意「露風頭」，因此，「心裡卻一直有點疙瘩，覺得自己好像做了一件錯事，一直在受良心的譴責」；二是為了平復自己的

5　鄉下小妖1979：《『天涯雜談』大災了，我流了很多淚，沒有捐一分錢，大家來鄙視我吧》，2008年5月23日，http://cache.tianya.cn/publicforum/content/free/1/1268045. shtml。

良心，同時又不想在同事中顯得「另類」，就必須「坐公車到很遠的沃爾瑪超市門口的紅十字會捐款箱」，考慮距離的原因，作者也沒有去；第三個，或許也是對作者觸動最大的一個原因是，他看到災民的伙食「標準」（暫且不說事實是否如此）比自己這個工廠的正式工人還要高，「災民一天的生活費比我兩天的還多」。考慮到這些原因，作者沒有去捐款，因此，「我一直覺得心裡很糾結，不捐錢好像欠了誰的。難道我不是一個善良的人嗎？我也曾自願地跑到血站去獻血。我為大災流了無數的眼淚。」或許，把這些難言之隱寫出來，可以緩解自我內心的自責，或者說求得原諒本身是自我赦免的一種方式。讀這樣一個「故事」，我覺得有點震驚，或者說作者（考慮網上「誰也不知道對方是條狗」的潛規則，暫且不追問發帖人是不是與帖子中的敘述者統一）如此強烈的自責和自省意識究竟是如何形成的呢？是什麼對這樣一個帖子中的工人造成如此大的愧疚感呢（帖子的敘述很像宗教懺悔，說出自己罪過的過程也就是獲得或求得赦免的過程）？帖子的第一句話是「第一次在電視上看到災情，我吃了一驚，繼而看到救災，感到安慰與感動，每每在電視前淚流滿面」，電視以及電視中的災情和救災使作者感受了一種捐款的壓迫感和情感的強制力。從這裡也可以看出，電視／傳媒在這次抗震救災中所發揮的巨大而成功的動員或詢喚效果，或者說，「不捐款就會造成良心自責」（或許不需要網友對富豪的「逼捐」，普通人也自覺地有道德壓力）。而問題的有趣之處在於，這份自責來自工廠的工人，按照作者的敘述，僅從災民的伙食對比中，就可以看出他是比災民更「災」的群體（為什麼會如此呢？工人階級從受社會主義體制保障的準城市中產階層在十幾年市場化改

革中失去了歷史的主體位置而跌落到社會底層[6]，儘管還有比工人更低的看不見的底層）。如果真是如此，帖子的敘述者本人應該也是被救助的群體才對，可是他（姑且把帖子的敘述者認作是一個男性吧，工人與男性的想像更符合社會常識，一般來說，在「工農兵」的群像中，工人和士兵是男性，農民則是女性身份）為什麼偏偏沒有意識到自己是需要被救助的人，反而為自己無法成為捐款者也就是去幫助別人而深深愧疚呢？這恰恰就是「愛的奉獻」等人道主義話語自身所建構的主體位置，也就是說，「只要人人都獻出一點愛」、「愛的奉獻」所強調的是「獻出」，而不是接受，作為奉獻的接受者在這種敘述中是客體的位置，而不是主體位置。因此，帖子的敘述者為自己無法填充或滿足這樣一個必須「獻出」的主體位置而深深地自責和焦慮，當他寫出這些「懺悔」的時候，網友幾乎都好心地回帖「少捐點沒有關係，心意到了就好了」，這樣的回帖應該可以使他獲得些許安慰吧。

如果說「非震區災民」因對這套話語的認同而自責，反而呈現了他從屬於低階層的身份，那麼80後在這次抗震救災中「終於」獲得雪恥惡名的契機。80後作為一種獲得承認的命名，經常是嬌生慣養、自私自利、特立獨行等負面形象的代名詞，儘管以韓寒、郭敬明、春樹等青少年作家為80後的代表首先在市場的意義上獲得成功，姚明、劉翔等體育明星也被劃歸80後，但是80後並沒有能夠擺脫不負責任的「溫室裡的花朵」的想像或者說是中國的「垮掉的一代」[7]。80後作為一種代際命名，並非始作俑

---

[6] 汪暉著：《改制與中國工人階級的歷史命運——江蘇通裕集團公司改制的調查報告》，《天涯》2006年第1期，第52-72頁。

[7] 2004年2月，《時代》雜誌將春樹作為封面，把春樹、韓寒、滿舟和李揚這四個中途輟學、性格叛逆的年輕人作為中國「80後」的代表，他們被認為是為中國的

者,最早在文學雜誌中出現的是70後寫作,隨後才有80後的少年作家們,再往後,它被應用於對80年代出生的一代人的描述,這種不斷更替的代際劃分本身是很80年代的文化邏輯[8]。當然80年代又延續了五四以來對於新一代、少年、青年以及孩子作為拯救性或被拯救性力量的浪漫化的直線進化論式的想像(作為「五四」的重要文化表述就是孩子、少年是中國未來的希望,同時也是被拯救或被啟蒙的物件,恰如魯迅的名言「救救孩子」)。可以說,80後基本上可以等同於青年人,自然或先然背負著國家/民族未來的意義。因此,無論是對80後的負面評價(恨鐵不成鋼),還是正面評價(成熟,就意味著擔當),都是這種想像的產物。從另一個角度來說,經過80年代對左翼文化的清算,作為歷史主體想像的「工人階級」、「工農兵」、「人民」已經失效,80後或許成為填補50-70年代革命文化消失之後歷史主體空白的一種可能方式(儘管不一定有效)[9]。可是,80後是在「去

「垮掉的一代」及嬉皮文化的代表。

[8] 戴錦華著:《霧中風景——初讀「第六代」》,收入《隱形書寫——90年代中國文化研究》,江蘇人民出版社:南京,1999年9月,第131-135頁。

[9] 這可以從2007年熱播的兩部青春勵志電視劇《士兵突擊》與《奮鬥》中看出蛛絲馬跡,前者是底層青年如何在社會結構中尋找自己位置的「白日夢」,作為普通士兵許三多,需要的不是成長為共產主義戰士,而是在部隊的一個又一個的比賽和考驗中脫穎而出,在經歷了新兵連、場站訓練場、鋼七連、特種大隊等一系列PK比賽,許三多最終獲得了勝利,成為「兵工」即特種兵,而這種勝利被歸結為一種「不拋棄,不放棄」的精神,即不拋棄理想、不放棄戰友(也就是要堅守一種基本的道德底線,不能為了勝利的結果而不擇手段),這成為每一場PK比賽中的贏家的邏輯,這部電視劇與諸多電視臺的PK比賽(自從超級女聲所開啟的PK比賽,各種PK賽式的電視欄目成為電視臺最熱播的欄目)充當著相似的意識形態功能,就是在比賽或遊戲中,明白勝利與失敗的道理,而不去質疑比賽或遊戲本身的合法性;後者則是資產階級之子的沒有奮鬥的奮鬥史,子一代或許不需要金錢所標明的成功,但需要的是核心家庭的圓滿和朋友的友誼,這兩部戲所召喚的主體恰恰是充滿道德自律感的中產階級價值,相反,那些為了勝利不擇手段以及出賣朋友的行為,即使成功了(獲得金錢或至高榮譽),也不是真正的成功者。

政治化的政治」環境中長大並深受個人主義和消費主義的影響，或者說80後更像市場意義上的個人（一種去政治化或非政治化的個人），普遍存在著一種政治／社會冷漠症。但是，通過這次抗震救災，正如美國的《國際先驅論壇報》（5月21日）所說：「四川地震固然是一場悲劇，或許它也帶來了一些好處。它有助於消除一個偏見：中國新一代學生都是自私的物質主義者」[10]。80後不僅踴躍參與獻血、捐錢、捐物，而且以個人或志願者組織的形式趕赴災區直接參與救災，其中，以反叛學校體制而成名的小說作者、賽車手，同時也是最先獲得80後命名的人物韓寒更是身先士卒，第一時間趕赴災區（據說推掉了一些商業代言活動）。與這些80後的「明星們」毫不遜色的是，參加抗震救災的解放軍、武警部隊、醫療隊中也有許多是80後，「80後志願者成為四川抗震救災志願者的中堅力量」[11]，教育部也對「80後」在抗震救災中的出色表現給予表揚（儘管教育部把80後的表現主要歸功於校園裡的政治思想教育）[12]。這種對於80後的正面評價，並非始於這次大地震，而是年初南方雪災中，80後已經獲得積極參與救災，到了三月份「反藏獨，護聖火」的活動中，「80後的愛國情」被極大地激發出來，包括海外的80後們。香港的《南華早報》稱讚說「愛國主義重塑『80後』一代」[13]，

[10]　《國際先驅論壇報：震災改變人們對中國「80後」的看法》，2008年5月29日，東方早報，http://news.hexun.com/2008-05-29/106325171.html。

[11]　《80後志願者成為四川抗震救災志願者的中堅力量》，2008年5月21日，成都日報，http://news.xinhuanet.com/society/2008-05/21/content_8217838.htm。

[12]　《「80後」抗震救災中表現出色，教育部稱對此有預期》，2008年5月26日，中國新聞網，http://www.chinanews.com.cn/edu/zcdt/news/2008/05-26/1262527.shtml。

[13]　《香港〈南華早報〉：愛國主義重塑「80後」一代》，2008年5月7日，新華網，http://news.xinhuanet.com/world/2008-05/07/content_8121115.htm。

「從『反藏獨』大簽名，到msn『愛中國』紅心大聯合，再到『ANTI-CNN』網站的創建，這種團結意識、愛國情操和首創精神不禁讓人對『80後』刮目相看、肅然起敬！」[14]，有「『80後』領導全球愛國行動，中華後繼有人」[15]的盛讚，似乎在災難中80後終於「長大成人了」，或者說「80後終剝去『妖魔化』外衣：被讚已走向成熟與理性」。這種敘述的邏輯支撐是，備受指責的80後不過是未成年人（不懂事的小屁孩），而經歷了某種「考驗」／磨難，80後成為了法律、社會意義上的主體（有責任、有擔當、有理性的人，準確地說男人）。在一篇《成熟，就意味著擔當》的帖子中，網友總結地震發生後「80後」變化：

變化一：以前不怎麼看中央台一套；現在鎖定CCTV1不換台。

變化二：以前心情為股票漲跌起起伏伏；現在恰好買的股票漲停，但就是興奮不起來。

變化三：以前並沒發現自己和周圍人有多愛自己國家；最近發現自己其實愛死她了。

變化四：以前晚上有空就去逛街、和朋友泡吧、K歌；最近沒這個心情了。

變化五：以前總覺得做白領好累、壓力大，有很多事情要煩；最近發現還是關心災情占了很多的時間。

---

[14] 《80後終剝去「妖魔化」外衣：被讚已走向成熟與理性》，2008年5月7日，人民網（北京），http://news.163.com/08/0507/16/4BBRNIE7000120GU.html。

[15] 《「80後」領導全球愛國行動，中華後繼有人》，鳳凰博客，http://blog.ifeng.com/article/1440347.html。

變化六：以前很擔心我們國家萬一遇到類似70年前的日本
　　　　侵略，會心不齊，沒有凝聚力；現在發現自己是瞎
　　　　操心。

變化七：以前和誰都客客氣氣，現在對不關心地震的同事；
　　　　劃開了界限，覺得不是一路人。（讀者可檢驗以上
　　　　變化，看自己符合哪幾條。）[16]

　　這種成熟的「主體」是有具體所指的，就是一種「愛國
情」，恰如「ANTI-CNN」網站的創建者說「如果沒有國家就
沒有我們的幸福生活」。如果說這種愛國情在三月份的「愛中
國」紅心大聯合中，還會出現被指責為民族主義的雜音[17]，那麼
到了抗震救災中，80後的愛國情就很少被指責為一種受到國家
動員／煽動的民族主義情緒了。這種80後從「特立獨行」的個
人或個人主義姿態向有社會責任和愛國心的轉變，不再被認為是
政府的宣傳／動員（煽動／收編）的「洗腦」，而是一種自覺和
自願的「成長」。這種主體位置的轉移，與其說是一種阿爾都
塞意義上「個人與社會的想像性關係」的調整，不如說是葛蘭
西的文化霸權（Cultural Hegemony）[18]又一次發揮作用的時

---

[16]　《成熟，就意味著擔當》，http://www.why.com.cn/epublish/node3689/node17527/
　　　node17532/userobject7ai134582.html。

[17]　民族主義成為一個負面修辭本身是意味深長的，作為以民族國家為核心單位的國
　　　際秩序，無論怎麼說，民族主義都是其認同的基本或有機組成部分，如果說民族
　　　主義被扭曲成一種排外的、自我封閉的、烏合之眾的代名詞，那麼如何討論20世
　　　紀五六十年代出現的第三世界民族解放運動的合法性呢？或者說對民族主義的妖
　　　魔化本身，是不是對這段歷史的一種負面書寫的一部分呢？

[18]　葛蘭西的文化霸權的概念，是面對革命為什麼會在落後的俄國發生（葛蘭西把
　　　「十月革命」稱為「反《資本論》的革命」）而沒有在發達的西歐比如義大利發
　　　生的問題，在他看來，革命之所以會在俄國爆發，是因為「在俄國，國家就是一

刻。從這裡可以看到，在危機時刻或者說動員的時代裡，個體是如何被主動地、自願地吸納到國家、民族、祖國等認同之上的，就連被認為是在個人主義的養料中長大的80後也可以「輕易地」被「收編」，就像「志願者」這樣一個有著明確方向性的身份一樣，「我」是自願的。這種80後所表現出來的愛國主義熱情，與其說是社會主義文化的遺產[19]，不如說更類似於美國式的建立在個人（英雄）主義基礎上的愛國主義，這與80後在很大程度上是未來城市裡的準中產階級的身份認同密不可分，因此，他們「自然」具有一種以人道主義為核心價值的中產階級道德自律。

這種建立在人性、人道主義基礎上的以捐款捐物為行動指南的意識形態性，不在於要求富人、有錢人、中產階層去獻出愛心，而是那些顯然低階層或非中產階級的人們也要由衷地認同於這樣一種敘述，並把這種敘述邏輯內在化，這也可以證明這樣一套話語自身是如此地具有整合力和霸權效果。說到這裡，就不得不進一步追問，究竟為什麼這樣一套老話語會「煥發出新顏」，

切，市民社會處於原始狀態，尚未開化；在西方，國家和市民社會關係得當，國家一旦動搖，穩定的市民社會結構立即就會顯露。國家不過是外在的壕溝，其背後是強大的堡壘和工事」（《獄中劄記》，中國社會科學出版社：北京，2000年10月，第194頁），這既是對十月革命迅速成功的解釋，也是對義大利這樣擁有「穩定的市民社會」的地區進行革命的策略，或者說，「奪取政權」並非意味著革命的成功，「國家不過是外在的壕溝」，關鍵是如何攻克「市民社會」的「強大的堡壘和工事」，這某種程度上補充了列寧在《國家與革命》中關於社會主義革命有可能在資本主義鏈條的薄弱環節發生的論述。

[19] 80後主要以金字塔式的應試教育為基本經歷，相對滯後的中學教育似乎為80後打下了某些社會主義文化的印記，儘管可能是無效的，比如中學語文課本中基本上是現代和50-70年代的作品（有趣的是，在80後的語文教科書中，文革作品被剔除，十七的作品保留下來，而在21世紀的教改中，反而放了革命樣板戲片段，而把十七年的作品基本上都刪掉），因此，在進入大學之前，80後基本上在封閉、保守、集體主義的某種準社會主義氛圍中度過。

遠得不說這套話語形成於19世紀，就連30年前剛剛在中國出現的時候，其意識形態性還昭然若揭，甚至被作為異端的思想[20]，但是此時此刻已經很難再指認出它的意識形態性了。也就是說意識形態恰恰以非意識形態的方式才能有效運作，一旦露出意識形態的尾巴，也就離失效不遠。如果說這套話語會如此有力而有效，恐怕與當下中國的社會結構的固化有關，如果說90年代中期，中國還處在階層極速分化的過程，那麼最近一兩年，似乎這種社會結構的分化已經完成，人們很清楚自己處在什麼樣的位置上，就像帖子中的工人，他分享了這種中產階級的陳詞濫調，同時他也從「新聞」中看到了自己實際上處在比災民還要差的一種階層位置上，但是他無法也不能對這種中產階級話語提出什麼異議或不同的視角，反而只能無間地把自己恰當地放在要去捐款的位置上（為什麼會這樣呢？這種意識形態與階級位置的錯位是否說明了另外一個老說法，從自在的階層變成自為的階級需要「先鋒黨／知識份子」來灌輸或植入呢？）。這種話語的有效性，不在於中國的中產階級有沒有形成，或者說人數和力量究竟有多大，而在於中產階級的價值觀成為大眾媒體（顯然，沒有市場化的農村不在這個「大眾」裡面）所竭力建構的社會共識，也就是說，中國雖然沒有80%的中產階級，但並不妨礙以中國大小城市為市場邊界的社會把中產階級的價值作為社會的主流價值，也就

---

[20] 隨著90年代市場化在中國的全面展開或者說中國在冷戰結束以後被逐漸納入全球資本主義化的進程，這些主體論、人道主義的論述在很大程度上「轉化為當代中國資本主義的文化先聲」（汪暉：《當代中國的思想狀況與現代性問題》，選自羅崗、倪文尖編：《90年代思想文選》（第一卷），廣西人民出版社：桂林，2000年7月），也就是說其意識形態的效果恰恰在於針對彼敘述的批判成為了此敘述建構的動力，或者更明確地說通過對異化、主體性的討論以確立的人道主義敘述成為新自由主義話語的建構的意識形態基礎之一。

是說，在社會階級分化已經完成的今天，使得這種「愛的奉獻」的話語得以成為社會各個階級所分享的霸權邏輯。

二、公民社會及其「公民想像」

除了偶爾一些詐騙、挪用救災款等不和諧事件之外，可以說，這次抗震救災形成了強有力的社會共識，尤其是對於絕大多數通過電視、網路間接「目擊」卻獲得「透明」的「現場感」的觀眾來說，這是一次危機時刻的心靈洗禮，或者說，人們在這次地震中經歷了一次公民教育，鍛煉了人們的參與意識，預示著中國公民社會正在走向成熟，就不說南方週末、新週刊等刊物發表的「震」出一個「未來中國公民社會的模本」和「國家的成人禮」[21]，連帶有官方黨報色彩的《北京青年報》也發表題為《全民總動員見證中國公民社會的成長》的評論：「一場新中國歷史上前所未有的自然災害，考驗著政府、軍隊、武警在緊急狀態下的『應戰』能力，同時也考驗著中國民間社會面對自然災害時的動員和互助能力，檢驗並見證了中國公民社會的進步和成熟」（2008年5月21日）。90年代初期對公民社會的呼喚終於結出了「碩果」，只是無論西方脈絡還是中國語境中對公民社會（也稱「民間社會」或「市民社會」，對應於西語的Civil Society）的期許都是能夠對國家／政府產生一種制衡甚或批判的力量（國家與社會的對立是公民社會的基本想像空間，也恰恰是在這個意義上，90年代初期媒體被賦予構建公民社會的重要角色），而在這

---

[21] 《汶川震痛，痛出一個新中國》，2008年5月22日，南方週末；《偉大的透明和國家的成人禮》，2008年5月19日提前出版，新週刊（276期）。

裡，公民社會或者說公民的價值恰恰在於充當國家抗震救災的重要力量。其中最顯而易見的表徵，一是民營企業踴躍捐款捐物，二是普通公民積極捐款捐血或以志願者的名義奔赴災區，這成為指認公民社會的正面例證，也是被官方和民間（更準確地說想像的官方和想像的民間）都讚許的行為規範。從這個角度來說，抗震救災無疑成為對公民意識的一次演練，或者說，公民身份經過十幾年的呼喚終於可以從「猶抱琵琶半遮面」而顯影並登堂入室了。

中國大陸學者關於市民社會的討論，發生在90年代初期（海外漢學研究者尤其是美國漢學家引入市民社會的視野處理中國研究的問題是80年代末期），以香港出版的《中國社會科學季刊》、《二十一世紀》為依託在中國有沒有市民社會的問題意識下討論市民社會的理論[22]。市民社會理論重新引起人們的關注，與七八十年代之交使用市民社會與國家分離的理論範式來闡釋東歐及前蘇聯等社會主義國家內部的社會轉型有關（「雅克・拉尼克就曾將1968年至1978年間波蘭的政治發展概括為『修正主義的終結與市民社會的再生』，或者說，乃是依憑市民社會理論理念展開自上而下的努力鬥爭的結果」[23]，尤其是以波蘭團結工會為例來說明市民社會作為瓦解社會主義國家體制的一種積極力量）。也就是說市民社會理論復興的背景是冷戰後期尤其蘇共二十大之後東歐普遍拋棄史達林路線之後的修正主義改革進程，其中伴隨著商品經濟、工會運動等脫離共產黨專制體制的因素，被

---

[22] 相關討論文章，參見羅崗、倪文尖編：《90年代思想文選》（第二卷）之「市民社會」專題，廣西人民出版社：桂林，2000年7月。

[23] 轉引自鄧正來著：《國家與市民社會：一種社會理論的研究路徑》，選自同名論文集，中央編譯出版社：北京，2002年1月，第3頁。

認為是一種市民社會的力量，這種自我批判來自於東歐內部，並不是冷戰對立的西方社會（市民社會成為對抗史達林集權體制的想像空間）。市民社會的重提，在某種程度上轉移了社會主義／資本主義作為意識形態之爭的話語方式，把共產黨領導的社會主義國家體制等同於一種國家專制或國家主義，把資本主義作為國家與市民社會分離的且各自具有相對自主、自律空間的制度（顯然，如何處理資本主義癌變的法西斯主義依然是對國家／市民社會模式的挑戰），直到東歐解體、冷戰結束，這種東歐知識份子關於市民社會的論述被西方知識界作為壓倒或瓦解社會主義專制體制的重要路徑，進而市民社會成為對抗專制體制等國家集權實現西方民主化進程的良策。可以說，正是在冷戰結束的背景之下，市民社會被賦予了反抗專制、終結意識形態之爭的想像，也正是在這個時候，中國學者開始接觸市民社會的理論，討論中國有沒有市民社會或者說市民社會是否適應中國語境的問題。這種討論延續了80年代以來對於共產黨政權作為專制政府的想像，市民社會成為替換80年代作為主流想像的現代化的有效修辭，並把市民社會作為對抗和瓦解專制國家體制的方式，關於中國之所以近代以來沒有徹底終結專制集權的制度也可以解釋為沒有成熟的市民社會（這個問題成為中國歷史上到底有沒有資本主義或者說近代以來為什麼沒有走上資本主義道路的變奏形態），這種解釋無法正視中國市場化改革恰恰是在強有力的中央政府的推進之下完成的。這種對於市民社會的積極期待，如果結合90年代初期中國政府經過短暫停頓之後驟然加速推進市場化改革的背景，那麼關於市民社會的呼喚就成為為市場化即資本主義化進程進行辯護的假面。

市民社會作為一個政治學理念來自黑格爾的論述，在《法哲學》中，黑格爾把市民社會從國家中分離出來，這與資本主義的發展有著密切關係，市民社會「就是以市場經濟為基礎，以契約關係為中軸，以尊重和保護社會成員的基本權利為前提的社會組成」[24]，這種市民社會／國家的二分法被馬克思改造為上層建築／經濟基礎的關係，與此討論稍有偏差的是，哈貝馬斯的《公共領域的結構轉型》（也在這種市民社會討論的熱潮中，被美國學術界引介到人文研究界[25]），使得市民社會偏離政治學的含義，轉向對文化、媒體等公共領域的討論，即「『市民社會』的核心機制是由非國家和非經濟組織在自願基礎上組成的。這樣的組織包括教會、文化團體和學會，還包括了獨立的傳媒、運動和娛樂協會、辯論俱樂部、市民論壇和市民協會，此外還包括職業團體、政治黨派、工會和其他組織等」[26]，這直接影響到中國學者在90年代初期對於大眾傳媒尤其被指認為帶有民間即非官方色彩的傳媒能否發揮公共空間功能的討論[27]，因此，通過如何擴大公共領域的論辯成為呼喚民間

---

[24] 夏維中著：《市民社會：中國近期難圓的夢》，選自羅崗、倪文尖編：《90年代思想文選》（第二卷），第24頁。

[25] 正如哈貝馬斯在《公共領域的結構轉型》的1990年版序言中提到「在現實當中，中歐和東歐的追補革命使我們目睹了公共領域結構的轉型。直到去年，美國才趕著推出了本書的英譯本」，學林出版社：北京，1999年1月，第1頁。

[26] [德]哈貝馬斯著：《公共領域的結構轉型》（曹衛東等譯），第29頁。

[27] 90年代初期，海外漢學研究者最先把市民社會與公共領域的視野引入中國研究，隨後包括中國大陸學者參與了中國有沒有「公共領域或市民社會」的討論，其中，作為90年代關鍵字的官方／民間的對立背後隱藏的是「國家／社會」或者說是「國家／公共領域（市民社會）」的對立關係，這種的對立關係誤讀或忽略了哈貝瑪斯在《公共領域的結構轉型》中所論述的市民社會與資產階級國家之間的共生共存的關係，而此次討論聯繫著國內學者對90年代中國大眾傳媒的勃興所帶來的民間想像與海外漢學家對晚清與民國時期的中國／上海文化的討論中，儘管這些討論對直接挪用哈貝瑪斯的論述來指稱中國社會／歷史保持質疑，但基本

社會即公民社會的先導，最終達成的共識似乎是削弱政府職能以強化公民社會的力量（當然，最終指向是民主化運動）。以南方的諸多「都市報」（報紙似乎只可能出現在都市之中，都市報的稱呼更強調一種區域性的市民報紙，與之對比的是80年代出現的各種晨報、晚報等）為主要充當「批判空間」的媒體在把矛頭對準問責政府的時候（在反對政治強權的意義上確認自己的位置），卻無法處理市場化所帶來的諸多弊端。也在這種前提之下，曾經在80年代中國的社會主義體制還沒有完全瓦解之時，城市市民以街頭遊行示威為表現形式的內部抗議卻很少被追溯為中國市民社會的先聲（這恰恰類似於最初使用市民社會的視角來解釋東歐內部的改革），相比90年代，那時候的公民空間的氛圍更為強大（僅僅想像80年代那些膾炙人口的相聲所具有的諷刺色彩，是90年代的大眾文化產品很難想像和企及的）。在這一點上，80年代的諸多學潮，也對臺灣民主化進程產生了積極影響[28]。當然，對於80年代的抗議行為究竟是剛

上在國家/社會的結構中來論述這個問題，比如李歐梵在《「批評空間」的開創——從〈申報〉『自由談』談起》的文章用「公共空間」（public space）來替換哈貝瑪斯所說的「公共空間」（public sphere），因為中國不存在「哈貝瑪斯基於歐洲18世紀以降（特別是英、法、德三國）的政治史衍演而生的一種理想模式」（《現代性的追求》，生活‧讀書‧新知三聯書店：北京，2000年12月，第3頁），「公共空間」則指稱晚清知識份子借重與原來官方報紙不同的民營報業所帶來的「一種官場之外的『社會』聲音」（第4頁）；黃宗智在《中國的「公共領域」與「市民社會」？——國家與社會間的第三領域》中認為「國家與社會的二元對立是從那種並不適合於中國的近現代西方經驗裡抽象出來的一種理想構造。我們需要轉向採用一種三分的觀念，即在國家與社會之間存在著一個第三空間，而國家與社會又都參與其中。」（《中國研究的範式問題討論》，社會科學文獻出版社：北京，2003年2月，第260頁）。

[28] 這一點很少被談起，2008年6月11日出版的第17期《南方人物週刊》在《你所不知道的臺灣》封面故事裡反而以引證作為臺灣「軟實力」的公民社會為鑒，而諸多對80年代的懷舊與眷戀之情，也很少見到對於80年代政治文化的有力闡述。

剛啟動的商品化（市場化）催生出的公民意識的覺醒，還是社會主義文化政治的最後爆發，依然是一個需要討論的問題。在這樣邏輯之下，就不要說中國近現代歷史上的多次以城市市民為主體尤其是中共早期以城市工人為主體的城市革命實踐更不會被納入中國有沒有市民社會的討論，反而討論最多的是關於晚清、民國報紙等媒體能否充當「批判空間」的價值。另外，在公民社會的爭論中，人們並不願意談論的是，哈貝馬斯所論述的17到18世紀作為理想模型的「公共領域」的討論是在馬克思關於這個時期作為資產階級上升時期的理論背景下展開的，關於公民社會的想像背後是成熟而理性的資產階級主體的確立，這種主體形象的主要假面之一是「個人」，甚或個人式的「英雄」（典型代表是歌德筆下的浮士德）。在這個意義上，關於公民社會的討論，無意之中成為把被國家（不言自明的社會主義黨國體制）綁架的「人民」轉變為市場中的個人（往往只說「個人」，不加「市場的」）的助推器，在鍛造公民身份這一點上，與它所問責的政府並沒有太大差別。而公民的成熟也預示著公民社會的成熟，這次抗震救災終於使人們看到了抽象的「人民」搖身一變成為了有社會責任心的「公民」，只是這裡的公民／中產階級有著市場／城市的雙重界定。正如上一節所強調的，公民社會本身的理想模型是非常美好的，只是公民社會之公民是有一定的條件的。簡單地說，公民社會是法治社會，個體是法律和市場意義上的雙重個人，對於市場之外的人，顯然也就在公民社會之外。在發達國家，公民社會／市民社會往往就是中產階級，而在第三世界、尤其是欠發達地區往往是城市尤其是大城市的市民，諸如城市中的非法勞工、農民

都被排除在公民社會之外（包括中國的農民工）[29]，或者說他們在印度學者帕沙‧查特吉所說的政治社會（在國家／市民社會的二元對立空間之外）裡面[30]。

但是，在這次「公民意識」的演練中，有兩個成員卻受到了批判，一個是地震發生之初，萬科掌門人王石因捐款少招致網友指責，繼而王石在博客上為自我行為進行辯護式回應，進而招致網友更嚴厲的批評，王石及其萬科集團一度陷入信任「危機」（有媒體稱引用萬科小股東的話「王石過去是萬科的金招牌，現在成了萬科的負資產」[31]）。於是王石道歉、萬科追加一億元善款並無償參與災區重建，網路稱為王石遭遇「捐贈門」；第二個是在媒體一次次地報導災區教師不怕犧牲自我保護學生的師德典範之時，都江堰某中學語文老師範美忠卻在天涯博客上公開發表《那一刻地動山搖──5‧12汶川地震親歷記》的博文（5月22日）[32]，「有理有據地」闡明自己為何要逃跑的合法性，引發網

---

[29] 農民工儘管是市場邏輯內部的勞動者，但卻受到自由市場和國家體制的雙重壓迫，他們雖然生活在城市之中，但卻被戶籍制度阻隔在公民身份之外，儘管廢除戶籍制度並不意味著農民工能夠獲得公民權，因為與其說國家有意阻礙農民工的獲得城市戶口，不如說自由市場綁架了國家承擔福利制度的責任，即使農民工在法律意義上獲得公民地位（暫且不討論中國的國情能否承受城市化的壓力），所面對依然是市場邏輯下的被宰制位置，在他們獲得市民身份的同時，也就失去土地換得聚居在城市貧民窟的可能，離真正參與「市民化」的生活遠景相當遙遠，從這個角度來看，中國公民社會的道路還很漫長，而更重要的問題在於，那些處在市場或被市場隔絕在外部的群體又該怎麼辦呢？

[30] 帕沙‧查特吉提出用「政治社會」的概念來修正「國家／市民社會」這一18世紀後基於歐洲經驗發展出來的分析模式不適合印度等第三世界國家，因為諸如農民、城市打工者等群體無法進入市民社會的視野裡面，他們處在國家／市民社會之外政治社會裡。《被治理者的政治──思索大部分世界的大眾政治》，廣西師範大學出版社：桂林，2007年7月。

[31] 《萬科品牌災後「重建」王石暫不辭職》，2008年6月6日，華夏時報，http://news.hexun.com/2008-06-06/106530897.html。

[32] 《那一刻地動山搖──5‧12汶川地震親歷記》，作者：範美忠，提交日期：

友一片譁然，並迅速成為媒體介入的熱點話題。最先報導此事件的是羊城晚報報業集團下屬的新快報《「先跑老師」表白激怒網友》（5月25日），距離範美忠的博文僅三天，這篇報導又快速返回網路，只是標題多修改為更為引爆眼球的「北大畢業教師不顧學生先逃，稱連母親也不救」。於是，被網友戲稱為範跑跑的範美忠更受到網友的狂轟亂炸，幾乎被口水戰所湮沒。有趣的轉折發生在範美忠參加鳳凰台的「一虎一席談」欄目之後（6月7日），與「思想烈士」范跑跑的冷靜、理性相比，「道德衛士」郭松民「暴跳如雷」地辱罵式的道德審判更顯「滑稽」（事後，網友稱之為郭跳跳）。經歷這場「現場」辯論，範跑跑被主持人定位為「我們這個社會應該包容的異端，因為包容異端代表著我們這個社會的進步」。於是，範跑跑經過這次「肉身說法」獲得了更多同情票（也在網上被譽為自由民主之神），有了更多範粉或範絲，這就是範跑跑事件。把這樣兩個例子放在一起，有些怪誕，畢竟作為公認知名企業領袖的王石與自稱中國最優秀文科教師的範跑跑「風馬牛不相及」，我把他們並置起來，不僅僅因為這兩個事件作為抗震救災中最引人注目的「媒體話題」具有相似的傳播學路徑：由網路上的博客引發，繼而紙媒介入使網路上的局部事件傳遍整個網路，繼而引起電視等媒體的「深入」報導（這種傳播路最早的實踐者似乎是芙蓉姐姐），更因為他們因不適當的行為及其事後辯解而被人們批評為不合格的「公民」，一個在最該捐款的時候卻捐得不夠多，一個在最不該跑的時候卻逃跑了。他們之間的內在連接恰恰在於為公民社會的理念提供了

2008-5-22 9:09:00，http://blog.tianya.cn/blogger/post_show.asp?BlogID=332774&PostID=13984999&idWriter=0&Key=0。

「反面」例證（有網友把范跑跑的先跑出來與王石作為先富起來的典型在修辭上連接起來，暗示兩個行為之間具有相似的社會及文化邏輯[33]）。儘管對於他們有著許多泛道德化的指責（尤其是網路上帖子如同「大字報」般大鳴大放），我還是把這兩場「汗牛充棟」的口水仗作為一種從負面的角度來對公民身份的確認，這種「負面」教材或許比那些第一時間捐款、捐血、奔赴災區以及把生的希望留給學生的教師們等正面形象更為有力、有效地確立公民社會以及公民身份的行為規範及道德自律。

具體來說，王石受到批評，並非沒有捐款，而是被認為捐得不夠，並且還為這種不夠作出辯解。辯解之一是「賑災慈善活動是個常態」，所以「200萬是個適當的數額」，之二是「不要讓捐款成為負擔」，所以「萬科普通員工的捐款以10元為限」。這顯然不符合人們對王石以及萬科這樣一個知名並熱心公益事業的民營企業的印象，暫且不討論是否應該設立企業家捐款排行榜，這種對於富人、企業家捐款的期待已經成為社會共識。不久，王石及其萬科企業追加捐款並無償參與災後重建，顯然也是高度認同於這種社會共識的結果。捍衛這種社會共識的就是充滿正義感並認同慈善是正當的線民／公民。不過，網友的這種「道德審判式」的「逼捐」，也被指責為一種類似於朱大可所說的「納粹領導人以國家利益名義逼迫猶太商人捐款」的「仇富心理」[34]或者說讓人們聯想起「打土豪年代」[35]。這究竟是一種左派情結的體

---

[33] 雲淡水暖：《析「範跑跑」：「先跑出來」與「先富起來」的異同》，2008年6月4日，人民網-強國論壇，http://politics.people.com.cn/GB/80291/7341471.html。

[34] 朱大可：《誰殺死了我們的孩子？——關於汶川地震的反省與問責》，見其博客：http://blog.sina.com.cn/s/blog_47147e9e01009zy5.html。

[35] 方圓在《慈善捐款，不該成為仇富藉口》一文中說：「你可以倡議和勸導他人捐

現，還是這些網路上的中產或準中產階級對於企業家應該有社會責任感的監督和批評呢？可以說，這種對網友的指責（除了仇富之外，也被汙名化為民粹或民族主義，網友就和烏合之眾差不多了）無疑高估了網友的「政治動機」，所謂仇富心理、打土豪分田地不過是80年代以來對於社會主義歷史的諸多清算方式之一。革命動員的情感動力被認為是一種妒恨政治（或仇恨政治學）[36]、一種民粹主義的仇富心理。因此，關於社會主義歷史就是剝奪了包括階級敵人在內的「許多人」的基本人權、廢除了私有財產制度、利用窮人的仇富心理的暴政，以至於那種窮人所具有的道德正義性也在王朔式的譏諷中變得有些滑稽。

如何一步步地論證資本的合法性是80年代以來意識形態重建的重要步驟，尤其是在社會主義體制保持形式上延續的狀態下（政權的合法性），進行如此高難度的意識形態整合不是一朝一夕就可以完成的，需要諸多環節和轉移。如果說80年代還彌漫在一種發展主義和新啟蒙主義的氛圍之中，尤其是借助「讓一部分人通過誠實勞動先富起來」進而實現共同富裕的現代化想像獲得政權合法性。這時企業家往往成為改革／下海的先鋒隊員或勇者（1984年下海的王石就是其中的傑出分子），那麼伴隨著國家推進或深化市場化改革，尤其是90年代中期甩掉醫療、勞保、教育等作為國家福利或者說社會主義之「社會」的保障體制之後（傷害最深的群體是曾經作為社會主義都市中產階層主體的

款，但絕對無權強制處置他人財產，這屬於文明的底線，除非有人想回到打土豪年代」，《Vista看天下》，第16頁。

[36] 趙剛在《跳出妒恨的認同政治，進入解放的培力政治——串聯尼采和激進民主》中對尼采所批評的妒恨政治進行了正面回應，並提出走出妒恨政治的方式是培力政治，選自《知識之錨》，廣西師範大學出版社：桂林，2005年8月。

工人階級大面積下崗），階級分化越來越嚴重，「公益」才漸漸成為一種彌合這種市場化代價的社會修辭，成熟的企業家要關心慈善事業。而90年代末期以及新世紀初期，伴隨著三農問題的突顯、資本家能否加入共產黨（「三個代表」自身的去階級化表述）的爭論，關於資本／財富合法性的兩種表述開始變得有效。一個是私有財產不可侵犯以及在此基礎上的稅收制度，企業家同時也是社會的納稅人（私營企業家似乎無可非議）；第二個是更為大眾化的說法，就是強調企業家的公益、慈善價值，也就是要富而有禮、富而有德，正如經常被媒體報導的全球首富比爾・蓋茨同時也是全球最大的慈善家的表率作用，資本的合法性終於可以借助慈善這個「遮羞布」來消弭並進而承認階級分化的合理性。可以說，慈善成為一種論述資本、財富正當性的必須說辭，或者說，被漫畫化的富人與窮人的區分是社會的「正常」狀態。也恰恰是在這一點上，郎咸平的文章《由賑災捐款引發的歷史文化反思》[37]又一次強調了自由市場中企業家的道德規範是要把資本／財富以慈善的形式回歸社會。郎教授的觀點和他之前的文章差不多，就是資本家要有道德底線，不能沒有社會責任，在這一點上，王石、阿里巴巴要向比爾・蓋茨和巴菲特學習，他們把掙到的錢都捐給了慈善基金會，這才是西方的企業家精神（郎教授指出職業經理人的責任感最初來自教會精神，即對上帝的信託責任，近代以來則依靠法律和政府的強制執行，使企業家對社會保有信託責任）。說得簡單點，郎咸平認為中國企業家不能光看錢，也要有起碼的社會責任感，在這方面，中國市場化的還不

---

[37] 郎咸平：《由賑災捐款引發的歷史文化反思》，見其博客：http://blog.sina.com.cn/s/blog_4120db8b01009dgs.html。

夠，或者說企業家的市場倫理精神距離發達國家還差得遠。這是從右的方面對中國市場的非市場因素進行批判（正如郎教授對國有企業收購的批評，認為那些侵吞國家財產的企業家不能太自私、太野蠻，一點不考慮老百姓的感受，連人家美國人也不敢這麼幹，否則市場就不會長治久安）。也正是在這個邏輯下，抗震救災期間播出的《贏在中國》[38]第三賽季的總決賽，各路已然成功的企業家評委以及「在路上」的創業者們所分享的創業動力被強有力地表述為只有把企業做大做強，才能在國家危難之時貢獻出更大的力量（資本的合法性論證從來都是通過把資本附著於個人理想、夢想以及民族與國家的力量等非資本的價值來實現的），這或許比借助民族資本的外衣更能獲得大眾的諒解和認同。如果想想每次年度經濟人物的獲獎企業家們所能大聲說出來的「豪言壯語」只能是重申自己作為民族企業、作為中國人的企業的民族身份，更不要說諸多講述家族式企業的電視劇如《大宅門》、《闖關東》等要到結尾處遭遇到外資尤其是日本企業的傾軋下毀滅或自強不息，否則故事就很難被有效講述。這比80年代末90年代初期借助美國式的白日夢如《阿信》、《北京人在紐約》、《曼哈頓的中國女人》等大眾文本來講述資本家／個人奮鬥的故事要更為有力，況且這些故事在某種意義被含蓄地放置在異國他鄉（《阿信》本身就是日本電視劇）。30年之後的今

---

[38] 以「勵志照亮人生，創業改變命運」為口號的電視創業欄目《贏在中國》，參賽選手都是剛剛起步的創業者，獲勝者可以贏得風險投資，相比一般的選秀節目或PK比賽，《贏在中國》更凸顯贏者何以為贏，輸者何以為輸的市場邏輯或現實邏輯，因為評委都是這個時代最成功者（蒙牛集團總裁牛根生、阿里巴巴創始人馬雲、新東方董事長俞敏洪、腦白金神話史玉柱等），贏者的位置是確定的，是毋庸置疑的。

天，網友對王石的指責，顯然不是某種階級仇恨、一種左派對於資本的批判，反而是高度認同於慈善、公益事業這樣一個社會共識的前提下對資本家的道德約束。需要補充的是，「資本家」如同「階級」的修辭一樣，在大陸的語境中是一種社會禁忌，或者說「資本家」在50-70年代的左翼文化中所佔據的負面形象，依然使其帶有貶義或喚起紅色歷史記憶的色彩，因此，在社會或日常表述中，「資本家」往往隱匿不在，正如使用「階層」來替換「階級」，關於資本家的命名，也大致經歷了從80年代「先富起來的」、「暴發戶」、「老闆」等較為負面到90年代以來「民（私）營企業家」、「董事長」、「CEO」、「風險投資人」等較為正面的與國際接軌的稱呼。其中，90年代末期到21世紀，在知識經濟／網路經濟的「知本家」想像中，知識（這一80年代逐漸獲得正面意義的詞彙）終於可以和資本組合起來，成為最有力的「創業」神話。「創業」這個詞在社會主義時代凝聚著人民自力更生創造歷史的內涵，尤其是小說《創業史》和電影《創業》，顯然這樣一個意思已經被改造為個人在市場經濟中成為企業家獲得成功（取代了80年代使用的「下海」一詞），正如《贏在中國》的廣告語「勵志照亮人生，創業改變命運」（這裡的命運，無疑是指升入更高階層的命運），而最初「創業」引起人們注意的是90年代末期網路經濟泡沫下興起的大學生創業熱──「年輕」、「知識」和「資本」成為「BOBO族」的理想鏡像。

如果說王石事件，重新確認了企業家／資本家在這個社會中的合理位置，那麼範跑跑某種意義上被作為普通人（儘管範跑跑出身精英教育，並從事教師這個特殊的職業），他的出現使人們可以評判什麼才是合格的公民／個人。在《那一刻地動山搖》的

激揚文字中，範跑跑懷著一種被專制強權政治迫害的妄想（「思想烈士」），對自己為何先跑進行了辯解，其中，最為「鏗鏘有力」的是「我是一個追求自由和公正的人，卻不是先人後己勇於犧牲自我的人」（幸好，有許多自由主義的專家指出範跑跑對自由的理解是對自由主義的誤讀），這句話的有趣之處在於一個「卻」字，為什麼在範跑跑這裡，「自由和公正」與「先人後己勇於犧牲自我」就是相悖的或者說不相容的呢？學者黃應全的文章《汶川大地震證明儒家「性善論」了嗎？——「範跑跑」事件的是非及倫理學啟示》[39]對此作了深入的論述，指出「這句話涉及兩種類型的『普世價值』（與左派不同，我堅決相信存在『普世價值』），一是自由、民主、公正等等，二是仁愛、奉獻、犧牲等等」，這樣兩種價值在自由主義內部是不衝突，「據我所知，只有自由主義的對手和敵人斷章取義地攻擊自由主義之時才會炮製出這種論調」，換言之，黃應全認為範跑跑恰恰是自由主義的反面，這種對自由主義的辯護有利於清除範跑跑對自由的混淆視聽，但範跑跑為何會有這樣的邏輯卻不僅僅是他「讀書不夠、思考不足」半吊子北大人能夠解釋的，這恐怕與冷戰歷史以及社會主義、資本主義的意識形態之爭有關。暫且不考慮到範跑跑有點混亂的知識譜系[40]，在這種振振有詞的對立背後，是前者

---

[39] 黃應全：《汶川大地震證明儒家「性善論」了嗎？——「範跑跑」事件的是非及倫理學啟示》，http://www.xschina.org/show.php?id=12455。

[40] 範美忠在其2003年列出當前中國思想啟蒙的書單中，不僅有80年代獲得知識界高度認同的李澤厚（提出百年中國史是「救亡壓倒啟蒙」的歷史）、金觀濤（提出中國歷史是「超穩定結構」）的著作，也有90年代來左右兩派代表人物的作品：汪暉、徐友漁、朱學勤、秦暉等，外國的書單中既有以賽亞‧柏林、哈耶克等右派作品，更有瑪律庫塞、霍克海姆、阿多爾諾、傅柯、羅蘭‧巴特、傑姆遜等左派「批判理論」，可謂左派、右派通吃。見範美忠：《『關天茶舍』給一般中

代表著「自由、公正、民主」的西方世界的「普世價值」，後者代表著「犧牲自我，匯入人民」的或許帶有禁慾色彩的共產主義道德精神。在後冷戰的時代，自由、民主、人權早已成為新自由主義意識形態的主流，而諸如國際主義等帶有超越性價值的社會主義或者說共產主義的道德價值早已經被汙名化（或者轉換成人道主義話語），也就是說這樣兩種價值的對立和水火不容恰恰是冷戰時代西方陣營的邏輯在後冷戰時代的延伸，在這一點上，範跑跑與其說是思想異端，不如說是當下最主流的表述。因此，有相當多的網友，尤其經歷了郭跳跳與範跑跑的辯論之後（兩人的論辯基本上複製了80年代的文化邏輯，用個人權利來對抗壓抑個人的社會主義道德），範跑跑獲得了更多認同。其實，範跑跑對於所謂中國傳統道德的顛覆，並非這個時代的異端，反而是主流邏輯或者說新主流意識形態的有力支撐。問題不在於，自由、民主、公正等價值是否具有普適性，而是從歷史上看，自1789年法國大革命高揚人人生而平等以及自由、平等、博愛作為西方資本主義的核心價值理念以來，所發生的每一次革命幾乎都是對更自由、更平等、更博愛的「世界」的追求。對於社會主義革命，是工人階級成為「人」（主人）的過程；對於反抗殖民者的運動，則是被殖民者獲得做「人」的權利；對於女性主義，則是女人獲得做「人」的權利；對於反全球化者，被剝奪者則是失去土地的原住民或被WTO壓制下的第三世界中的農民……也就是說，在普世的自由、平等、博愛的崇高理念之下，為什麼會有如此多被遮蔽和被壓抑而看不見的群體呢？對於權力的批判和顛覆

學老師的思想類書目》，2003年11月7日，http://www.tianya.cn/New/PublicForum/
Content.asp?strItem=no01&idArticle=74621。

為什麼又成為權力的複製者或幫兇呢？這些普世價值在實踐中並沒有真正獲得普世，這也是社會主義實踐所帶來的沉重債務之一。

回到文章開頭對於公民社會的討論，90年代初期展開的中國有沒有公民社會的追問，對於大陸學者來說，這種追問建立在中國社會主義黨國體制的一體化中不存在公民社會的想像的前提之上，因此，公民社會或更本土化的「跨語際實踐」的說法是民間社會就天然地具有或承擔著瓦解這種國家一體化的功能，與此同時，80年代以來黨國體制已經通過政治、經濟、文化等一系列體制改革也在自我瓦解，這就使得對民間社會的呼喚所具有的對社會主義體制的批判在某些情境中變成了對新體制或新主流意識形態的辯護者，甚至合謀者，正如範跑跑的「鏗鏘有力」及其政治迫害的妄想本身[41]，再加上被攻擊的悲壯感，其所面對的敵人，恰恰是一隻死老虎，儘管可以看到諸多狐假虎威的幻影。可以說，王石、範跑跑對於社會的冒犯，不是因為他們足夠挑戰了社會常識及其道德底線，而是因為他們做得還不夠，對於王石所維護的慈善路線以及範跑跑所堅持的某種在極端狀態下維繫個人選擇的自由，才是這個時代的主旋律。一個看似毋庸置疑的前提，王石、範美忠顯然是公民社會的一分子，他們都具有市民的資質（他們不是農民工、也不是農民），他們恰好是成熟而理想的資本主義主體的兩幅面孔：一個是喜歡攀登、勇於挑戰的浮士德式的英雄，一個是「膽怯、自私而自負」（借用學者黃應全對範跑跑的描述）的個人。

---

[41] 據網上傳言，範美忠已經被教育部及其做在學校取消了教師資格，這更為「政治迫害」增加了一些現實基礎。

最後，有必要把視野轉向積極參與並成功製造這兩起媒體事件的網友們，這兩場爭論如果不是借助網路，是很難想像的，網路媒體已經成為「社會熱點話題」的發源地。據估計中國線民已超過2億，遍佈中國城鄉各地，當然，主要是大小城市及發達的城鎮，或者說網友——具有基本的文化水明和基本的生活保障的群體——也是最廣義的公民社會／中產階級的基石，同時也是公民社會所想像的邊界所在。從3‧14事件中網友對家樂福的抵制，已經看出了這種受到默認的網友的整合及動員力量的威力，而這次網友對於王石和範跑跑的指責，所產生的道德強度對於當事人來說，趕不上泰山崩於前，至少也是驚濤駭浪（這種似乎不需要留名同時也不需要負責人的評價方式，是最民主、最自由的，同時也是最暴力的）。這種網友們「自發地」在危機時刻對公民社會的道德規範認同，恰好提供了正反兩方面的樣本，或許，也可以體認出，這種作為社會共識的新自由主義邏輯，其道德說教色彩一點也不比範跑跑所深惡痛絕的所謂社會主義道德弱，如果有人做不到，要面臨線民的大批判。在這裡，網友指責或批評王石和範跑跑的文化邏輯，恰恰不是階級仇恨式的、社會主義政治的實踐，而是新自由主義（自由市場秩序）的衛道士。

三、批判的位置，甚或尷尬

　　從各種非即時性的媒體如南方週末、新週刊、中國新聞週刊等中看到對地震的「深入」評價，這些經常以監督政府為職責的「公共」媒體（同時也是中國公民社會的最有力的建構者），關於災後重建或者說追究地震責任的話題似乎沒有例外地投向

了地震中倒塌的諸多學校以及如何領養孤兒身上（為什麼少有媒體去關心老人呢？天真、無知的兒童也許是最適合充當撫慰中產階級良知的素材，正如那些讓人潸然淚下的伊朗電影——《小鞋子》、《天堂的孩子》及其中國副本《一個都不能少》），關於「學校倒塌」的責問成為這些媒體「問責政府」的最有力的公共話題。我想從六一節前鳳凰台的《一虎一席談：他們為何讓我們如此感動（下）》說起，這期的標題很有趣，他們是誰，我們又是誰？問題的關鍵在於觀眾顯然不會把自己放在「他們」裡面，而是只認同於「我們」。

這期節目的前半段，是圍繞著嘉賓李承鵬（體育評論員）親眼看到北川中學的廢墟而引發的對於學校建築品質的質疑，他還提供了某個沒有倒塌的災區中學與某國有公司監工的認真監督有關。其中，有一位年輕的地質大學的女學生（節目現場觀眾）更強調災區的地質險要，這種觀點受到李承鵬和另一位嘉賓新浪綠絲帶的組織者的責問，也就是說，大多數現場的觀眾及嘉賓更認同於學校的倒塌是「人禍」，而不是「天災」，需要對災區的建築進行問責，儘管這種有點與官方媒體不太協調的論調被主持人試圖扭轉為下一步應該如何建設學校的問題。接著，新浪綠絲帶的組織者舉出了70年代的建築沒有倒、90年代興建的商品房卻出現了裂縫來指責包括學校在內的新建的樓房存在著工程品質問題。李承鵬也舉出70末的仿蘇的樓沒有倒、90年代新修的樓卻倒塌的「親眼所見」，來駁斥地質險要並不能決定樓房的倒塌與否，並把這個問題上升到對於70年代和90年代兩個時代的評價之上。在這裡，最初關於學校倒塌的問題已經發生了轉移，無論是鳳凰台的片花，還是李承鵬最初的發言，都是集中在學校、醫

院等公共服務建築為什麼會倒塌，也就是說在公共建築與商業建築之間存在著對比，而新浪綠絲帶的組織者卻把這個問題轉移為對社會主義中國以及市場化之後的中國的對比之中，這也就把前一個問題中所需要問責的諸如官員腐敗、建築公司為了牟利而偷工減料的問題，轉移為了這些問題都是中國市場化改革之後帶來的負面效應。這是兩種對當下抗震救災反思的主要思路，前者偏右，後者偏左，有趣的問題在於，這種左右的論述，卻「並肩作戰」和諧地出現在同一個舞臺上，這或許是90年代中期自由派與新左派之爭以來出現的新情況。

這種「轉移」似乎很順暢，但問題並非如此簡單。前者的邏輯在地震剛剛發生之初，就成為國內被稱為自由派知識份子發言的重心，言外之意，在學校、醫院等公共服務設施的倒塌背後有官員腐敗、施工單位建造「豆腐渣工程」之嫌（畢竟還沒有看到任何權威或官方的調查報告出來）。這種論述在一次又一次礦難等特大安全事故中成為「陳詞濫調」，說到底是人治的結果（權力濫用），因此，這種批判所提供的解決方案，是法治或者說制度是最重要的（尤其是監督權力），而官僚體制往往是這種論述打擊的靶心，只是這裡的潛臺詞是，官僚體制＝政府＝社會主義官僚制度[42]（對蘇聯式的現代官僚制度的反對，恰恰也是發動文革的諸多動因或目的之一，而改革開放的「撥亂反正」在政治層面恰恰是對現代官僚制度的重新認可和倚重），所以，朱大可的

---

[42] 有趣的是，作為官僚的英文詞bureaucracy，也可以被翻譯成科層制，也就是說官僚既可以被作為一種人治，也可以作為一種非人化的科層式的管理方式，官僚／科層制在不同的意義上被作為異化的兩種方式，恰如中國自宋代以來發達的官僚體制一方面被認為罪惡的專制統治的幫兇，另一方面又被看成是近代西方所嚮往的現代官僚制度的榜樣——區別於西方的貴族制。

文章《誰殺死了我們的孩子？——關於汶川地震的反省與問責》的論述「本次地震暴露的更為嚴重的問題，是城市新建築浪潮和新農村建設中的『豆腐渣效應』，它遍及整個中國，而學校是其中最大的受害者。四川地震揭發了悲劇的根源：殺死孩子的根本不是搖撼的大地，而是那些貪官汙吏」以及朱學勤的「天譴論」背後對人禍的問責基本上是這種邏輯的產物。

後者偏左的邏輯是把學校的倒塌看成是市場化改革的負面結果，這種論述往往參照著對一種「被理想化」的毛澤東時代的眷戀，其潛臺詞是，在市場化的輪輪大潮中，追求利潤與建設學校這樣的公共設施存在著衝突。因此，出現豆腐渣工程是必然的，官方腐敗也來自於權錢交易和權力尋租，使人們、公司很難出於公心對公共事業付出超利益的責任，在對社會主義時代的懷舊中提出對市場化的「人心不古」、「世風日下」式的帶有道德色彩的批評。所以說，恰如李承鵬舉出地震後在同樣的地勢上建設於70年代末期的仿蘇建築赫然屹立而90年代的建築卻成廢墟就成為某種隱喻（仿蘇建築是一個禮堂，寄託著李承鵬的朋友老段所有關於集體看電影、看女排奪冠的青春記憶，從這裡，可以看出50-70年代的氛圍在80年代的延續），這種對毛澤東時代的懷舊或許成為90年代以來對於市場化不滿情緒的「真實」反映（新左派的出現應該也在這種不滿裡面，在大眾層面，這種不滿或許可以從毛澤東熱、現實主義騎馬歸來、紅色懷舊等流行現象看出）。

可以說，這樣兩種常見的批判，延續了新左派與自由派之爭的基本思路[43]，但是，在這次抗震救災的反思中，與這種吻合

---

[43] 這樣兩種思路或立場，成為當下中國思想界對某社會事件批判的基礎，在網路上這種立場更被放大，如凱迪網路偏自由主義，烏有之鄉網站偏新左派或毛派，不

不同的是，前者在「問責」中挖掘政府責任的同時也有著對政府的稱讚（如前面提到的《南方週末》「汶川震痛，痛出一個新中國」和《新週刊》「偉大的透明和國家的成人禮——災難時刻的資訊傳播」），後者也欣喜地從救災中看到社會主義的諸多遺產和優越性在現實中的延續。

《南方週末》所說的「汶川震痛，痛出一個新中國」是怎麼樣的「新中國」呢（有趣地是，不是改革經過「陣痛」的代價生出一個巨嬰，而是「震痛」出一個新中國）？《南方週末》一改往常對於政府、地方政府（尤其是非廣州的地方政府）的問責策略，反而為這次中央政府的表現「鼓而呼」：「救人高於一切，救災高於一切，已經成為整個國家的最強音。必須以舉國之力拯救一切可以拯救的生命，已經成為全民族的共識。於是，十萬救災大軍雷霆出擊；於是，國家領導人冒著餘震不斷的風險，相繼奔赴救災第一線；於是，公共娛樂暫停，奧運火炬暫停，一切為救災讓路，一切為救人讓路」，這種「以人為本」、以人民的生命為最高價值恰恰吻合《南方週末》式的人道主義價值理念，僅僅有尊重生命的理念還不夠，更重要的是「政府敞開了救災的大門，民間力量爭相進入，國際援助爭相進入，媒體爭相進入。一個開放的、透明的、全民參與的現代救援體制正在拔地而起。但它並沒有給政府添亂，反而跟政府力量配合，形成了最大限度的合力。這個嶄新的救災體制，或將是未來中國公民社會的模本」，可見，《南方週末》鼓而呼的不是政府的轉變，而是政府

同立場的網友經常針對同一篇文章展開批判與反批判，其中，有《從唐山到汶川：中國的改變》（右）/《〈從唐山到汶川：中國的改變〉——救災中的一個刺耳的噪音》（左）、《「汶川震痛，痛出一個新中國」》（右）/《〈南方週末〉：你到底代表誰？》和《冷看〈南方週末〉裸體衝鋒》（左）等爭論。

承認了公民社會的力量（在西方尤其哈貝馬斯論述中的公民社會與政府的關係恰恰不是輔助，而是批判的功能，也正是在這個意義上，《南方週末》及自由派知識份子對官僚體制的批判也成為公民社會的表率）。在對政府作出表揚之後，《南方週末》依然選擇學校坍塌的問題來追究相關職能部門的責任，這也許就是健全的公民社會的理想，可以行使監督政府的責任。

與《南方週末》等刊物看出中國公民社會的出現不同，對於新、老左派來說，更可以從抗震救災期間「人民」（而不是「公民」）積極踴躍地捐款、捐血和志願去災區的行動中嗅出社會主義的遺產，也就是曾經作為社會主義優越性（可以集中力量辦大事）的優良品質，尤其是人民解放軍的大無畏精神，確實在救災中再一次讓人們感到「誰是最可愛的人」，甚至溫家寶總理親臨災區也被追溯為1966年周總理親歷河北邢臺地震現場的繼承者。把這次高效率的救災看成是「社會主義遺產」的觀點，可以從黎陽的《抗震救災靠的是毛澤東的遺產，還是「國際接軌」？》長文中看出，這種對「社會主義遺產」的發現，是不是也可以看成是市場化的不徹底呢？其實，朱大可的文章正好提供了一種反面的論述「歷史學家向我們證實，這種高效率的救災運作，恰恰就是亞細亞威權政治的傳統。從大禹理水，經望帝（鱉靈）抗洪到李冰修堰，這些著名的抗災人物，都向我們提供了威權主義的效率樣本。汶川地震再度證明，自然災難和威權政治具有密切的依存關係」，在社會主義遺產的發掘與威權主義的批判之間，應該如何回應呢？

表面上，左與右的論述大相徑庭，其實左右兩邊卻分享了相似的邏輯，只是不同的立場，使他們推論出截然相反的結論（相

比「公民」的抽象性，「人民」更顯空洞）。左右兩邊都可以找到充足的論證自身邏輯的現實基礎，也就是說當下的社會機制既可以支撐公民社會成熟的論述，也可以支撐社會主義遺產的論述，左右兩邊被成功地縫合在一起，一方面是愛國主義、中國加油，另一方面是生命、人的價值得到從未有過的高揚。在這個意義上，新時期30年可以說在意識形態上已經完成了某種有效的整合，恰如鳳凰台的節目中，從對政府的問責可以順滑地轉移對社會主義時代的某種眷戀，這也許是這次抗震救災給我們這些試圖對現實提供某種批判性思考的人們留下的悖論，甚或尷尬之一吧。

抗震救災進入災後重建的階段，不幸地是，地震帶來的次生災害依然牽掛著電視機前、電腦前的觀眾、線民或者說「公眾」的脆弱而又充滿良知的「心」，電視媒體雖然已經由24小時滾動播出（其實只有中央電視臺播出，其他台都是轉播）回復正常，但是堰塞湖危機、直升機遇險依然拖著媒體很難為兩個月後的又一大事件08奧運進行必要的「預熱」，福娃的喜慶已經被雪災以來的災害徹底沖淡，媒體如何調整策略，讓人拭目以待。伴隨著官方陸續公佈嘉獎令及其抗震救災英模事蹟報告會的舉辦，經歷一個月的「抗震救災」逐漸在媒體中慢慢消失，學生們早就開始復課，部分旅遊區也開放，久久牽掛人心的失事直升機也「最終」被找到，可以說，無論媒體如何持續地關注災區，作為一次媒體事件的大地震，已經落下了帷幕。在這次抗震救災中，以「愛的奉獻」為核心的人道主義話語，成為填充以中產階級為主體的市民社會想像的位置，這種話語成為社會的和諧之音，在彌

合階級鴻溝的或許說修正妒恨政治學的同時，也印證著中國社會結構分化的固化或完成。借助抗震救災這一突發事件，得到演練的或暫時獲得想像的公民社會只展現了其溫情的一面，距離可以充當政治抗爭空間的民主化遠景還相當遙遠，在這種未完成的狀態中，批判性的思考究竟應該為之鼓而呼，還是呈現公民社會自身的壓抑性或遮蔽性呢？

寫於2008年6-10月

第二章

遮蔽與突顯：作為社會修辭的「農民工」

　　「農民工」是一種身份，一種耦合了農民與工人雙重身份的踐約者，一種中間狀態，即「在工地上我就是工人，回了老家我就是農民」[1]。在這個意義上，「農民工」不僅僅是一個固定的位置，更是一個多重意義上流動的主體，而事實上「流動人口」也是他們最初被指認的方式，他們像候鳥一樣定期在農村與城市之間遷徙。「農民工」這個稱呼，既銘刻著農民、工人等社會主義話語的歷史痕跡，又在階層分化與重組中填充著某種想像性位置，他們是城裡的「鄉下人」，也是鄉下的「城裡人」。正是這種流動在城市與鄉村的狀態，使農民工擁有了思鄉的情懷，也擁有了漂泊的心緒，雖然這些情感從表像上與生活在異鄉或異國的遊子具有某種感同身受，但是在封閉的列車中，他們很難分享那份行進中的「希望之旅」[2]，而更多品嘗到背井離鄉的流浪之歌，儘管他們遠沒有「流浪者」的瀟灑和「飄一代」的浪漫[3]。

　　農民工從80年代末期開始出現，成為推動中國現代化的有效動力，他們作為廉價勞動力，源源不斷地支撐著中國經濟的高度增長和繁榮。據統計，1994年中國農民工數量為6000萬

---

[1]　《建築業農民工狀況掃描》，人民日報，2003年01月16日。

[2]　「希望之旅」是導演寧瀛2001年拍攝記錄片的名字。

[3]　「飄一代」是《新週刊》對小資的另一種稱呼。

人，1999年達8200萬人，2000年達8840萬人，2003年有1.14
億人[4]。如果說地勢的落差產生了水的流動，那麼農村與城市的
落差也造成了農民工的流動。城鄉二元結構的政治經濟現實，形
成了「城裡人」、「鄉下人」生活在「兩重天」的事實，而農民
工的浮現，打破了或者說增加了一種鄉村向城裡的流動方式，儘
管由於戶籍制度的限制，很少有農民工能在城裡定居，但城市對
於農村的慾望，吸引著越來越多「新生代民工」[5]渴望著城市生
活。可是，在城市空間中，「農民工」的身影卻經常是「不可見
的」，他們或者被遮罩在建築工地的圍牆內，或者被封閉在廠房
裡，或者在深夜從事著城市的環衛及其公路的維修與保養，在很
大程度上，城市的白天是他們的夜晚，城市的夜晚是他們工作的
時間。然而，他們的身影會在每年的「春運」中浮現出來，會在
因拿不到工錢而被迫自殺的新聞中出現，會在一次次礦難的深度
報導中出現……。「不可見的」農民工以某種「可見的」方式再
現於「大眾傳媒」之中。

　　農民工作為空間移動的主體，流動的基本方向是從農村到
城市，這種空間的置換往往在地理學上被指認為從中西部到東
部，沉澱在農村（中西部）／城市（東部）二元修辭之上的是經
濟上的欠發達與發達。可以說，這種流動的發生有著清晰的政治
經濟學動力。但是借助英國的後馬克思主義者拉克勞和墨菲的觀
點[6]，並不存在赤裸裸的純粹的經濟關係，文化或慾望的動力學

---

[4]　隋曉明著：《中國民工調查》，群言出版社：北京，2005年1月，第2頁。

[5]　《新生代民工的夢和痛》：用生於五六十年代，80年代或90年代初進入城市，為
　　「第一代民工」，生於70年代，90年代末或新世紀初進入城市為過渡的一代，而生
　　於80年代的民工稱為「新生代」。《南方人物週刊》，2005年10月19日，第21期。

[6]　[英]恩斯特·拉克勞、查特爾·墨菲著：《領導權與社會主義策略——走向激進民

不在經濟學的周圍或背後，而是與經濟關係交織在一起。具體地說，這種流動過程必然攜帶著流動者的情感與記憶，而歷史建構出來的關於農村與城市的想像也形塑著人們對於農民工的認識和民工的自我想像。

　　簡單地說，1989年第一次「民工潮」出現之後，農民工一般被稱為「盲流」，一些新聞記者和社會學者也以報告文學或社會學調查的方式開始關注農民打工問題[7]。不久，就出現了《外來妹》（1991年）等熱播的電視連續劇。隨著1992年「鄧小平南巡講話」以來，「民工潮」成為更普遍的社會問題。以發表打工者創作的文學作品為主的文學刊物《佛山文藝》、《外來工》獲得了幾十萬的銷量，「打工文學」也成為這個文學日益邊緣化的時代中引人注目的熱點。但與農民工相關的話題更多的是關於維權、拖欠工資等法律或社會問題，這包括深圳致麗玩具廠火災等安全事故、「河南人惹誰了」等地域與身份的歧視、春節前後農民工因拿不到工錢而出現上訪、自殺或報復承包商的事件以及外來工與外籍老闆之間的勞資矛盾等等。世紀之交，農民工在先鋒藝術（行為藝術、地下影像等）中成為社會苦難和底層的象徵，「農村真窮，農民真苦，農業真危險」成為知識界關注「三農」問題的現實動力。2002年時任總理的朱鎔基在《政府工作報告》中把農民工歸入「弱勢群體」，提出「對弱勢群體給予

主政治》，黑龍江人民出版社：哈爾濱，2003年5月，第83頁。

[7]　這包括葛象賢、屈維英著：《中國民工潮——「盲流」真相錄》（中國國際廣播出版社：北京，1990年10月）；鄭念著：《潮落‧潮漲——民工潮透視》（中國人民大學出版社：北京，1993年3月）；楊湛著：《洶湧民工潮》（廣州出版社：廣州，1993年6月）；余大興、胡小勇著：《腳下的長路——中國民工現象透析》（經濟科學出版社：北京，1998年）。

特殊的就業援助」[8]。儘管農民工常常作為一種侮辱和歧視的指稱，但是也出現了「打工青年藝術團」（2002年）創作的「打工最光榮」、「我們是新時代的勞動者」等「去汙名化」的表述。2003年，新一屆政府借「孫志剛事件」廢除了實行近20年的《城市流浪乞討人員收容遣送辦法》，年底溫家寶總理替農民工討工錢的行為成為新一屆政府建立親民形象的重要舉措，關於政府幫助農民工追討欠款的新聞也大面積出現在官方／主流媒體的報導中。2004年的政協十屆常委會，有委員提出「農民工正在成為中國工人階級的主要力量」的說法[9]。2005年還有兩部以民工為主題的電視劇投入播映。2006年兩會期間，又有政協委員提議使用「新職工」取代「農民工」這個稱呼[10]。在大眾傳媒的地形圖中，農民工不斷變換著「形象」，他們作為社會關注和表述的熱點之一，越來越被顯影為社會圖景尤其是城市景觀中不可或缺的一部分。

這些在報紙、雜誌、電視、網路等大眾傳媒中浮現出現的農民工表述，成為建構農民工想像的重要媒介。儘管大眾傳媒在某種意義上是「小眾」[11]的，除了電視或者準確地說是無線電視

---

[8] 朱鎔基著：《政府工作報告》，http://news.sohu.com/17/51/news148175117.shtml

[9] 「在7月6日的政協十屆常委會第六次會議的分組討論會上，全國政協委員、中華全國總工會研究室主任李永海透露，根據最新調查統計數字，農民工正在成為中國工人階級的主要力量……在農民成為中國工人階級的主要力量的同時，農民工的社會保障問題也越來越突出。調查顯示，中國農民工養老、失業、醫療、工傷、女職工生育保險的參保率分別只有33.7%、10.3%、21.6%、31.8%和5.5%。而農民工的企業補充保險、職工互助合作保險、商業保險的參保率就更低，分別只有2.9%、3.1%和5.6%。李永海提出，如此低的社會各種保險的參保率，給當前和未來的職工工作、生活、社會穩定都留下了較大的隱患」，見《人民政協報》2004年7月8日。

[10] 《農民工子女應率先「市民化」》，見《新京報》，2006年3月5日。

[11] 關於何謂「大眾」的討論，可以參見戴錦華著《隱形書寫——90年代中國文化研

可以覆蓋中國的大部分地區外，其他的媒介方式包括有線電視都被封閉在無論是人數還是地域上占少數的城市中，這或許與大眾傳媒作為現代都市傳播方式有關。90年代以來，大眾傳媒在當下生活中發揮著越來越重要的功能，這與其說是哈貝馬斯意義上的「公共空間」出現的標誌，不如說是大眾傳媒成為建構意識形態的重要場域，抑或「在權力交換與重組中變動不居的」的文化的「共用空間」[12]。在這個空間中，農民工被不同的意識形態所借重，有時甚至成為支撐彼此矛盾敘述的修辭，比如「民工潮」一方面表述為中國實現非農化／城市化／工業化的標誌，另一方面也被表述為「現代奴隸」、「包身工」等社會苦難與底層的象徵。而媒介自身的背景也影響到關於農民工的表述，比如下面要分析的《三聯生活週刊》使用「為了六十一個階級兄弟」來指稱礦難、《真理的追求》使用「包身工」來指稱農民工，雖然都借用社會主義時期的經典文本，但是其不同的選擇與這些刊物自身在90年代的不同意識形態背景密切相關。當然，在「大眾傳媒」對「農民工」的追認、整合和命名過程中，也存在著諸如「打工文學」、「打工青年藝術團」等關於農民工的自我表述。在這個意義上，關於「農民工」的話語可以解讀為葛蘭西意義上的「霸權統識」的爭奪戰，農民工在不同時期、不同媒介中被再現為不同的身份是不同意識形態運作或協商的結果。

究》之《緒論：文化地形圖以其他》。

[12] 「共用空間」是戴錦華描述90年代中國文化地形圖時所使用的術語（《隱形書寫——90年代中國文化研究》，第31頁），以區別於「官方／民間」的經典二項對立式，而在官方／民間背後隱藏的是「國家／社會」或者說是「國家／公共領域（市民社會）」的對立關係，這種的對立關係誤讀或忽略了哈貝馬斯在《公共領域的結構轉型》中所論述的市民社會與資產階級國家之間的共生共存的關係。

所以，本章把「農民工」作為一個有效的社會修辭或者說社會命名方式，不僅僅是社會學、政治學或經濟學意義上的實體，而關於「農民工」的表述或話語就可以作為不同文化表像進行的意指實踐。從某種意義上來說，農民工不斷被大眾傳媒建構為「他者」的景觀，正如薩依德在《東方學》中把西方文化尤其是東方學研究領域中的關於中東或近東的文化表述作為建構西方主體身份的一部分。而關於農民工的表述，也成為城市景觀當中異己性的存在。在以城市為核心的現代性規劃中，鄉村不是城市的前世，就是看不見的飛地，而來自鄉村的「農民工」無疑成為城市指認差異的有效能指。但是，他者永遠都是自我的他者，也就是說他者內在於自我的主體建構，在這個意義上，大眾傳媒在不同時期命名「農民工」的修辭方式，就與「農民工」在社會權力網路中的位置密切相關。我基本上以時間為線索，把大眾傳媒中關於農民工的表述大致分為四個階段：80年代末期、90年代中前期、90年代中後期和世紀之初。第一個階段「民工潮」剛剛浮現；第二階段伴隨著92年南巡講話帶來的商品化大潮，農民工在線性的現代化敘述中被作為歷史的進步（農民轉變為工人），關於「農民工」的表述也基本上是一種樂觀主義的話語；第三階段尤其是97年之後伴隨著激進地市場經濟改革，農民工則淪落為社會底層和苦難的象徵，在官方檔中被歸入「弱勢群體」，在先鋒藝術中成為指認「社會主義中國」的符碼；第四階段在知識份子關於三農問題的討論與新一屆政府的上臺的多重因素之下，大眾傳媒中出現了某種「民工熱」。在進行這些討論之前，我首先處理了「農民／工」作為一種修辭的知識譜系，尤其是在經典馬克思主義的脈絡中，工人、農民的不同位置直接制約著關於農民工

的表述和想像。或許，這樣一篇研究報告很難被「農民工」所閱讀，這依然是對「農民工」的一種再現而已，但我希望這是一種關於再現的再現。

一、「農民／工」的知識譜系

「農民工」來自於工人與農民的組合，而工人作為「階級」與資本主義作為一種生產關係的產生有著密切的關係。儘管「農民」及其所從事的生產似乎有著更為久遠的歷史，但農業生產是在與工業生產相對比的結構中才獲得意義的，因此，「農民」也是在與工人的關係中獲得意義的，可以說，農民的命名與工人一樣，是一種現代的發明，或者說農民和工人一樣都是現代性敘述的衍生物[13]。而關於農民／工人以及階級的話語是伴隨著馬克思主義在中國的傳播才逐漸確立起來的，或者說晚清以來的工業化進程，創造了近代的工人階級，隨之農民也獲得了新的含義，這成為討論「農民／工」問題的歷史背景。

在經典馬克思主義敘述中，工人階級是伴隨著資本主義的產生而出現的，正如《共產黨宣言》中，資產階級時代的特點被描述為「整個社會日益分裂為兩大敵對的陣營，分裂為兩個相互直

---

[13] 最近幾年，有一種把「農民、農村、農業」即「三農問題」放置到一起來思考的研究趨勢，這在很大程度上扭轉了以農業經濟為中心展開的農村、農民研究，這實際上是對由農業生產轉化為工業生產的線性發展邏輯的批判。在「三農」問題專家溫鐵軍看來，「農民」是三農問題的核心，而不應簡單地挪用「規模化經營」、「效率原則」、「商品化」、「現代私有產權制度」等西方現代化的歷史經驗，因為中國／欠發達國家的後發狀態本身就是西方現代化的產物，在這個意義上，經濟制度、政治制度的安排都要以「農民」為中心，比如「不能簡單把土地定義為生產資料，而要把土地定義為社會保障資料」。

接對立的階級：資產階級和無產階級」[14]。可以說，工人階級在經濟上代表著先進生產力即工業化大生產，在政治上屬於革命的主體即被壓迫階級的代表，在進步論和目的論的歷史敘述中被預設為人類歷史的主體，而農民的位置則被排斥在歷史主體之外。一方面，農民是工人階級的來源，因為在資本主義發展的初始階段農民被強制剝奪土地而變成除了出賣勞動力「自由到一無所有的地步」[15]。支撐這種敘述的歷史經驗是英國的圈地運動，而與之相伴隨的是用「大工業生產」取代「農業生產」，即「大工業在農業領域中引起的最有革命性的一件事，是剿滅舊社會的堡壘——『農民』——而用工資雇傭勞動者去代替他們」[16]。在這種現代化／工業化／資本主義化的敘述中，農民是工人階級的前身，而工人階級是農民轉化的結果，這種敘述直到今天依然是對「農民工」持樂觀態度的依據。另一方面，農民或者準確地說是「法國農民」在馬克思的《路易‧波拿巴的霧月十八日》中被比喻為「一袋馬鈴薯」，即「法國國民的廣大群眾，便是由一些同名數簡單相加形成的，好像一袋馬鈴薯是由袋中的一個個馬鈴薯所集成的那樣」[17]，這就決定農民如果作為單個的馬鈴薯，他們不是一個階級，但他們被裝進「袋中」就是一個階級[18]，只是他

---

[14] [德]馬克思、恩格斯著：《共產黨宣言》，人民出版社：北京，1997年8月，第28頁。

[15] [德]馬克思著：《資本論》第一卷（上），人民出版社：北京，1953年3月，第159頁。

[16] [德]馬克思著：《資本論》第一卷（下），人民出版社：北京，1953年3月，第544頁。

[17] [德]馬克思著：《路易‧波拿巴的霧月十八日》，人民出版社：北京，1997年8月，第105頁。

[18] 馬克思的敘述是：「數百萬家庭的經濟生活條件使他們的生活方式、利益和教育程度與其他階級的生活方式、利益和教育程度各不相同並互相敵對，就這一點而

們不能自己把自己裝起來，或者換作馬克思的說法就是「他們不能以自己的名義來保護自己的階級利益，無論是通過議會或通過國民公會。他們不能代表自己，一定要別人來代表他們」[19]。這種敘述是為瞭解釋路易・波拿巴如何獲得小農支持的，但也在政治上否定了農民的自主性，當然，在馬克思主義的敘述中，農民根本不可能佔據歷史的主體位置。

　　在以生產關係為參照標準的歷史敘述中，農民由於其落後的生產關係而處於低級和需要被歷史「剿滅」的命運上。如果按照經典的社會主義／共產主義革命的理論，工人階級是革命的主體，並沒有給農民預留下任何位置。在這個意義上，農民被排除在歷史之外。而城市／鄉村也成為工人／農民二元對立之上的空間隱喻。「對於馬克思來說，城市是歷史進步的象徵，因此，社會主義的先決條件存在於城市之中」[20]，但是，自「十月革命」以來的社會主義革命，按葛蘭西的說法是「反《資本論》的革命」[21]，也就是說發生革命的區域不僅不是資本主義高度發達的地區，而是那些以農業為主體的工業化相對落後的國家，這就使得純粹的工人階級領導的社會主義革命並沒有被歷史驗證，反而是像蘇聯、中國這樣主要以「農民」為主體的國家獲得了革命成功，尤其是對於中國革命來說，城市無產階級並非革命的主體，

言，他們是一個階級。而各個小農彼此間只存在地域的聯繫，他們利益的同一性並不使他們彼此間形成共同關係，形成全國性的聯繫，形成政治組織，就這一點而言，他們又不是一個階級」，[德]馬克思著：《路易・波拿巴的霧月十八日》，第105頁。

[19] [德]馬克思著：《路易・波拿巴的霧月十八日》，第105頁。

[20] [美]莫里斯・邁斯納著：《馬克思主義、毛澤東主義與烏托邦主義》，中國人民出版社：北京，2005年1月，第36頁。

[21] [意]葛蘭西著：《反〈資本論〉的革命》，收入《葛蘭西文選1916——1935》，國際共運研究所編譯，人民出版社：北京，1992年。

反而是農民成為重要的革命力量[22]。「在毛澤東看來，城市不過是外國統治的舞臺，而不像馬克思確信的那樣，是現代革命的舞臺」[23]，這種把農民作為工人階級同盟軍或者說把農民建構成一個「想像的階級共同體」[24]的實踐，在很大程度上是對第二國際時期盧森堡、葛蘭西無法在西歐發達國家發動以工人階級為主體的社會主義革命所帶來的馬克思主義的危機的克服。

進一步說，農民是被線性進步的歷史觀排斥在歷史之外的[25]，但是在後現代主義、後馬克思主義等理論視野下所展開的對歷史目的論、進化論、階級還原論的批判，為反思農民在社會主義革命以及馬克思主義的經典表述中的尷尬位置提供了可能。

---

[22] [美]本傑明・I・史華慈著：《中國的共產主義與毛澤東的崛起》，中國人民大學出版社：北京，2006年1月，第172—187頁。

[23] [美]莫里斯・邁斯納著：《馬克思主義、毛澤東主義與烏托邦主義》，中國人民出版社：北京，2005年1月，第58頁。

[24] 關於把農民構建為一個想像的「階級」的觀點，是筆者2005年6月底參加華東師範大學舉辦的「全球化與東亞現代性──中國現代文學的視角」暑期高級研討班，從呂新雨關於「鄉村建設」的發言中獲得的，呂新雨通過對比梁漱明與毛澤東的鄉村建設的異同，指出後者之所以獲得了成功，很大程度上，在於把農民構建為一個「想像的階級共同體」。

[25] 馬克思以英國資本主義的發展形態為藍本而勾畫出普遍的社會演進的階段論，被認為是西方中心主義視野的結果，或者更具體地說，馬克思按照生產方式的不同，把歷史／社會劃分為原始的、亞細亞的、封建的和資產階級的等四種經濟結構的演變（汪暉在《是經濟史，還是政治經濟學？》一文中指出，這四種經濟結構的劃分是對「黑格爾歷史哲學中的東方、希臘、羅馬、歐洲的階段性敘述與亞當・斯密從經濟史角度對人類歷史發展的四個階段即狩獵、遊牧、農耕和商業」的繼承和綜合，選自《反市場的資本主義》，中央編譯出版社：北京，2001年1月，第19頁），在這種演變中預設著一種進步觀，馬克思認為「工業較發達的國家向工業較不發達的國家所顯示的，只是後者未來的景象」（《馬克思恩格斯選集》第二卷，人民出版社：北京，1972年5月，第206頁），而且，馬克思把這種進步的時間觀疊加到地域的分佈上（這主要是黑格爾歷史觀的遺產，在其《歷史哲學》中，就把空間的分佈與絕對精神的演變重疊起來），這是一種19世紀的普遍主義的人類歷史觀念，帶有很強的西方中心論的色彩，但是，馬克思的這種把空間抽象為具體的時間的敘述，幾乎被每一次社會主義實踐的歷史所解構。

呂新雨在《〈鐵西區〉：歷史與階級意識》一文中從第三世界／中國的資本主義化的歷史出發，通過對資本主義發展過程中的去物化或者說符號化的分析，推論出當代工人階級喪失歷史主體性的原因是「資本離棄了工人」，「經典馬克思主義中對傳統農民主體性的否決，可以被視為當代工人主體性失落的前提」[26]，並提出「不是馬克思所期望和設想的最發達資本主義國家的工人階級起來推翻資本主義社會，不是資本主義占統治地位條件下的反資本主義革命，而是資本主義在它所確立的過程中所激發出的舊世界的反抗，恰恰是這種革命運用了社會主義的旗幟並獲得成功，人類歷史上迄今為止的社會主義國家的建立，其實都不是工人階級和工人運動的結果，而是農民革命的結果」[27]。這樣，用農民替換工人或者說在資本主義結構中把農民與工人放置同等的歷史位置上，就顛覆了經典馬克思主義賦予工人階級歷史主體性的敘述。可以說，農民階級不但沒有離開歷史，反而成為推動歷史的動力。

　　從另一個角度來說，這種敘述也建立在以沃倫斯坦為代表的「現代世界體系」理論和弗蘭克的依附理論對西方中心主義／普遍主義的批判之上。通過對「中心地區、半邊緣地區、邊緣地區」的劃分，把西方／東方、中心／邊緣的時間問題轉化為空間問題，也就是作為共時的結構來處理，這樣，東方或欠發達地區就不是滯後的結果，而是與西方或發達地區處在同一個資本主義全球體系之中，從而修正了經典馬克思主義歷史敘述中以西方為

---

[26] 呂新雨著：《〈鐵西區〉：歷史與階級意識》，《讀書》2004年第1期，第9頁。
[27] 呂新雨著：《〈鐵西區〉：歷史與階級意識》，《讀書》2004年第1期，第11頁。

中心的進步觀[28]。在這個意義上，如果把「農民工」看作是從農民演化為工人的過渡狀態，從而預設著歷史的進步與進步中的代價，就掉入了經典馬克思主義敘述的陷阱，儘管這種敘述包含了對資本主義原始積累時期的批判，但是這種批判背後預設著烏托邦的前景，或者說用「明天更美好」的允諾來化解今天的苦難。所以，現代化／工業化依然是當下世界或中國的宏大敘事，「現代化和工業化以對農民、農業的掠奪來完成資本的原始積累，無論是資本主義的英國還是社會主義的中國、蘇聯，都是同一個歷史動機的不同演繹」[29]。在這個意義上，「農民工」的問題也不得不放置在這樣一個大的歷史語境中來理解，或者說，對當下農民工的反思不可能離開近代以來對中國社會的認識，諸如社會主義革命、戶籍制度等深刻影響中國當下社會生活的「歷史事件」，都與這個「宏大敘事」有著密切的聯繫。與其說這些「歷史事件」阻礙或逃離了「宏大敘事」，不如說它們是「宏大敘事」的一部分[30]，歷史也遠沒有被終結[31]。

---

[28] 關於依附理論的論述參見陳燕穀著：《從依附理論到全球體系》，公羊主編《思潮（中國「新左派」及其影響）》，中國社會科學出版社：北京，2003年7月。

[29] 呂新雨著：《〈鐵西區〉：歷史與階級意識》，《讀書》2004年第1期，第11頁。

[30] 90年代中後期浮出水面的「新左派」與「新自由主義」的爭論中，暫且不對彼此觀點作二元對立式的表述。簡單地說，「新左派」的主要工作就是重新評價了建國以來計劃經濟體制下的社會主義實踐的歷史遺產，批評了把毛時代的歷史簡單地「清算」為封建主義／傳統的遺毒或歷史的倒退的敘述（尤其是那種通過對文革的「全面否定」來反身為新時期的意識形態進行辯護的策略），而借用「現代性」的理論視野來把毛時代的歷史尤其是社會主義遺產作為中國近代以來的現代性過程中的另類現代化嘗試或選擇，進而在知識上打開了反思歷史的空間。參見公羊主編《思潮（中國「新左派」及其影響）》，中國社會科學出版社：北京，2003年7月。

[31] 「歷史的終結」提法來自於日裔美國學者福山於80年代末期發表的一本著作《歷史的終結和最後的人》，他認為由於1989年蘇聯的解體以及整個共產主義陣營的瓦解，說明自由主義終於戰勝共產主義，歷史也就隨之終結了。關於這個問

二、關於「民工潮」的三種文化轉喻

「民工潮」第一次出現在1989年春天，「引起了全社會的震動，也成了全社會關注的焦點」[32]，當時的媒體普遍使用「盲流」來指稱「農民工」。「盲流」是「盲目流動」的簡稱，這來自於1952年中央勞動就業委員會提出要「克服農民盲目地流向城市」的政策，到1995年8月10日公安部發佈《公安部關於加強盲流人員管理工作的通知》還依然使用這個名稱。

當時之所以能夠引起社會的震動，是因為改革開放前，農民是不能進城打工的。鄉下人／城裡人作為一種不僅僅是區域分隔更是等級或階級分化的身份標識，使農民戶口／城市戶口成為眾多社會身份中分外重要的一個。這種戶籍制度或者說嚴格的城鄉二元結構是為了社會主義工業化初期更好地從農業生產中積累原始資金而不得不採取的制度安排[33]。改革開放以後，首先啟

題的詳細論述，德里達在《馬克思的幽靈》一書的《驅魔——馬克思主義》一章中把福山的論述作為冷戰後對於馬克思主義最重要的哀悼之聲；另外，劉小楓在《歷史的終結》（四川大學哲學系的講演）一文把福山提出的「歷史的終結」的問題還原到西方關於線性歷史觀產生的具體語境之中，在這個意義上，所謂「歷史的終結」不過是某種歷史敘述下的「終結」。http://www.gongfa.com/liuxfchuandayanjiang.htm。

[32] 鄭念著：《潮落·潮漲——民工潮透視》，中國人民大學，1993年3月，第17頁。

[33] 溫鐵軍在《中國農村基本經濟制度研究——「三農」問題的世紀反思》（中國經濟出版社：北京，2000年5月第1版）一書中從發展經濟學和制度經濟學的理論視野與中國歷史相結合的角度，指出建國初期的農村集體化產生的主要原因，「並非農業生產自身的需求，而是國家工業化的需求。為了進行工業化必需的資本原始積累，政府強制性地在農村建立了這種能夠相對成功地直接獲取農業剩餘的制度以及相應的組織載體」（第141頁），因為在朝鮮戰爭和西方封鎖的歷史背景下，「中國的國家工業化積累除了讓農村和農民做出犧牲沒有其他的選擇」（第145頁）（薄一波在《若干重大決策與事件的回顧》中有這樣的敘述「首先應當

動的是在農村實行家庭聯產承包責任制，而後是城市雙軌制的改革。但1984年出現賣糧難以後，鄉鎮企業的「異軍突起」調整了農業生產的結構，當時的政策是農民「離土不離鄉，進廠不進城」，這種就地解決農業人口非農化的方案沒有形成民工流動。隨著「允許農民自理口糧進城務工經商」（1986年農業一號文件），農民開始離開鄉土，這樣就出現了由西部向東部、鄉村向城市、欠發達向發達、內陸向沿海的內部移民。當然，許多農民工不僅流向城市或大城市，也流向東部鄉村經濟發達的地區，或者流向勞動力缺乏的寧夏、新疆等西北地方[34]。

承認，在我們這樣經濟落後的農業大國，進行大規模的工業化建設，在開始一個時期內，要求農民多提供一些積累是必要的，不可避免的」，中共中央黨校出版社：北京，1991年5月第1版，上卷，第281頁）。因此，1958年1月，全國人大常委會第91次會議討論通過《中華人民共和國戶口登記條例》，該條例第10條第2款對農村人口進入城市作出了帶約束性的規定「公民由農村遷往城市，必須持有城市勞動部門的錄用證明，學校的錄用證明或者城市戶口登記機關的准予遷入的證明，向常住地戶口登記機關申請辦理遷出手續」，在此基礎上建立了只針對城市的糧油供應、就業制度和社會福利制度，因此，「國家工業化的推進不僅沒能導致就業結構的同步調整和城市化發展，而且為了維持資本密集、排斥勞動的城市大工業，國家又不得不建立一套具體的、排斥所有農村人口的城市社會保障制度，這就形成了城鄉分割的二元結構的基本體制矛盾」（第226頁），相關論述在《我們到底要什麼》（華夏出版社：北京，2004年5月）和《解構現代化——溫鐵軍演講錄》（廣東人民出版社：廣州，2004年5月）也可以見到。但是，海外漢學家所論述的「毛主義」，強調毛澤東思想中對城鄉關係的特殊理解，針對1953-1957年的第一個五年計劃的社會及政治後果即出現了壓制活力的官僚機構和官僚主義權力行為以及新的社會不平等，「毛澤東所採取的措施是農村實行工業化，把政治重心和社會經濟重心從城市轉移到新的農村公社。人民公社不僅是發展經濟的主要部門，也是中國向烏托邦共產主義『躍進』的基本社會單位」（《馬克思主義、毛澤東主義與烏托邦主義》，第64頁），這似乎與毛澤東選取「農村包圍城市」來取得革命的成功相似，參見[美]莫里斯·梅斯納著：《馬克思主義、毛澤東主義與烏托邦主義》（中國人民出版社：北京，2005年1月）、《毛澤東的中國及其發展——中華人民共和國史》（社會科學文獻出版社：北京，1992年2月）。

[34] 在寧瀛的記錄片《希望之旅》（國際基金會支持，DV拍攝）中，記錄了每年八月至九月來自四川的農民坐三日兩夜火車到寧夏新疆一帶當收割棉花的臨時工的故事，影片的背景音樂是火車上播放的浪漫輕音樂《致愛麗絲》，而影片的結尾則

這究竟是新出現的現象，還是「重演的故事」[35]呢？從歷史上看，「民工進城」並不是80年代末期才出現的現象，按照上一節所分析的，工業化／現代化的進程必然造成農民向工人的轉化，因此，自晚清「洋務運動」以來的工業化運動，「民工潮」就已經出現了，在這個意義上，「民工潮」是一個重演的故事，但是，這種歷史追溯固然能夠把民工潮的問題引向對現代化／工業化的討論，但卻忽略了80年代末期出現的民工潮有著更為複雜的歷史動力，這種微妙的變化可以從「民工」與「農民工」的不同稱呼上呈現出來。與建國前出現的「民工」不同的是，在社會主義國家中，工人階級是領導階級，或者說作為既得利益的「工人階級」是受到社會／國家保障的，在這個意義上，「農民工」才與晚清以來形成的「民工」具有不同的含義，如果說後者的「民工」基本上與「工人」是同義詞的話，那麼這裡的「農民工」卻不是工人階級。比如在1953年出版的《民工衛生》中可以看出這裡的「民工」是指建國初期參加「大規模的經濟建設」的勞動人民，這本書屬於《愛國衛生叢書》，其分類為「工廠衛生、礦山衛生、農村衛生、城市衛生、部隊衛生、交通衛生、個

　　定格在一個少年茫然地望著窗外的景象，烘托出一種對未來的不確定又似乎充滿「希望」的情緒。

[35] 呂新雨在《「民工潮」的問題意識》一文中指出「很多學者都不假思索地以為『民工潮』只是80年代後期才出現，但其實它對於今天的中國來說只是重演的故事」（第52頁），她把「民工潮」追溯到以「洋務運動」為代表的晚清工業化時期，這種說法背後是工業化必然帶來農民的非農化或向工人轉化，這種歷史追溯固然能夠把民工潮的問題引向對現代化／工業化的討論中，但卻忽略了80年代末期出現的民工潮有著新的歷史動力，而呂新雨用這種回溯歷史的方式來批判新自由主義把農民工敘述為「中國農民的解放，是勞動力從專制中的解放，而這種解放得益於中國的市場化改革，即農村的聯產承包責任制和城市的私有化和市場化的改革」（第53頁）的觀點是很有啟發性的，《讀書》2003年第10期。

人衛生、學校衛生、民工衛生、婦女衛生、孩子的衛生……」等
等,「民工」既不屬於「工廠」也不屬於「農村」,而是屬於
「大工程的工地——廣大的露天工廠」。但在具體的敘述中,
「民工」又與「工人」混合在一起,在《怎樣搞工人生活》一節
中,「工人生活,就是民工到工地後的衣、食、住、行,也就是
工地環境衛生」[36]。這充分說明,「民工」從事著工業勞動,但
是他們又不屬於工廠裡的工人。在這裡,「民工」的處境已經類
似於「農民工」了。

　　「民工潮」最初引起了一些新聞記者的關注,於是,出現了
一些關於「民工潮」的報告文學。報告文學在80年代文學、文
化地形圖中佔據著特別突出的位置,在某種程度上,報告文學充
當了批露真相、呈現真實的功能(有趣的是,在電視、網路等媒
體空前發達的時代,2004年1月出版的《中國農村調查》這部報
告文學形式的書卻成為了暢銷書)。葛象賢、屈維英在對1989
年春節後出現的民工潮進行三個多月的追蹤尋訪的基礎上,於
1990年出版了《中國民工潮——「盲流」真相錄》(簡稱《真
相》)的報告文學,把剛剛出現的「民工潮」比喻為「中國古老
的黃土竟然流動起來了——那像黃土一樣固定的中國農民開始像
潮水一樣流動起來,而且勢頭很猛」,「那黃土啊,是多麼的長
久,多麼的厚重,多麼的悶寂,多麼的慵懶,多麼的灰面土臉,
黃里巴吉。我們親身經歷了那裡『學大寨』、戰天鬥地、改土造
田,然而黃土依然是那樣的黃土,黃土地上的農民依然像黃土那
樣沉鬱、冷漠、戀鄉、僵化……,依然是那樣的窮困潦倒,不追

---

[36] 宋志超編:《民工衛生》,人民衛生出版社:北京,1953年9月,第14頁。

求如何目標，生下來時老天安排他們怎樣生活就一直照樣生活下去，直到死了歸葬黃土，而下一代也是如此。」[37]這裡的「黃土」是80年代特有的對傳統中國的隱喻，包括陳凱歌的電影《黃土地》、流行歌曲《黃土高坡》都把靜止而荒涼的「黃土」作為停滯的、循環往復的古老中國的象徵，成為把中國歷史描述為「超穩定結構」的具象版[38]，而黃河等流動的形象，則成為救贖的力量，如作家張承志的小說《北方的河》把在游過北方／河作為「我」獲得新生的精神之旅，這是在尋根（掘根）文學、文化熱中所形成的一套特定的人文地理學。在這種靜止的、去歷史化的敘述中，中國／黃土／農民變成了循環往復的、沒有生機的存在，正是這種靜止的狀態賦予「民工潮」以流動的形象，正如作者手記所寫「當腳下的黃土也流動起來的時候，中國就會真正、徹底地變」。

在《真相》一書中，作者把「民工潮」比喻為「倒插隊」，把「工仔樓」、「工妹樓」命名為「知青點」，認為民工青年到城市打工是與60年代城鎮知識青年「上山下鄉」正好相反的歷史運動，「這是因為歷史雖不會重演，但有時卻十分相似，甚至細節」[39]。「上山下鄉」與「民工潮」確實是建國後發生的兩次比較大的人口流動，如果說前者是為了解決城市勞動力過剩[40]，那

---

[37] 葛象賢、屈維英著：《中國民工潮——「盲流」真相錄》，中國國際廣播出版社：北京，1990年10月，第1頁。

[38] 把中國描述為「超穩定結構」是金觀濤、劉青峰的著作《興盛與危機 論中國封建社會的超穩定結構》中的核心觀點，湖南人民出版社：長沙，1984年。

[39] 金觀濤、劉青峰著：《興盛與危機 論中國封建社會的超穩定結構》，湖南人民出版社：長沙，第127頁。

[40] 溫鐵軍在《我們是怎樣失去遷徙自由的》中指出：「從60年起，城市人口『上山下鄉』這種運動現象一直延續。也就是說，每當城市的人口增加到一定的量，而城市經濟又進入危機和蕭條階段，不能吸納這些新增人口就業的時候，就會有一

麼後者則是為了解決農村中的人口剩餘問題[41]。暫且不談背後的政治經濟學動力，這種「相似的歷史」的敘述已經抹去歷史自身豐富的差異性，「接受貧下中農再教育」、「我們也有兩隻手，不在城裡吃閒飯」的敘述與「農民工」背井離鄉是不同意識形態下的結果。在某種意義上，重提「上山下鄉」的歷史記憶是為了建立歷史的相似性，以便在這種類比中，把「民工潮」鑲嵌到已經斷裂的歷史之中。

在《真相》中，還把「民工潮」類比於美國19世紀的「西進運動」。「19世紀席捲美利堅合眾國的『西部浪潮』——生氣勃勃的美國人瘋狂般地向西部移民，吸引他們的是土地、草原、財富和機會」[42]，而在楊湛被收入「珠江三角洲啟示錄叢書」的《洶湧民工潮》的結語中則提到「在美國，200年來第一次出現了遷往農村的人口遠遠超過遷往城市的人口的現象」[43]。這種把從鄉村遷往城市的「民工潮」與從東部城市向西部開拓的美國人放置在一起的敘述，無非為「民工潮」預設了一個美好的前景，而這個美好的前景更有可能被進一步表述為「美國的資本主義制

次城市人口向農村的遷移。」http://www.village.org.cn/ReadNews.asp?NewsID=635&newsnameID=20&newsname=溫鐵軍。

[41] 孫立平在《社會轉型與農民工流動》的論文中，指出「如果僅僅從『勞動力的剩餘』的角度來解釋目前我國這樣大規模的民工潮，將導致這樣一種理解：流動出來的都是農村中的『剩餘勞動力』，而『非剩餘勞動力』則都留在了農村。也就是說，農民的外出打工，建立在勞動力的『剩餘』與『非剩餘』區分的基礎之上。然而，真正的情形並非完全如此。實際上，相當一部分地區，已經出現了農業勞動力不足的現象。這說明，農民的外出，並不是直接對『勞動力剩餘』這樣一種狀況的反應」，而孫立平對「農民工」的出現歸結為「人多地少、小規模經營而導致的普遍貧困化」（《轉型與斷裂——改革以來中國社會結構的變遷》，清華大學出版社：北京，2004年7月，第304頁）。

[42] 葛象賢、屈維英著：《中國民工潮——「盲流」真相錄》，中國國際廣播出版社：北京，1990年10月，第40頁。

[43] 楊湛著：《洶湧民工潮》，廣州出版社：廣州，1993年6月，第142頁。

度」，因為美國西進農民「那吱吱作響的大車，把資本主義制度從大西洋岸一直推到了太平洋岸」[44]，從而作為「民工潮」具有歷史進步性的證明。但是美國「西進運動」與中國「民工潮」之間的歷史差異在於前者不僅僅是與農民有關的運動，還是包括大地產商在內的以土地換金錢的「開發西部」，可以說，「西進運動」在土地市場化基礎上形成的金融資本成為美國完成資本主義原始積累的重要過程[45]。

第三種關於「民工潮」的修辭方式是把「民工潮」比喻為「出國潮」。在《真相》中「從民工潮我們聯想到了這幾年另一股波及全國的潮水——出國潮。出國潮的弄潮兒多是青年學生和中青年知識份子」[46]。把「出國潮」的群體指認為「知識份子」，並建立一種關於知識份子從中國的「士」階層以來都是「在流動中謀生」的敘述，用這種敘述來參照「中國的農民，亙古以來就像膠著的黃土。現在他們竟也流動了起來」的歷史意義。這種農民／知識份子的敘述依然延續了社會主義話語中對農民／知識份子的劃分方式，在某種程度上保留了一種「人民，只

---

[44] 秦暉著：《田園詩與狂想曲——關中模式與前近代社會的再認識》，中央編譯出版社：北京，1996年1月，第341頁。

[45] 呂新雨在《農業資本主義與民族國家的現代化道路——駁秦暉先生對「美國式道路」和「普魯士道路」的闡述》中首先質疑了秦暉在什麼意義上歪曲了列寧關於「美國式道路」和「普魯士道路」的論述，接著詳細論述了「美國式道路」的歷史本來面貌，解構了所謂「民主私有化」的神話，因為在美國農業資本主義發展的每一個階段，金融資本都走在西進農民「那吱吱作響的大車」的前面，「國家與資本的聯盟都深刻地內在於美國式道路」，正如「對俾斯麥和希特勒的需求內在於德國資本主義的發展」一樣，因此，對於中國來說，走「美國式道路」或「普魯士道路」的可能性是不存在的。見《視界》第13輯，河北教育出版社：石家莊，第143-215頁。

[46] 萬象賢、屈維英著：《中國民工潮——「盲流」真相錄》，中國國際廣播出版社：北京，1990年10月，第2頁。

有人民才是推動歷史動力」的觀念,「因為這是由靜到動、由
僵到活的變化,而且發生在中國社會的根基部分。從此中國社
會不再是構築於凝固的黃土之上,而是浮載於流動的黃土之上
了」[47],因此,在農民／知識份子的對立中,就遮蔽了另外兩種
移民,一種是通過教育體制由農村轉入城市的少數精英,另一
種則是或合法或非法(偷渡)的跨國打工的事實。而在《洶湧民
工潮》一書中描述「民工潮」現象時也把國內移民比喻為跨國
移民,比如把聚集在珠江三角洲的操持各種方言的農民工比喻
為「聯合國」,把農民工沒有正式戶口的處境比喻為沒有「綠
卡」,「因為她們沒有一張長期留居城市的『綠卡』——也許
移居美國所需的那一張『綠卡』,也沒有在中國之內從農村移
居城市的長住戶口那樣難搞到吧」[48],這無疑暗示著「農民工」
由於戶籍制度的存在而無法享有合法「身份」的處境,而沒有
「綠卡」的非法身份卻成為充當廉價勞動力的保證[49]。「民工
潮」與「出國潮」之所以能夠構成轉喻關係是因為在「打工／出
國」的背後是「黃金海岸」的誘惑,正如《洶湧民工潮》的內容

---

[47] 葛象賢、屈維英著:《中國民工潮——「盲流」真相錄》,第2頁。

[48] 葛象賢、屈維英著:《中國民工潮——「盲流」真相錄》,第166頁。

[49] 三好將夫在《沒有邊界的世界?從殖民主義到跨國主義及民族國家的衰落》一
文,指出二戰後逐漸興起的跨國公司,對民族國家造成了極大的衝擊,而那些在
外資企業打工的廉價勞動力是很難從遊動的沒有國界和民族身份的跨國企業中獲
得保障,因為「這些國家和地區大多是由獨裁政權統治著,禁止工會組織和反對
黨的存在,從而得以保證政治『穩定』——這是跨國公司大規模介入的最低限度
的要求」(第194頁),因此,三好將夫對後殖民主義／後殖民性進行了很大批
判,認為它們成了跨國主義的意識形態上的幫兇(德里克也有類似的觀點),無
視現實中的壓迫和剝削,「如果我們毫無保留地接受『後殖民性』話語,甚至後
馬克思主義話語,我們就成為霸權意識形態十足的幫兇,這種意識形態,一如既
往,看上去根本不是意識形態」(第510頁),《文化與公共性》(汪暉,陳燕穀
主編),生活・讀書・新知三聯書店:北京,1998年。

提要中所說：「20世紀80年代以來，鄉土觀念最強的中國農民再也抵不住南國商品經濟繁榮的誘惑和吸引，紛紛背離祖先眷戀了數千年的故鄉本土，從全國各省區地向珠江三角洲滾滾流動，5000萬民工蜂湧南下，投奔『黃金海岸』」[50]，在這個意義上，資本／金錢成為解釋「民工潮」的歷史動力，諸如商品經濟、競爭意識、「炒魷魚」「跳槽」等新詞彙作為取代「鐵飯碗」的標誌，而「『物競天擇，適者生存』，人只有能自救，上帝才會拯救你──『打工仔』們，你別無選擇」[51]的邏輯，也成為對新的遊戲規則進行辯護或論證的話語方式，一種新的意識形態或者說常識系統正在建構之中。

從這些最初討論「農民工」的報告文學中可以看出，關於「民工潮」的敘述是在一系列轉喻性的修辭中完成的，「民工潮」被比喻為「倒插隊」、「西進運動」、「出國潮」，在這些「高難度」的歷史對接中，所要實現的是對「民工潮」的樂觀主義敘述，諸如「在對民工潮三個月、上萬里的追蹤中，我們看到的並非是一股股到處橫流的盲目的禍水，而是一幅離開農村、離開家鄉的農民走向新的生活，追求現代文明的氣壯山河的進軍圖」[52]，或者「民工潮的出現，是歷史的進步，是社會的進步」[53]。而這種歷史對接的實現不僅把放棄以農業生產為代表的農耕文明作為「歷史的進步」，而且「民工潮」之前的中國歷史被以靜止化、去歷史化的方式徹底否定掉，這種在分享由農業到

[50] 楊湛著：《洶湧民工潮》，廣州出版社：廣州，1993年6月，「內容提要」。

[51] 楊湛著：《洶湧民工潮》，第102頁。

[52] 葛象賢、屈維英著：《中國民工潮──「盲流」真相錄》，中國國際廣播出版社：北京，1990年10月，第36頁。

[53] 鄭念著：《潮落‧潮漲──民工潮透視》，中國人民大學，1993年3月，第103頁。

工業的線性現代化邏輯下虛構了一個創世紀開端式的進步敘述，成為重新建立一種新的意識形態邏輯的一部分。

三、外來妹、打工文學與流浪之歌

90年代以來，電視作為強勢媒體的地位突現出來，並且從覆蓋地區上說，電視成為名副其實的「大眾傳媒」。《外來妹》（1991年）是最早反映廣東地區外來打工者生活的電視劇，1991年播出後獲得極大的成功。它講述了一群來自偏遠山區的姑娘到廣州打工的經歷，呈現了這個群體尋找自己的身份和位置過程中的眾生相，以一個成功步入管理層的形象昭示了外來妹的希望。「從80年代中、後期到90年代前期，外來工尤其是外來妹作為一種『新生事物』，作為『社會進步』的標誌」。如《外來妹》這樣的電視劇也「大都仍在『城市／鄉村』、『文明／愚昧』的二項對立的表達中，把離鄉離土的姑娘表現為勇者，一種戰勝陋俗、戰勝偏見的成功者」[54]。為什麼在「民工潮」剛剛出現的歷史時刻，諸如《黃山來的姑娘》、《外來妹》等女性成為「農民工」在「大眾傳媒」中顯影的方式呢？這種把農民工／女性的身份疊加在一起的表述，不僅僅遮蔽了男性農民工的存在，而且也是把階級問題轉移為性別問題的重要策略。

從《外來妹》主題曲是《我不想說》中可以很清楚看出[55]，這首由楊鈺瑩演唱的情歌傳達的是「我不能拒絕心中的感覺」、

---

[54] 戴錦華著：《隱形書寫──90年代中國文化研究》，第21頁。

[55] 《我不想說》歌詞如下：「我不想說，我很親切；我不想說，我很純潔；可是我不能拒絕心中的感覺，看看可愛的天，摸摸城市的臉，你的心情我能理解，許多的愛，我能拒絕，許多的夢，可以省略，可是我不能忘記你的笑臉，想想長長的

「我不能沒有你的世界」、「我不能忘記你的笑臉」，而「你」與其說是某個具體的情人，不如更是「城市」、「城市的天空」，在這個意義上，這首歌表達了鄉村姑娘對「城市」的嚮往，「不管明天什麼季節」都會「擦擦腳下的鞋」，走上通往城市的「長長的路」，鄉村／城市的慾望邏輯就建立在女性／男性的性別關係之上。

正如上一節中，我提到「民工潮」的一個修辭方式是類比於「出國潮」，如果把《外來妹》與90年代初期熱播的另一部電視連續劇《北京人在紐約》（1993年）相比較，就可以看到在「外來妹／女性」的「城市想像」與「北京人／男性」的「美國夢」之間有著更為微妙而複雜的性別邏輯和慾望邏輯。在劉歡演唱的《北京人在紐約》的主題歌《千萬次的問》中[56]，這種男性愛戀的獨白表達的是「我／中國」對「你／美國」的一往情深，但「你卻並不在意」。在「問自己是否離得開你」、「問自己你到底好在哪裡？好在哪裡？」的苦苦「追問」中，與其說表達了「北京人／男性」對「美國夢」的「重估」，不如說更是一種「無奈與失望」[57]。在這裡，北京／紐約、中

路，擦擦腳下的鞋，不管明天什麼季節，一樣的天，一樣的臉，一樣的我就在你的面前，一樣的路，一樣的鞋，我不能沒有你的世界。」

[56] 《千萬次的問》歌詞如下：「千萬裡我追尋著你，可是你卻並不在意；你不像是在我夢裡，在夢裡你是我的唯一。Once, once again, You ask me, 問我到底愛不愛你，Once, once again, I ask myself, 問自己是否離得開你。我今生看來註定要獨行，熱情已被你耗盡。我已經變得不再是我，可是你卻依然是你。Once, once again, You ask me, 問我到底愛不愛你，Once, once again, I ask myself, 問自己是否離得開你，Once, once again, You ask me, 問我到底恨不恨你，Once, once again, I ask myself, 問自己你到底好在哪裡？好在哪裡？」

[57] 戴錦華在《鏡像迴廊中的民族身份》一文中，對《北京人在紐約》的片頭曲作出這樣的解讀，她認為謝冕、張頤武在《大轉型：後新時期文化研究》一書中把片頭曲中的「我」和「你」解讀為「隱喻式的中西方關係」是一種有趣而敏銳的見

國／美國的慾望關係也是放置在男性／女性的性別關係之中來
完成的。

　　儘管「外來妹」與「北京人在紐約」使用了不同的性別策
略，但個人主義式的成功故事，就成為「類似『美國夢』式的表
述，固然關乎『個人』話語與空間的構造，但更為重要的，是它
無疑會在中國的特定語境中，還原為『階級』話語的構造」[58]，
或者說，這種由鄉村／城市到中國城市／美國城市的等級分明的
想像中，共用了同一個邏輯，就是資本力量強弱下的欠發達地
區／發達地區的慾望關係，在這種中心／邊緣的邏輯中，「北
京」既是中國鄉村的「城市」，又是美國紐約的「鄉村」，而
正是這樣一種國際間的落差、城鄉的落差，還有性別的差距，
使資本增值獲得了可能，或者說尋找差異是資本內在的邏輯[59]。
從另一個角度，也可以說，「外來妹」作為農民工的指稱本身，
是用一種突顯性別的方式來實現一種階級話語的轉移，或者說把
階層的流動具象化為性別場景，從而消解農民工自身所攜帶的階
級想像。

地，而把這首歌引申為「無情地揭示了昔日的夢幻和希望的破碎，最好地提供了
置身於冷戰後新世界格局中的『中國』之境遇的表述。透過無情的追問讓我們去
重估走過的道路」（《大轉型：後新時期文化研究》，黑龍江教育出版社：哈爾
濱，1995年，第46-47頁）卻是歌曲「脫離其電視文本來進行解讀」的過度闡釋，
她認為聯繫著「整個電視劇對美國夢的重述，我們最多只能在這種『隱喻式的中
美關係』中讀出無奈與失望，而不是『無情的追問』與『重估』」（《隱形書寫
——90年代中國文化研究》，第169-170頁），在這個意義上，《北京人在紐約》
並沒有顛覆或反思「美國夢」，而是重述了「美國夢」。

58　戴錦華著：《隱形書寫——90年代中國文化研究》，第183頁。

59　日本的女性主義馬克思主義者上野千鶴子在《脫工業化與性別的重組——九十年
代的父權體制資本主義》的論文中指出，資本是從差異中產生價值的，諸如城鄉
的落差、國際間的落差，還有性別的差距，或者說，不斷地尋找差異內在於資本
的邏輯之中。http://www.culstudies.com/rendanews/displaynews.asp?id=1998。

隨著90年代市場化／商品化以來，純文學期刊普遍面臨被邊緣化的命運，但是以刊登打工文學為主的《佛山文藝》及其半月刊《打工族》卻獲得了市場上的成功，它們成為「打工仔放在褲兜裡的雜誌」[60]。《佛山文藝》原是一份普普通通的地市級文藝刊物，80年代末期，開始把讀者定位在外來工，以發表打工青年寫作的文學作品為主，發行量增加到四五十萬冊，號稱「中國發行量最大的文學期刊之一」和「中國首家文學半月刊」[61]。1993年《外來工》從《佛山文藝》中分離出來，成為專門針對「農民工」的綜合刊物，2000年11月《外來工》正式改名為《打工族》，原因是「外」字帶有歧視性。

對比《佛山文藝》與《打工族》兩份雜誌，從封面上說，屬於同一個風格，都是青春靚麗的女性。《佛山文藝》的封面為單身女性，《打工族》則略有不同，上半月的封面為單人照，下半月為雙人照[62]。或許出於經濟上的考慮，這些封面女郎幾乎都不是有名有姓的影視明星，而這種始終如一的設計風格與其說是編者把閱讀物件定位為「男性讀者」，不如說是為了迎合初高中文化水準的打工青年。從內容上看，《佛山文藝》偏重於文學，即使是「打工文學」，在很大程度上也與打工的切身生活沒有直接關係，而欄目設計也多為「新人類物語」、「生為女子」、

---

[60] 《像愛上一個人那樣愛一份雜誌——雜誌的擁躉》，《新週刊》，2003年09月02日。

[61] 陳佳著：《文學期刊：轉型生死路，有人死去也有人歡歌》，《新京報》2003年12月5日。在《佛山文藝》的徵稿廣告中也有「《佛山文藝》是中國發行量最大的文學期刊之一，也是中國首家文學半月刊，期發行量達40萬，並被評為第二屆百種全國重點社科期刊，也被文學期刊界稱為『另類』」，中國投稿熱線，http://99girl.tougao.com/info/info.asp?info_id=15758。

[62] 自從1999年末，《佛山文藝》和《打工族》有了網路版，在每一期出版之前，都會設立「封面投票」專欄，得票最高的「封面女郎」作為下一期的封面，http://dadao.net。

「實力派文本」、「愛到真時真亦假」、「新民間話本」、「風味吧」、「人生百態」、「另一種感覺」等青春時尚的話題。《打工族》的定位是「一份講述打工一族自己故事的綜合文化期刊」，其欄目安排多為「成功高速路」、「打工警世錄」、「心靈之約」、「藍珠熱線」、「打工法眼」、「打工奇情」、「打工眾生」、「打工吶喊」、「為自己喝彩」、「情感流水線」、「醜陋的打工人」、「打工e人類」、「打工俱樂部」、「開心互助營」等與「打工生活」相關的話題來展開，文章幾乎都是打工者寫作的，也有一些編輯與打工者之間的對話或互動，使《打工族》這一「全國首家面向打工者的暢銷期刊」營造一種「同是天涯打工人，相逢何必曾相識」（宣傳語）的氛圍，以獲得打工者們的認同。

雖然兩份刊物的內容有些差別，但是從在刊物上投放的廣告來說，基本上是一樣的，都是發家致富、培訓學校或醫療保健類的廣告，銷售商品的廣告也多為百元以下的物品（目前刊物的定價為4元左右），包括頁尾上的徵婚啟事也大同小異，從這些徵婚廣告中，也可以看出其讀者群多分佈在廣州和海南，這說明，兩個刊物的受眾基本上還是同一個群體，編輯只是在趣味上做了區分（兩個刊物的編輯幾乎是重合），在這個意義上，能夠對同一個讀者群進行再分層，充分顯示了兩個刊物的市場能力。而這些雜誌對打工者詢喚出了什麼樣的想像，或者說打工者在這些雜誌中找到了什麼樣的自我認同呢？

《佛山文藝》最早是因為刊登「打工文學」而獲得成功的。80年代末期張偉民在《大鵬灣》發表了反映打工生活的小說《我是打工仔》，90年代初期，安子的《青春驛站——深圳打工妹寫

實》出版並暢銷，「打工文學」也開始成為人們關注的物件，在這個時候，以《佛山文藝》為代表的打工刊物成為首發打工文學原創作品的雜誌。「打工文學」具有雙重含義，一是打工者寫的文學作品，二是描寫打工生活的作品。一般說來，這兩種含義是彼此重疊在一起的，即打工者寫的表現打工生活的作品，而「打工文學」這個命名本身則延續了在社會主義現實主義文學修辭方式當中用題材或作家的身份來區分文學創作的慣例。關於「打工文學」的討論竟也與「民工潮」使用了相似的修辭方式，把「打工文學」類比為「知青文學」或者是美國在西部開發中所湧現出來的「西部文學」即美國的「打工文學」，比如譚運長在《打工文學與文學史》一文中，借用農民工與知青類比的修辭方式，認為「二者都是在某種偶然事件下產生的偶然的文學景觀，二者都源於一段特殊的歷史及與之相關聯的特殊的社會群體」[63]，文易在《來自〈外來妹〉的報告》中提到「誠如一位評論家所言，一百多年前，美國在西部開發中湧現的西部文學——美國『打工文學』，曾產生過以傑克·倫敦為代表人物的偉大的作家作品」[64]，這種敘述依然是在「知青下鄉帶來都市文化對鄉村文化的輻射，而打工者進城則標誌著農業文明接受工業文明的洗禮」[65]的都市／鄉村、工業／農業的二元對立的結構之中。從文學風格上來說，「打工文學」幾乎都是現實主義作品，因為這種再現方式使生活／文學變得更「透明」，也更容易把自我投射到文學語言中。簡單地說，「打工文學」大致包含三個主題：複雜

---

[63] 譚運長著：《打工文學與文學史》，《羊城晚報》，1998年12月1日。
[64] 文易著：《來自〈外來妹〉的報告》，《羊城晚報》，1992年3月29日。
[65] 楊宏海整理：《打工文學縱橫談》，《深圳作家報》，1991年第2期。

的城市想像、作為外來人／都市人／邊緣人的身份認同問題和打工者與老闆的矛盾鬥爭[66]，其中老闆與打工者的壓迫關係往往放置到老闆（男性）／打工者（女性）的性別修辭中來完成[67]。

最近幾年，發表在《佛山文藝》上的「打工文學」也發生了比較大的變化，很少看到反映打工者自我奮鬥或坎坷打工路的作品[68]，而更多地是都市情愛故事。這可以從2001年和2002年的「編者提示」中看出，比如「或許，後現代社會一切傳統的東西都被解構了，愛情也一樣，已經沒有了統一的標準」（2001年10上半月）、「女人與男人的戰爭，是一場永遠不會結束的遊戲？」（2001年11上半月）、「有這麼多自作多情的男女，這個世界於是變得很好玩」（2001年11下半月）、「怎一個『情』字了得——本期奉獻的是：現代社會裡形形色色的情愛故事」（2001年12月上半月）、「都市的生活很精彩，都市的人們也很無奈」（2001年12下半月）、「這世界做女人不易，其實做男人更難」（2002年1下半月）、「現代情感，豐富而迷離；不斷追尋，不斷失落」（2002年2上半月）、「這一代『新』人，真是說明都無所謂了。沒有目標、沒有責任，只有自己」（2002年2下半月）等關注都市情感、現代生活和人生感悟的主題。

---

[66] 這三個主題是楊巨集海在《打工世界：青春的湧動》一書的序言中提到的，花城出版社：廣州，2000年5月，第16-18頁。

[67] 關於「勞資矛盾」的修辭，在90年代初中期，往往把這種階級衝突轉換為「『民族』敘述（外國老闆）或『地域』衝突（港臺奸商或城鄉差異）」（戴錦華著：《隱形書寫——90年代中國文化研究》，第22頁），或者把這個問題法律化，進而歸結為對農民工普法以提高他們維權能力，但是在這種法律的權力博弈中農民工依然處於弱勢地位。

[68] 關於打工妹的成功故事的文章、調查報告，在其他的打工刊物，比如《農家女》、《打工妹》中也是很常見的敘述方式，見[澳]傑華：《都市裡的農家女——性別、流動與社會變遷》，江蘇人民出版社：南京，2006年4月，第69-77頁。

更多展現打工生活的是《打工族》，在刊登的一封讀者來信中，「我想，打工族（包括我在內）都想把自己在打工過程中所遇到的困難、挫折等傾吐出來，都渴望有自己訴說心聲和得到指點的空間」[69]，這不僅僅是讀者／打工族的心聲，更是編者所試圖創造的「空間」，但是，填充這個空間的卻是賺人眼淚的親情故事、離奇的情愛寫真或根據社會法制新聞寫成的報告文學，「訴說心聲」已經變成了善惡分明的倫理劇或道德劇。打工者在正義與邪惡的敘述中確立「善有善報、惡有惡報」的道德信念，在「許多用金錢買不來的幸福」和「『萬能』的金錢在無價的真情面前，是那麼渺小」[70]的溫情中獲得精神上的優越感，在「我們被人群拋棄了，但是我們不能拋棄我們自己」[71]的自我勵志中完成對現實遭遇的「想像中的解決」，在這個意義上，《佛山文藝》、《打工族》等打工雜誌與其說為「農民工」提供了通過「文學」來再現生活的空間，不如說更提供了一份抹去現實苦難的精神與道德的撫慰。

　　「打工文學」的出現是一種市場意義上的成功，也充分說明了打工者的消費能力。與此相似的是，90年代中期，也出現了一些打工歌曲，比較成功的是陳星演唱的《流浪歌》。「流浪」曾經在80年代中後期因為臺灣作家三毛的作品而成為人們關於行走在異國他鄉的浪漫想像，而這種想像在90年代又疊加於旅遊工業之中，尤其是成為小資旅行文化不可或缺的佐料。這些生活在都

---

[69]　張志華參與討論「外來工」改名問題時寫給《打工族》的信，《打工族》，2000年8月（上），http://dadao.net/htm/gk/dgzgk/htm/105/01.htm。

[70]　分別來自《破產後的千萬富翁做起了「破爛王」》（《打工族》，2002年3月上，第4頁），《京城富姐：贏了鈔票輸了愛情》（《打工族》，2002年2月下，第4頁）

[71]　余新春著：《我不是一個病人》，《佛山文藝》，2001年11上，第50頁。

市中的小資們對於「流浪」、旅行或在路上的渴望，與同樣生活在大城市的民工關於漂泊、思鄉的情緒不同，如果說前者通過對自然風光、名勝古跡、浪跡天涯的旅行／消費來實現一種「生活在別處」的文化想像，那麼後者已然身處「他鄉」、「異鄉」的境遇在「沒有那好衣裳，也沒有好煙」、「心裡頭淌著淚，臉上流著汗」（《離家的孩子》）的辛酸中更需要一種來自故鄉、母親、家的撫慰（「想起了遠方的爹娘淚流滿面」）。儘管這種廉價的鄉愁和被稱為「小資」的流浪想像都是大眾文化的產物，但是他們各自的階層地位使其很難彼此分享那份漂泊在外的情感。

1996年正是憑藉著《流浪歌》的流行使陳星成為一名職業歌手，在陳星的主頁中[72]，有一篇《殺人犯在逃十二年自首皆因一首〈流浪歌〉回頭》的新聞（在其他版本的新聞中強調的是女主持人感召逃犯自首的故事）。暫且不管《流浪歌》是否具有如此大的感召力，但起碼說明這首歌曲在打工者群體中獲得了極大的流行，以至於廣東省委書記在2005年三八國際婦女節慰問女代表時現場清唱了這首歌曲[73]，可以說，《流浪歌》已然成為標識農民工身份的文化符碼，成為官方可以借重的「常識系統」。至今陳星已經出版六張專輯[74]，基本上延續了《流浪歌》以「流浪的人」為主體展開的思鄉情調，把在他鄉生活的艱辛消融到對

---

[72] 關於陳星的個人資料和相關報導，可以參見「陳星中文網站」http://www.cx108.com/。

[73] 《李長春問候廣東女代表 張德江放歌送祝福》，http://www.gd.xinhuanet.com/gdnews/2005-03/09/content_3842336.htm。

[74] 陳星1996年11月發行單曲《流浪歌》；1997年11月，推出首張個人專輯《新打工謠》；1999年8月，中國太平洋影音公司發行第二張個人專輯《望故鄉》；2000年，推出單曲《離家的孩子》；2001年7月，推出第三張個人專輯《思鄉酒》；2001年11月，推出第四張專集《該是回家的時候》；2004年1月，由京文唱片發行第五張全新專輯《同船過渡》；2004年8月，由飛樂唱片發行第六張專輯《雁南飛》。

遠方的姑娘、母親以及故鄉的深深思念與眷戀之中，顯然，這些歌曲所召喚出來的依然是男性主體的位置。陳星以「打工者代言人」和「中國思鄉文化的領導者」的身份成為大眾流行歌手的事實，一方面表現了90年代以來打工群體在中國社會空間中的浮現，尤其是以廣州為中心的珠江三角洲地區最早形成了大規模的民工潮，另一方面這些歌曲也與歌手本人以走穴的形式的流浪經歷有關，廣州也正是中國流行音樂的大本營[75]。在某種程度上可以說明，農民工作為一個群體很早就在市場的意義上浮現出來。2004年陳星又以老歌手的身份（相比西域刀郎、網路歌手楊臣剛等簽約歌手來說）成為剛開業的飛樂唱片公司的簽約歌手[76]，充分顯示了他的市場潛力。

90年代中前期大眾傳媒中出現的電視劇《外來妹》、「打工文學」和流行歌曲《流浪歌》等與農民工直接相關的表述，尤其是在南方打工群體聚集的地區，這些專門的打工期刊和流行歌曲的存在，充分說明農民工作為一個消費群體在大眾文化地形圖中浮現出來。從《外來妹》的熱播可以看出農民工借助性別弱勢「女性」的外衣首先登臨大眾傳媒的「舞臺」，這種被觀看的位置正好吻合於城裡人對於農民工的指認，打工文學雖然有許多是打工者的自我創作，但也不能忽視《佛山文藝》、《打工族》在刊物定位和欄目設計上對打工文學的規範，使關於打工生活的

---

[75] 90年代中後期以來，出現了許多思鄉的流行歌曲，比如遲志強的囚歌《打工十二月》、1993年李春波的《小芳》（雖然是知青歌曲，但在打工群體當中流傳）、1994年李進的《你在他鄉還好嗎？》、1997年陳星演唱的《流浪歌》等等，這些歌曲都是在廣州（流行音樂的重鎮）產生的。

[76] 《飛樂唱片盛典開業 重金鑄造中國唱片業旗艦》，http://ent.tom.com/1636/1637/2004123-110200.html。

描述呈現諸多定型化的想像，而《流浪歌》、《你在他鄉還好嗎？》等流行歌曲，成為思鄉或鄉愁的載體，在並不太如意的城市生活中建構了一個美好的、純潔的鄉村，以滿足工業化過程中背井離鄉的流浪無產階級的懷舊情緒。

四、「階級兄弟」、弱勢群體與底層想像

（一）、「為了六十一個階級兄弟」與「包身工」

在《三聯生活週刊》等以都市中產階級為期待讀者的雜誌中，關於農民工的論述並不多，除了那些討論新富階層的專題中涉及貧富分化的問題時農民工往往作為「貧困」的標誌之一而出現外，農民工只出現在特大安全事故的新聞中，尤其是關於礦難、礦工的報導。僅2001年和2002年就有《煤坑怎樣變成墓穴？——礦工和礦主用生命賭博》（2001年第32期）、《南丹礦的死亡「陰謀」》（2001年第33期）、《為了六十一個階級兄弟》（2001年第49期「封面故事」）、《雞西礦工活著的代價——「生產必須違章，不違章不能生產」》（2002年第27期）、《繁峙礦難調查：黃金打破平衡——豐富的黃金與國家級貧困縣》（2002年第28期）等五篇重點文章。

煤礦工人是工業文明的典型代表，現在農民工成為非國營煤礦的主力軍，在這些中小型煤礦中，安全生產存在著嚴重的隱患，使得煤礦事故頻頻發生，關於「礦難」的新聞，也成為「大眾傳媒」報導最多的生產事故。在這些報導中，往往集中在安全生產的角度。其中2001年第49期《三聯生活週刊》把山西呂梁

礦難的新聞作為「封面故事」，使用了《為了六十一個階級兄弟》作為標題，其封面是從漆黑的礦井中埋頭奮力往外爬的礦工。之所以使用這個名稱，文中並沒有過多地論述，似乎是因為「呂梁一個星期兩起特大事故，那是61條人命啊」[77]，但是從讀者的角度，使用「為了六十一個階級兄弟」依然可以喚起其作為中學語文經典課文的記憶。

　　《為了六十一個階級兄弟》是一篇寫作於60年代的報告文學，被收入中學語文課本。講述的是1960年山西省平陸縣修路民工不幸發生中毒，為了搶救六十一個階級兄弟，從衛生部、空軍領導機關及指戰員、北京的特藥商店、平陸縣委會、郵電局、交通局及廣大群眾都投入了救援，終於把急需的藥品「二巰基丙醇」及時送到、搶救成功的故事，反映了「一方有難，八方支援」的「社會主義制度的無比優越」（課文結尾句）。「階級兄弟」指的是「農民階級」，即山西省為支援三門峽工程而修建的一條從芮城風陵渡到平陸南溝的省級公路的民工，正如我在第二節中所論述的這裡的「民工」更像今天的「農民工」，他們在農民作為工人階級同盟軍的意識形態敘述中被建構為「階級兄弟」。在最近的一篇關於《〈為了六十一個階級兄弟〉真相》（2003年7月3日）的文章中指出「當年作為反革命分子而被槍斃的投毒犯張德才，投毒的真正動機，原來不是破壞社會主義事業，而是出於報復的目的」，而「在家喻戶曉的『六十一個階級兄弟』中，其實有不少是地主富農子弟，還有個別是反革命家屬……但為了突出『階級兄弟』的概念，這些出身不好的人的家

---

[77] 高昱著：《為了六十一個階級兄弟》，《三聯生活週刊》，2001年第49期，第19頁。

庭成分均被填作下中農或中農，暫時享受了『階級兄弟』的待遇」，「平陸小報的記者當時最先得悉此事，但請示縣委後，有關領導指示不許報導。……當聽到中央人民廣播電臺的廣播時，太原、晉南的記者們，還有平陸小報的記者，這才猛醒，有人感歎說：還是北京的報紙有水準，『選擇救人角度真妙！』」[78]。暫且不管這篇「解密」文章的真實性，文章本身所要解構的恰恰是「為了六十一個階級兄弟」的「階級情誼」，這也從反面可以看出「階級情誼」不過是一種特定意識形態話語的產物。與此相關的是在《六十一個階級兄弟近況如何？》（2004年8月17日）的報導中「創維集團發起了以『為了六十一個階級兄弟的共同富裕』為主題的找尋活動。……該活動將對六十一個階級兄弟中健在的農民兄弟進行資助，使已經富裕的兄弟錦上添花，同時與生活拮据的農民兄弟建立長期的幫扶關係，幫助他們掌握致富的本領，為他們的創業提供資助，以達到共同富裕的目的。」[79]這種把「階級兄弟」的歷史記憶與「共同富裕」的官方政策耦合在一起的是企業進行商業宣傳的動機，在革命／階級話語成功地轉化為商業／商品的意識形態的過程中，也成功地宣告了作為建立革命合法性的階級話語的失效或死亡。

而《三聯生活週刊》借用「為了六十一個階級兄弟」這個名稱也沒有突顯「階級兄弟」的含義，或者說，正好講述了一個相反的故事。該報導從「過去的一個月裡，死亡在山西不再是什麼重大事件」的司空見慣的「礦難」入手，反思的是政府對煤炭業的管理制度。80年代國家為了緩解能源緊缺而鼓勵發展小煤

---

[78] 馬鬥全著：《〈為了六十一個階級兄弟〉真相》，見《南方週末》2003年7月3日。
[79] 《六十一個階級兄弟近況如何？》，見《山西晚報》，2004年8月17日。

窯，煤炭也成為貧困地區發家致富的依靠，但2001年6月份，國務院又下達了《關於關閉國有煤礦礦辦小井和鄉鎮煤礦的緊急通知》，而政府對煤礦並沒有給予任何補償，於是，這篇深度報導就建立了這樣一種敘述「20多年前，依靠行政手段保證著煤礦安全領導的權威性，然後對產量的刻意要求和大量開發，使得安全規章制度退居到最次要的位置，現在哪怕安全管理機構制定出再完備的制度，也已經不被管理對象包括制定者發自內心地尊重和遵守，因為這種安全管理實質是『人治的法規』」，儘管「人治的權威性，在經歷了市場經濟的導入後，已經被現實生活中多元化的利益取向所消解。然而，對領導權威的路徑依賴仍在持續並進一步強化」，因此，「為了61個已經死去了的階級兄弟，我們必須用盡可能快的速度和盡可能少的代價，找到那麼一個好的制度的權威。對於一個社會來說，制度的權威的缺失也許是比腐敗更嚴重的問題」[80]。

這種敘述一方面把礦難事故歸結為「比腐敗更危險的」人治的管理制度造成的，另一方面把「市場經濟」作為消解「人治」的良方，但作者認為「使得安全規章制度退居到最次要的位置」的原因是「對產量的刻意要求和大量開發」，而並沒有解釋「對產量的刻意要求和大量開發」的動力又是什麼。這種對政府／官方的制度批判，似乎非常符合《三聯生活週刊》所代表的民間立場或市民社會的聲音，但是卻忽略了礦難事件背後的發展主義／現代化邏輯。在這個意義上，與其說是政府／人治的制度使「市場經濟」發育不完善造成了今日礦工的歷史悲劇，不如說「市場

---

[80] 高昱著：《為了六十一個階級兄弟》，《三聯生活週刊》，2001年第49期，第27頁。

至上」的發展主義邏輯造成了「生產必須違章，不違章不能生產」的原始資本主義初期的殘酷。

對這種現實殘酷的表述在諸如《真理的追求》、《中流》等1989年以後出版的「老左派」雜誌中表現的更為充分。在這些基本上延續了經典社會主義立場的論述中，「不能丟棄階級和階級分析的觀點和方法」（《真理的追求》2000年第8期）和「站在最大多數勞動人民的一面」（《中流》1998年第3期）的立場使他們對於「私營企業主是不是資產階級」、「私營企業主是不是社會主義勞動者」、「資本家能不能當勞模」、「資產階級能不能入黨」、「私有化」、「股份制」等問題保持高度的政治敏感，這些討論從90年代初期雜誌創刊開始，一直延續到2001年7月1日中共建黨80周年被停刊為止[81]。除此之外，諸如《「拉美

---

[81] 《真理的追求》中這方面的文章有：《中國的私營企業主是否已經形成一個資產階級》（1991年第4期）、《共產黨員不能雇工剝削》（1991年第5期）、《我國私營企業主屬於非完整階級範疇》（1991年第8期）、《現階段私營企業主與資產階級》（1991年第11期）、《私營企業主不能入黨》（1994年第11期）、《搞好國有企業的關鍵不是產權改革》（1995年第3期）、《何以要為個人主義「正名」？——讀〈與總書記談心〉引發的一點思考》（1997年第3期）、《個體經濟不是「社會主義所有制」經濟》（1997年第3期）、《私營經濟不是「社會主義經濟基礎」》（1997年第3期）、《評「老闆書記」現象》（1998年第4期）、《我們的目標——是建設有中國特色的社會主義，還是建設所謂有中國特色的資本主義》（1998年第11期）、《為人民服務，還是「為納稅人服務？」》（1999年第2期）、《資本家能當勞動模範嗎？》（2000年第6期）、《關鍵在判定私營企業的所有制屬性——在私營企業主應否評選勞模問題上分歧的實質》（2000年第6期）、《共產黨員要在勞動與剝削之間劃清界限——談談為什麼不能吸收私營企業主入黨》（2000年第8期）、《私營企業主不是勞動者嗎？——就〈真理的追求〉雜誌載〈資本家能當勞模嗎？〉一文與周新城先生商榷》（2000年第11期）、《私營企業主不是社會主義勞動者》（2000年第11期）、《再論資本家不能當勞動模範》（2000年第11期）、《我們究竟要建成一個什麼黨？——評一些地方擅自吸收私企老闆加入共產黨》（2000年第12期）、《不能吸收私營企業主加入共產黨》（2000年第12期）、《不能評選私營企業主當勞動模範》（2000年第12期）、《資本家不是勞動者》（2000年第12期）、《工人階級的政黨豈能吸收資本家》（2001

模式」給我們的警示──談21世紀的中國可持續發展》（《真理的追求》2001年第12期）、《質疑新自由主義規則下的全球化》（《中流》2001年第4期）、《知識經濟的底蘊和中間階級的政治內涵》（《中流》2001年第7期）等問題也成為他們討論的話題。

與《三聯生活週刊》借用「為了六十一個階級兄弟」的修辭不同，針對非法勞務、打工妹等問題，「老左派」們借用《包身工》來指稱這些「原始的資本主義」下的苦難。和《為了六十一個階級兄弟》一樣，《包身工》也是一篇中學語文的經典課文，是左翼作家夏衍寫的報告文學，講述的是生活在舊上海／舊社會

年第1期）、《決不能把私營企業主拉進中國共產黨》（2001年第2期）、《關於私營企業主能否當勞模當共產黨員的調查報告》（2001年第3期）、《資本‧勞動及其他──從資本家能否評勞模說開去》、《共產黨要領導和駕馭新資產階級》（2001年第5期）、《我國當前有沒有形成新的資產階級？》（2001年第5期）、《「要明確私營企業主不能入黨」》（2001年第5期）、《開國際玩笑──資本家加入共產黨》（2001年第5期）、《現階段中國階級階層分化及私營企業主社會屬性問題的參考資料》（2001年第6期）；《中流》中有《非國有化‧民營化‧私有化》（2000年第2期）、《話說「老闆黨員」、「老闆書記」》（2000年第7期）、《拒絕為惡霸地主翻案──駁斥〈劉文彩真相〉的謊言和詭辯》（2000年第7期）、《關於私營業主評勞模問題》（1999年第5期）、《論中國當代資本家》（2001年第1期）、《應該吸收私營企業主入黨嗎？》（2001年第1期）、《允許私營企業主入黨後果嚴重》（2001年第1期）、《鼓吹私有化必須受到批評》（2001年第2期）、《走的是條什麼路？》（2001年第2期）、《我反對私有化》（2001年第2期）、《私有化急先鋒的最終下場》（2001年第2期）、《不可忽視、放棄國有中小企業》（2001年第2期）、《私有化大發展的時代真的到來了嗎？》（2001年第3期）、《馬恩思想轉變還是轉變馬恩思想？》（2001年第3期）、《清除私營企業主，維護黨的純潔性》（2001年4月）、《把水攪渾意欲何為？──評李君如〈需研究共產黨能不能代表先富起來的人〉》（2001年第4期）、《私有化──亡黨亡國的禍根》（2001年第5期）。從這些文章的題目和發表時間上，可以看出關於「私營企業主是不是資產階級」、「私營企業主是不是社會主義勞動者」、「資本家能不能當勞模」、「資產階級能不能入黨」、「私有化」的問題是《真理的追求》、《中流》關注的焦點，並且2000年前後達到高潮，使這些在經典馬克思主義立場上的敘述與官方敘述偏差過大，最終導致雜誌被停刊，這些文章的撰稿人多為中國社會科學院的研究員，其中《中流》多刊登讀者來信，比如下崗工人表達對改革開放前的社會主義體制的懷念。

的東洋紗廠的「包身工」的故事，呈現了帝國主義／資本家對工人的殘酷剝削和壓榨，從而論證中國社會主義革命的合法性。早在1994年《真理的追求》就轉載了《婦女生活》（1993年6期）上的一篇《今口的包身工──三十一個中原打工妹在石獅的遭遇》[82]的文章，這篇文章記述了90年代初期河南打工妹去石獅的「三資企業」打工卻遭受「無休止的高強度勞作」的故事，作者把「這種對雇傭工人瘋狂剝削和殘酷虐待的醜惡現象竟又死灰復燃」的現象類比於《包身工》的歷史境遇，這似乎暗示「三資企業」如同當年日本在上海的紡織工業。《請看今日中國「原始的資本主義企業」》（《真理的追求》2001年第2期）和《私企外企工人境遇堪憂》（《中流》2001年第6期）等文章也使用經典馬克思主義的「批判理論」來指責私營企業中存在的階級壓迫和剝削。

　　用這些「耳熟能詳」的中學課文或者說50-70年代的經典文本來指認當下的社會現象，首先說明這些文本依然有可能被作為社會常識的一部分[83]，而隨著《包身工》等文章從中學語文課本中被刪除[84]，它們作為「基本教養」的功能將不復存在。如果說

---

[82] 《今日的包身工──三十一個中原打工妹在石獅的遭遇》這篇文章原載於《婦女生活》1993年第6期，發在《真理的追求》1994年第1期上，而在「工人日報」中也出現《警惕「包身工」問題重現》的文章，2001年9月10日。

[83] 筆者雖然出生在80年代，90年代才開始接受中學教育，但是作為意識形態國家機器的教科書，尤其是語文類教科書還保存著50-70年代的意識形態，儘管課文內容不可能採取「以階級鬥爭為綱」等激進化的左翼觀點，但課文的選擇則依然以50-70年代確立的「經典」作品為主，有趣的是，在筆者接受教育的過程中，不斷地有課文被刪除而不作為教學和考試的重點，因此，筆者的同齡人依然分享著某種50-70年代的意識形態邏輯或者反50-70年代的邏輯，這種主體結構的形成非常類似於80年代初期的狀態。而諸多理科學生的人文修養很大程度上來自於中學語文教育，因此，像《為了六十一個階級兄弟》、《包身工》等以「階級」為主題的文本依然屬於基本教養的一部分。

[84] 關於《包身工》退出中學語文課本的報導見http://www.hudabbs.net/phpwind/simple/index.php?t10826.html。

《三聯生活週刊》借用《為了六十一個階級兄弟》來批判當下的「人治的規則」，那麼《包身工》則不加反思地重新使用階級批判的話語以批評市場化的改革路線。這樣兩種對於「農民工」問題的不同表述，一個雖然借用「階級兄弟」的修辭卻不談階級問題，而另一個雖然繼續使用「階級」、「剝削」等「批判武器」卻很難產生有效性，因為在不反思這些帶有階級還原論色彩的詞語及其帶來的歷史暴力的前提下很難啟用這份遺產。再加上，階級在「去革命」或「去政治化」的時代裡，幾乎成為一種「禁忌」，如何批判地繼承舊有的批判資源來描述現實問題，依然是一個需要面對的問題。

（二）、「弱勢群體」與底層想像

在官方媒體中，「農民工」一般在農村或農業問題中來論述，把「農民外出打工」作為提高農民收入的重要方式，直到2002年，在前總理朱鎔基的《政府工作報告》中，「農民工」被放置到或命名為「弱勢群體」。「工作報告」中要求「對弱勢群體給予特殊的就業援助」，這是在「擴大和培育內需，促進經濟較快增長」應「首先必須增加城鄉居民特別是低收入群體的收入，培育和提高居民的購買力」的第四條「積極擴大就業和再就業。這是增加居民收入的重要途徑」中提出的[85]。

「弱勢群體」原是指身體有殘疾或智力有障礙的群體，在已故作家王小波的一篇流傳廣泛的雜文《藝術與弱勢群體》中，認為「弱勢群體」就指非正常智商的人群[86]。《政府工作報告》

---

[85] 朱鎔基著：《政府工作報告》，http://news.sohu.com/17/51/news148175117.shtml。
[86] 王小波在《藝術與關懷弱勢群體》指出「但我總覺得，科學、藝術不屬福利事

中所提到的「弱勢群體」具體包括下崗職工、「體制外」的人、進城農民工、較早退休的「體制內」人員這四類群體，之所以要把他們劃歸為「弱勢群體」，是因為「目前的城市最低生活保障還覆蓋不了他們，需要政府單獨立項拿出錢來援助」[87]，「城市最低生活保障」之外的處境使得他們成為「弱勢群體」，但是，這裡的「弱勢群體」依然有一個非常清晰的邊界，就是城市，城市之外並不在「弱勢群體」的考量範圍，或者說「弱勢群體」相比非城市人群依然是一種特權，儘管這種特權已經把「進城農民工」涵蓋於其中了。

與「農民工」相比，下崗職工、較早退休的「體制內」人員原來都在單位制的庇護之下，而現在他們成了體制外的人群，「弱勢群體」似乎成為對「體制外」的保護。因為「『單位制』是改革前中國城市社會中的一項重要制度安排」，「是以追求效用的最大化為目標的，只不過，它所追求的不是經濟效用的最大化，而是社會效用的最大化」[88]，所以進入單位制，就意味「生

業，不應以關懷弱勢群體為主旨」，在這裡，「弱勢群體」屬於「福利事業」的一部分，當然，聯繫到王小波雜文的一貫主題，反對「藝術關懷弱勢群體」的背後是對「文藝為工農兵服務」以及以老百姓「能不能看懂」作為藝術評價的文藝思想，在對這種以社會主義現實主義為代表的美學原則和批評實踐的批判中，王小波確立了「文學的」和「藝術的」準則，「我以為科學和藝術的正途不僅不是去關懷弱勢群體，而且應當去冒犯強勢群體」，具體到文學來說，這裡的「強勢群體」是指王小波喜歡的杜拉斯、卡爾維諾等作家（有趣的是，這些也成了「小資」的必讀書目）。《沈默的大多數——王小波雜文隨筆全編》，中國青年出版社：北京，1997年10月，第464頁。

[87] 記者何磊對勞動和社會保障部社會保險研究所所長何平的採訪《朱鎔基報告中新名詞，弱勢群體包括哪些人》，《中國青年報》，2002年3月7日。

[88] 孫立平在《「單位制」及其變遷》一文中把「單位制」的討論放置到社會結構的分析模式中，他把社會結構分為「國家－民間統治精英－民眾」三個基本的層次，把中國秦漢以來社會制度的變遷敘述為這三個層次不斷變化的過程。其中宋代前後，中間層的民間統治精英由士紳－地主集團取代了秦漢社會中的貴族－

老病死有依靠」。但是隨著90年代中後期住房改革、醫療改革、教育改革，或者準確地說，是把住房、醫療、教育產業化／私有化的舉措已經使社會主義體制下的種種制度安排「今非昔比」，因此，體制（單位制）內／外已經很難作為社會身份的標識。在這個背景下，「弱勢群體」與其說處在「體制」之外，不如說他們處在「社會就業」之外，或者說他們被社會所淘汰，但問題在於，「農民工」並不像下崗職工、「體制外」的人、較早退休的「體制內」人員一樣被社會所放逐，「農民工」作為廉價勞動力已經成為社會建設的主力軍。據全國總工會和國家統計局歷時一年展開的新中國成立以來最大規模的第五次全國職工隊伍狀況調查顯示，到2003年底，中國的就業人數達到74423萬人，其中三個產業的構成分別為49.1%、21.6%和29.3%，第二、三產業吸納的勞動力達37886萬人，其中國有和集體單位的職工已分別下降為6621萬人和950萬人。這意味著農民工正在成為工人階級的主要力量，農民工主要集中在第二產業，其比例高達82.7%，其中製造業、建築業和採礦業分別占到66.2%、13.0%和3.5%[89]。

地主集團，1949年以來的社會制度則呈現為取消了中間層的「國家─民眾」，在這種制度安排的結構中，城市實行「單位制」起「填充國家與個人之間真空狀態作用」，農村則用「人民公社」作為其正常運作的基本組織形式，而改革以來，「社會」逐漸從「國家」中分離出來，民間統治精英也隨之形成，成為國家與民眾的中間人。這種宏觀視野下的結構模式雖然能大致勾勒出中國歷史的變遷，但是卻很難闡述結構變遷的歷史動力，並非作者沒有提供變遷的原因，而是作為敘述框架的「結構」先在地把「歷史性」放逐掉了。具體地說，這種研究範式很大程度上來自於哈貝馬斯對「公共領域」的討論，作為民間統治精英的中間層，或多或少預設著對市民社會的想像，而對中國社會結構變遷的敘述不過是這種想像的投射，或者說這種話語的衍生物。在孫立平看來，即使當下中國還沒有呈現成熟的市民社會，但這種社會從國家中分離的歷史進程起碼暗示了市民社會的前奏。《轉型與斷裂──改革以來中國社會結構的變遷》，清華大學出版社：北京，2004年7月，第217─245頁。

[89] 見《人民政協報》，2004年7月8日。

在這個意義上，「弱勢群體」與其說承認了「農民工」的弱勢地位，不如說依然沒有給「農民工」作為工人或勞動者的身份，而被放逐到「社會」之外。

有趣的是，2000年前後，「民工」的形象不斷地出現在中國先鋒藝術家的作品中，「農民工」作為社會苦難和底層的指稱，成為藝術再現和借重的對象。早在1996年，行為藝術家羅子丹在其「都市行為藝術」系列中，就有一部是《一半白領，一半民工》（1996年12月）的作品，具體「行為」是羅子丹把自身裝束分成了兩半邊──一半穿是高級白領服飾，一半是粗舊的補丁衣服和露出腳趾黏著乾泥的布膠鞋，顯然這種對於民工的再現來自於農民，而白領／民工的符碼借重於對城裡人／鄉下人的想像，不過，在突顯這種不協調和對立的同時，藝術家似乎忽視了白領和民工都是城市的「打工族」，他們耦合在一起是同一個歷史進程的產物。

2001年8月，舞蹈家文慧在未建成的遠洋藝術中心中排演了《與民工一起舞蹈》的現代舞，演員由十幾名專業舞者與30名民工組成，舞臺是正在向著藝術中心改建、四壁裸露著水泥的舊紡織車間（遠洋藝術中心是中遠房地產公司出資改建的，由先鋒建築師張永和設計），道具是20台縫紉機和汽油桶，用來再現20世紀70年代紡織廠的場景。演出時並沒有固定的舞臺，觀眾和演員混在一起，民工們則赤裸著上身，唱著山歌，在黑暗中打亮手電筒，用不太標準的普通話「喊話」等。策劃人之一吳文光的解釋是「這是一個舊工廠，即將被變成一個所謂的藝術中心，這幾乎是中國目前時代轉變中的典型的一個例子，舊的工廠被淘汰，新的所謂的藝術中心即將進入，但中間充滿了一種過程的東西，

這個過程就使我們想到了民工，民工是這種改變的身體力行的改變者」[90]。這種把舊工廠轉變為「藝術中心」的行為（與「遠洋藝術中心」類似，在北京大山子地區原國營718聯合廠也被改建為聞名遐邇的藝術區），似乎成為當下城市中國的隱喻，昔日作為「生產性」的佈滿工廠的社會主義城市，在經歷了近20年的轉軌、改制之後，許多工廠被廢棄或者搬遷郊外，其廠房和土地不得不被出賣[91]，這可以從記錄片導演王兵的作品《鐵西區》（2001年）中看出，曾經作為社會主義化工生產基地的瀋陽鐵西區在國企改制中破產，只留下空空蕩蕩的廠房。當藝術家把「民工」邀請到「破舊的廠房」的時候，曾經作為社會主義主人翁的工人階級杳無蹤影，而暫時填充這個位置的是「民工」，這又在某種程度上展示了工人下崗與民工進城是以「市場經濟」改革為主導的同一個歷史進程的兩個面向（正如在官方報告中，下崗職工與進城農民工都成了「弱勢群體」），而在這個「工人階級失去歷史主體地位」[92]的時代裡，農民工有沒有可能在理論與現實的雙重實踐中佔據這個缺失的位置呢？由「紡織廠」到「藝術中心」的變遷是否預示著以工廠作為單位的物質生產形式的衰落、「非物質性生產方式」[93]的到來呢？

---

[90] 中央電視臺時空資訊欄目：《與民工一起舞蹈》，http://www.cctv.com/oriental/skzx/wdjm/20010916/1.html。

[91] 汪暉著：《改制與中國工人階級的歷史命運——江蘇通裕集團公司改制的調查報告》，《天涯》2006年第1期，第52-72頁。

[92] 關於工人階級歷史命運的討論，見呂新雨著：《〈鐵西區〉：歷史與階級意識》，《讀書》2004年第1期。

[93] 《帝國》一書的作者麥克爾‧哈特和安東尼奧‧奈格里在清華大學的演講《帝國與後現代主義政治》中，提出「新的生產方式：非物質性勞動的霸權」的概念來解釋後工業時代的生產特徵，「二十世紀最後十年，工業勞動失去了霸權地位，代之而起出現了『非物質性勞動』，即創造非物質性產品，如知識、資訊、交

曾經參與策劃《與民工一起舞蹈》的先鋒藝術家宋冬2003年11月在今日美術館進行了《與民工在一起》的展覽，作為聯合國教科文組織和中國社會科學院共同主辦的《我們在一起──「民工同志」當代藝術展》[94]的開幕式，這個藝術展包括行為藝術、裝置、多媒體、雕塑等藝術形式，分三大主題及展區：第一展區提供了近年來有關民工的資料資料和相關記錄；第二展區的主題是民工紀念碑，以巨大的雕塑和攝影圖片，體現出民工的工作環境和狀態；第三展區的作品描述出民工的社會地位和生存狀態。而宋冬的作品是此次展覽的核心部分，具體行為是：他與200多個赤膊民工合作，穿插在參觀人群中，讓人們時刻感受到民工的存在，其中在一個長廊中安排幾十個民工並肩站立「注視」著走過的人群，似乎把日常生活中「農民工」被「注視」的關係顛倒過來。按照宋冬的解釋「美術館是一個房地產開發商辦的，而房地產開發是使民工大量進城的一個原因，這種關聯本身就是作品的一個元素。在美術館與民工近距離接觸的體驗，也是作品的一個元素。而我找的民工都要付費，付費本身也是作品中的元素」[95]，這似乎延續了《與民工一起舞蹈》的主題。在這些

通、關係，甚或情緒反應的勞動」，儘管他們反思說「當我們認為非物質性勞動正趨於佔據一個霸權性地位的時候，我們並不是說今天世界上大多數工人生產的主要是非物質性商品」，或者「非物質性生產」是一種對未來的預見，這種與傳統裝配線上的線性關係相比更具有散形網路的「多頭和不確定關係」的生產方式，導致「勞動的進一步抽象化也意味著勞動的更大社會化。共同基礎的不斷建立，以及不同生產方式的日益趨同，減弱了從性質上將不同勞動者區分為不同階級的基礎，因此，也為我們稱之為諸眾（multitude）的勞動者形成一個共同的政治方案創建了基礎」，《天涯》，2004年第5期，第75-79頁。

[94] 聯合國教科文組織和中國社會科學院社會學研究所從2002年到2005年聯合進行一項扶貧計畫的研究，其中有一個內容就是中國民工現象，通過這兩個機構對中國7個城市民工現象的研究。

[95] 高文寧著：《關注民工 明天千名民工上演行為藝術》，《北京晨報》，2003年11

強調「現場感」的行為藝術中，藝術家把「民工」放置到「舞臺」主角的原因解釋為搭建「舞臺」自身的恰恰是「民工」，而這些藝術行為的目的是為了把很難在城市空間中顯影的城市建設者「民工」以「藝術」的名義佔據舞臺的中心。這在某種程度上，延續了民工／大多數／人民作為歷史動力的想像，或者說他們的藝術工作似乎暫時恢復了「民工」的主體位置，但是，如果說「房地產開發是使民工大量進城的一個原因」，那麼使「民工」走進美術館的原因又是什麼呢？是藝術家及其支援藝術家的聯合國教科文組織。在這樣兩種「再現」中，後者究竟顛覆了前者，還是兩者具有共謀的關係呢？不過，至少這種「再現的再現」使前者的邏輯暴露出來，這或許也是後現代主義的解構策略吧。

與此相關的是，在2000年前後出現的一些「地下電影」或「地下紀錄片」中，「農民工」也成為被關注的主題，這包括《北京彈匠》（朱傳明導演1999年）、《鐵路沿線》（杜海濱導演2000年）、《希望之旅》（寧瀛導演2001年）等「地下紀錄片」，《安陽嬰兒》（王超導演2001年）、《陳墨與美婷》（劉浩導演2002年）、《盲井》（李楊導演2002年）等「地下電影」。「地下電影」和「地下紀錄片」是指採用「體制外製作」的方式完成拍攝、「私自」送往國際電影節參賽、獲獎後不能在國內公映的影片[96]。這些影片一方面在國內因為是「體制外製作」，所以被指稱為「獨立製片」[97]，或者「民間影像」（尤

月21日。

[96] 關於「地下電影」和「地下紀錄片」的討論，可參見戴錦華著：《霧中風景》，收入《隱形書寫──90年代中國文化研究》。

[97] 在由上海電影製片廠主辦的《電影故事》這本雜誌裡，最早是以「獨立影人」的

其是對一些獨立紀錄片），這在某種程度上，延續了90年代中國文化空間中對於「官方／民間」的話語表述方式；另一方面這些影片在國際電影節／西方視野中往往被讀解為「持不同政見者電影」，或者說是「後冷戰時代的冷戰式情境」下的產物[98]。這種「體制外製作」加「國際電影節」的模式，成為90年代以來第六代導演不其然地選擇的「浮出歷史地表」的方式。

　　早期的「地下電影」／第六代往往更多地講述「長大成人」的故事，比如經常以搖滾人的生活作為自畫像，而90年代末期則出現了諸如上面提到了這些表現城市打工者、下崗工人、妓女等社會底層人物生活的影片。這幾部電影的導演都是第一次拍電影，而且影片受到了國際電影節的歡迎和褒獎[99]。這種由對社會邊緣人群的關注轉向一種底層視野在某種程度上內在於「第六代」的影像策略之中。他們一方面關注內心／個人，另一方面也強調對「當下」／現實進行「記錄」，這種訴求建立在對「第五代」講述歷史寓言的美學反動之上。正如第六代的代表性人物張元這樣說：「寓言故事是第五代的

命名來介紹和訪談一些「地下電影」的導演如張元、王小帥等，其他文章包括《夜色撩人：中國當代獨立製片電影的小全景和大特寫》（崔子恩著，《芙蓉》雜誌2001年第2期）、《花之惡——九十年以來大陸獨立電影的回顧》（張獻民著，《新青年DVD手冊》第六期，第165頁）、《中國當代獨立電影簡史》（周江林整理）、《獨立電影10年記》（程青松、程春著）和《關於中國當代獨立製片》（匿名）。

[98] 戴錦華著：《隱形書寫——90年代中國文化研究》，第32頁。

[99] 這些影片的獲獎情況如下：《北京彈匠》、《鐵路沿線》同時參加2000年山形國際紀錄片，《北京彈匠》榮獲「新亞洲潮流」專案優秀獎；《希望之旅》獲2002年法國真實電影大獎；《安陽嬰兒》入選第54屆戛納電影節導演雙周單元，被法國最大電影雜誌《Telerama》評選為2002年度世界優秀電影作品之一（共15部）；《陳墨與美婷》榮獲第52屆柏林國際電影節「青年論壇」影評人聯盟獎，最佳亞洲電影大獎；《盲井》榮獲第53屆柏林電影節「藝術貢獻銀熊」獎。

主體，他們能把歷史寫成寓言很不簡單，而且那麼精彩地去敘述。然而對我來說，我只有客觀，客觀對我太重要了，我每天都在注意身邊的事，稍遠一點我就看不到了」[100]。這種對「客觀」的美學追求，既使他們轉向自戀式的青春書寫[101]，又使他們把「我」／攝影機作為「文化現場的目擊者」[102]或時代的見證人，因此，記實的風格成了他們影像的內在要求。在這個意義上，這些世紀末出現的「地下電影」依然在講述他們看到的故事，或者說自己的故事。在人性／人道主義的敘述中，攝影機所拍攝／記錄的底層與他們自己聯繫在了一起，但是，這種轉向底層的視野又不其然地應和著國際電影節對這類影像的渴求。從「電影的事實」來說，這些拍攝底層的電影獲得了國際電影節的歡迎，或者說在某種程度上，成為國際／西方指稱中國的另一種影像修辭。在一篇《地下電影拍攝指南》的網路文章中，提到男主角應該是「處在失業或者某種不正常的狀態」，女主角則是「性產業從業人員或失業的紡織女工」，影像風格要多用「長鏡頭和昏暗場景」，而且「一定需要一個很好的英文翻譯，因為你的這個片子將會面對非常多的國外觀眾」[103]，這篇帶有某種嘲諷色彩的文章，卻道出了遊戲其間的

---

[100] 鄭向虹著：《張元訪談錄》，《電影故事》，1994年5月。

[101] 戴錦華在《霧中風景——初讀「第六代」》一文中批評「多數第六代的影片的致命傷在於，他們尚無法在創痛中呈現盡洗矯揉造作的青春痛楚，尚無法扼制一種深切的青春自憐」，《隱形書寫——90年代中國文化研究》，第158—159頁。

[102] 戴錦華著：《隱形書寫——90年代中國文化研究》，第158頁。

[103] 網友Xzfd在《地下電影拍攝指南》一文中用「不管怎麼說，完整地把兩個人吃完一碗麵條的過程用膠片拍攝下來」來暗指《安陽嬰兒》，用「盡可能地避開在公共場合拍攝以及盡可能地少用群眾演員，最好就是兩個男女主角在一個小房子裡聊天就行」來暗指賈樟柯的《小武》等等，2002年08月05日 http://ent.163.com/edit/020805/020805_128889.html。

某種心照不宣的規則，「地下電影」與國際電影節的權力關係依然制約著這些影像的表達[104]。

2001年以記實風格著稱的女導演寧瀛就拍攝了一部叫《希望之旅》的記錄片，主要記錄了農忙時節從四川到新疆打工的棉農。導演說這部記錄片是在火車上花了三天時間跟蹤拍攝完成的，對於漫長的記錄片拍攝來說，這更像是一次對生活／現實的速寫。如果說真實客觀的記錄並不存在，任何一部記錄片必然攜帶著拍攝者的態度，而《希望之旅》並沒有掩飾這種態度，反而故意暴露導演／攝影機對現實的介入。影片除了運用長鏡頭來突現其記錄特徵外，還不斷插入一般很少在記錄片中出現的導演的問話，比如提出「你認為什麼是幸福？」、「你認為人生的意義是什麼？」等問題，這些聽起來很突兀的問題使這次短暫的記錄又增加了許多「內容」，也許暗示著導演更想關注他們的情感生活，而不僅僅呈現一種生存狀態，也許導演認為應該對現實有格外的干預，而不僅僅營造一種「客觀記錄」的效果。暫且不討論導演所認同的拍攝理念，這種帶有人生哲理色彩的詢問或探討，不在於對民工來說有點太過抽象，而在於導演站在外面的位置，把建立在人道主義立場上的關切投射到這些民工身上，如同影片最後的鏡頭停留在一個少年默然不語的臉上，茫然不知該如何回答未來會怎麼的問題，使這次導演眼中的「希望之旅」變成了某種對民工／他們的美好祝願。這部記錄片經常在關注民工的

---

[104] 關於探討第六代電影與國際電影節關係的文章可以參考戴錦華的《霧中風景——初讀第六代》（收入《霧中風景——中國電影文化1978—1998》，北京大學出版社：北京，2000年5月）和張英進的《神話背後：國際電影節與中國電影》（《讀書》，2004年7月）兩篇文章。

NGO會議上播出[105]，並獲得了法國真實電影節的大獎，評審團的意見是「影片令人立即投入到人物故事和生機勃勃的生活中去，其內容遠遠超出影片長度所展現的希望之旅」[106]，這種獎勵和播放的場域在某種程度上應和著對導演所選取的拍攝態度和方式的認同。假如擱置導演／攝影機對於被拍攝者是否構成了一種「冒犯」的問題，這種導演與民工處在同一列火車上的「耦合」關係是由於導演對於底層／弱勢群體的人道主義情懷造成的。如果對這部記錄片作一些寓言式的解讀，在封閉的車廂中有固定方向的列車所載乘的主體，如同民工的歷史遭遇，一種在起點與終點的「路上」，而這種身體的流動所帶來的與其說是幸福與人生的意義，不如說更是幾千元的收入。從這個意義上來說，導演的態度無疑在把這段旅程抽象化、浪漫化，在抹去民工與導演在普遍人性／人生上的差異的同時，也暴露了攝影機與被拍攝者的距離，在火車上，導演／攝影機作為與民工相對立的外人，一個暫時同路的局外人，或者說在攝影機的「觀察」與導演的詢問中，「民工」成了他者的景觀。但是，正如《與民工一起舞蹈》、《與民工在一起》等藝術作品所帶來的一種對待民工的態度，不是要「代表民工」而是和他們「在一起」，藝術家似乎也意識到「代表」本身是一種權力壓迫的結果，而只能採取曖昧的「在一起」，因此，《希望之旅》雖然有著「暴力」的記錄風格，但這種「介入」姿態起碼呈現了藝術家嘗試理解「民工」的努力。

世紀之交，「農民工」不僅在政府檔中被顯影為「弱勢群

---

[105] 《「我們在一起」——一場重點關注農民工問題的影展》，http://www.china.com.cn/chinese/CU-c/593280.htm。

[106] 《〈希望之旅〉：帶你走進農民工的真實世界》，http://www.china.org.cn/chinese/CU-c/674958.htm。

體」，而且被先鋒藝術家再現為「舞臺的主角」，在官方／民間或主流／邊緣的視野中，「農民工」不期然地佔據了或者說享受了「中心」位置，暫且不討論作為「官方說法」和被小資消費的先鋒藝術都無法與真正的「大眾文化」相媲美，但可以說明關於「農民工」的修辭已經脫離了早期在現代化邏輯下所建立的樂觀主義敘述，而成為一種社會苦難的象徵。

（三）、「自由遷徙的夢想」

如果說先鋒藝術家和影像工作者把民工作為藝術再現的中心，那麼在這些青年藝術家當中，有許多是所謂的「北漂一代」，也就是80年代末期「流浪北京」的「最後的夢想者」[107]。當時，他們也稱為「盲流」，但後來就成了「自由職業者」。這裡的「自由」是對立於城鄉或城市與城市之間的戶籍制度和單位制來說的，當然，單位制與戶籍管理密切相關。他們來到北京／中心，似乎與民工不同，因為他們是「夢想者」，但是從社會身份來說，卻與民工處在相同的位置上，都在社會主義單位制之外。但是，90年代以來，隨著社會自由空間的增加，某些夢想者以種種方式實現了自己的理想或者說進入了權力中心，這種「成功」被作為個人奮鬥的典範[108]，同時也是社會進步和「自由」的標誌。

---

[107] 曾在昆明電視臺工作過的吳文光在北京「流浪」時，憑著朦朧的感覺拿起了攝影機，對準他周圍的「盲流藝術家」，便有了《流浪北京——最後的夢想者》的誕生，這被作為「中國新紀錄片運動」或「獨立紀錄片」的第一部作品。

[108] 在種種方式中，除了先鋒藝術家依靠海外藝術節「功名成就」外，其他的主要在演藝圈或電視媒體這一在90年代急劇擴張的領域中「發家致富」。比如在趙潤田主編的《北漂白皮書——告訴你一個真實的演藝圈》一書中，講述了十幾個「勇敢者的漂流」歷險故事（武漢出版社：武漢，2004年1月）。2004年著名節目主持人朱軍出版的自傳《時刻準備著》一書中，也記述了自己「漂在北京」的日子，如同書名一樣，作者要證明「個人成功」永遠都是光顧有準備的人的道理。

在2001年《三聯生活週刊》第1期的「封面故事」裡討論了《自由遷移的夢想與貧富分化的代價》的問題。「儘管在此之前，異地置業已經成為一些城市房地產業中十分活躍的成分，但定位於『漂』一族，仍然顯示了嘉悅對自由遷徙概念的敏感和尊重」，因為「儘管大部分地區對戶籍管理仍然有種種限制，但是，當住房成為商品以後，以往『漂』在各地的自由遷徙者有了落地生根的機會」，顯然，這裡的「自由遷徙的夢想」的主體指稱的是「漂」一族，而作者把「落地生根」的功勞歸於「當住房成為商品以後」，或者引用社會學家的話「真正突破原有制度的，還是城市的購房制度與租房制度的放開」[109]，在這個意義上，房地產開發或者說住房商品化成了打碎戶籍制度這一「自由遷徙的鉸鏈」而實現「憲法沒有規定的自由」的歷史動力，但問題是又有多少人能夠享受到這種「自由遷徙」的幸福呢？

同年的《三聯生活週刊》又刊登了一篇《自由遷徙的鉸鏈》的文章，開頭評論了2001北京市人大審議通過的《北京市促進私營個體經濟發展條例》。該條例規定「長期在本市經營並有較大貢獻的私營企業的負責人，執行合夥企業事務的合夥人或者法定代表人及其配偶和一名未成年子女可以辦理本市常住戶口，不受進京指標的限制」，這對於「像劉萍這樣在北京發財的外地老闆來說，應該是值得紀念的」[110]。作者接下來論述戶籍制度與「在北京、上海、深圳等活躍在城市出現了『漂一族』，他們和進城民工一起匯入了『白領』或『藍領』的外來人群」之間的衝

---

[109] 吳曉東著：《自由遷徙的夢想與貧富分化的代價》，《三聯生活週刊》，2001年第1期，第32頁。

[110] 雷靜，汪建華著：《自由遷徙的鉸鏈》，《三聯生活週刊》，2001年第39、40期合刊，第102頁。

突。在作者看來，「北漂族」是人才流動的標誌（這在某種程度上修正了「北漂族」作為「夢想者」的修辭），這種在「市場條件下的人才流動」使「戶籍成了一條殘存的鉸鏈」，並引用社會學家鄭也夫的觀點「戶籍現在與社會不合拍的關鍵在於選擇了市場經濟」，似乎廢除戶籍制度的理由來自於「人才」的自由競爭與流動。但是，正如在打開的三十二開雜誌中，一邊是領到「北京戶口」的私營企業主的三口之家，一邊是下雨天騎車穿過馬路的茫茫人群，暫且不說農民工，就是「漂一族」／白領們距離「在北京發財的外地老闆」的「自由遷徙的夢想」又有多遠呢？

聯繫上文《三聯生活週刊》對「為了六十一個階級兄弟」的論述，在關於「自由遷徙」的問題中，該刊物也依然採取了類似的策略，通過對計劃經濟／國家制度的批判，來確立「私營個體經濟」／白領的自由，而同樣作為是到北京打工的農民工，是不是就不存在「自由遷徙」的問題呢？這種在戶籍制度／「自由」的二元對立的話語結構的視野終於在「孫志剛」事件中聚集到「農民工」身上。

2003年4月份，孫志剛在收容過程中被打死的事件首先在網路論壇中成為引人注目的熱點，直到6月份溫家寶總理廢除強制收容和遣送的制度[111]。正如許多學者已經指出的那樣，孫志剛的「大學生」身份是其引起轟動效應的關鍵，這種大學生／農民工

---

[111] 在朱蘇力的《孫志剛事件和收容遣送制度的廢除》一文中，認為「孫志剛事件本來是一個嚴格的法律問題，這個問題的發生並不在於收容遣送制度，而在於由於缺少起碼的檢查和監督，因此位於這個制度內的一些『壞人』幹了一些這一制度並不允許的惡行」，所以，問題不在於廢除收容遣送制度，而是如何更好地完善制度本身（《道路通向城市：轉型中國的法治》，法律出版社：北京，2004年5月，第291頁）。這在某種程度上，是對廢除強制收容遣送之後所帶來的大量城市乞討者，甚至乞討職業化的問題來說的。

的相遇似乎不是歷史的偶然。從某種程度上說，90年代以來自主擇業的大學生與農民工在市場的意義上都是「自由的勞動力」，僅僅是層次不同的勞動力而已，但恰恰因為孫志剛是「大學生」身份而不是「打工者」身份，才使打工者的遭遇借「大學生」這一擁有較高「象徵資本」的外衣突顯出來。

不過，在網路論壇中也出現了「孫志剛該死」的帖子[112]，這種敘述投射了一種排外或仇外的情緒，其論述邏是建立在對「廣州人／本地人與打工族／外地人」的內／外區分之上，再疊加上中國城鄉二元對立的戶籍制度，使這種「當地／外地」的「自然」劃分變成一種「等級」，這種等級確立了廣州人比外來人具有優越性的邏輯。而這種排「外」的身份認同往往通過建立對外部的貶低，即自我主體的建構來自於對他者的妖魔化[113]。比如「河南人惹誰了」在某種程度上也是對「農民工」的一種變相的歧視，關於「河南人」的種種劣習幾乎彙集了關於農民工的所有負面特徵，這種「汙名化」的過程雖然包裹著地域的外衣，

---

[112] 2000年夏大，北京大學一位大一女生邱慶楓不幸遇害，在該校BBS中也出現過「外地人該死」的帖子。

[113] 在本尼迪克特·安德森的著作《想像共同體：民族主義的起源與散佈的新描述》（上海人民出版社：上海，2003年）中，安德森把「民族主義」的話語的產生機制歸結為一種「想像的共同體」的形成，並把印刷資本主義作為實現共同體「想像」的重要媒介，在其解釋為什麼歐裔海外移民的共同體會在大部分歐洲國家之前完成民族的想像這一問題時，指出這些出生在殖民地的歐裔受到了母國的排斥，但他們又與土著人／當地人不同，正是在這種被母國他者化和不斷遭遇他者的過程完成了一種民族身份的想像，形成「共同體」的認同機制來自於一種通過遭遇他者而完成的自我身份的想像。當然，安德森依然強調了在這一過程中歐裔的海外移民印刷者的作用，這和薩依德的《東方學》中所揭示的西方通過建構一個東方來完成自己想像的情況類似。可以說，差異政治是完成某種身份認同的機制，在不同的情境下，完成認同的資源會有所不同，諸如地域、種族、階級、性別等都是可以借重的資源，通過它們建構一種內／外的差異，從而確立處於內部的一種身份認同。

但也成為排斥機制的一部分；還比如2003年3月份北京市朝陽區文化館為配合雷鋒日的宣傳活動把經典革命歌曲《三大紀律八項注意》改編為《民工兄弟三大紀律八個注意歌》[114]，其中諸如「小農意識要去掉」、「裝修進了房主家，手腳不淨就要犯事兒了」、「不許隨地大小便」等歌詞含有一些對民工的貶低之意。

當站在「內部」的立場上來對「外部」發言時，無非是為了維護「內部」的利益，而內部的利益是外地人搶了當地人的飯碗，因為外地人作為廉價勞動力確實比當地人具有更大的就業「優勢」（後發優勢），在這個意義上，作者的發言似乎代表了內部的弱者／受傷害者，這與第一世界的勞工組織反對全球化，反對資金流向擁有廉價勞動力的第三世界／欠發達地區具有相似的邏輯。但問題是，這種事實並不意味著是外地人的錯，所以論述者以受害者的身份把怨恨發洩到比自己更弱勢的外地人身上，實際上是把自己重新想像或建構為一個比外地人更有優勢的強者，這種把內部的權力壓迫關係轉移為內與外的權力關係並沒有動搖真正的壓迫機制。因此，這種論述不僅借重了內／外的不平

---

[114] 2003年媒體報導了北京市朝陽區文化館為一個有關雷鋒的宣傳活動而改編經典革命歌曲《三大紀律八項注意》，創作了《民工兄弟三大紀律八個注意歌》，歌詞（徐偉、塘萍重新填詞）如下：「民工兄弟咱們要牢記，三大紀律八個注意，第一進城證件準備好，萬家燈火掙錢有出息。第二幹活不要耍片兒湯，精神飽滿龍口奪糧，第三出工戴好安全帽，爹娘在家盼你平安好。三大紀律咱們要做到，八個注意也別忘記了，第一小農意識要去掉，說話粗魯讓人受不了。第二裝修進了房主家，手腳不淨就要犯事兒了，第三不要老鄉淚汪汪，五湖四海大家要幫忙。第四不許隨地大小便，刮鬍子剃頭天天要洗腳，第五不看黃盤和小報兒，學習文化素質要提高。第六不要輕信小廣告，頭疼腦熱醫院去治療，第七蓋房結婚要用錢，年終算帳不要差分毫。第八回家早訂火車票，小心路上被人掏腰包，一人結紮全家都幸福，新婚快樂戴好避孕套。高樓大廈我們雙手造，建設國家我們有功勞，民工兄弟條條要做到，自強不息人人才說好。」因其中有一些對民工歧視性的語言而引起爭論。

等權力結構，而且以維護內部受損者的利益為幌子，實際上轉移或遮蔽了壓迫力量的存在，在這個意義上，這種論述就由一個帶有弱者抵抗的話語轉變為了替強權辯護的措辭。

當然，在關於「孫志剛事件」中討論最多的還是「戶籍制度」，幾乎所有的論述都涉及到廢除「戶籍制度」以獲得身份自由[115]，但是正如上文已經提到，戶籍制度的建立與50年代在國內外局勢或者說現代化的訴求下從農村中提取剩餘資本作為發展工業尤其是重工業的原始積累有關，這種區分城裡／農村的戶籍制度已然造成了非常嚴重的後果，使生活在城市尤其是北京、上海等特大城市的外地人都要面臨沒有「本地戶口」的焦慮。顯然，問題的關鍵在於，戶籍制度與一系列福利制度相聯繫，而現實的複雜性又很難取消戶籍制度。

（四）、並非「斷裂」的社會

在2001年7月出版的《南風窗》中，「熱點聚焦」是《警惕「現代奴隸」現象》的文章。在展開的三十二開雜誌中，這篇文章佔據第八頁和第九頁的中間位置，文章標題下面是一張帶著油畫色彩的青年礦工拿著鐵鍬注目鏡頭的照片，文章的左邊是延續上一頁關於王志東離開新浪的新聞《神化的王志東和堅硬的新浪》，右邊的補白是「舒適源於自然，我們出售自然；長虹空調自然風，為你生產真空氣」的廣告，從左到右依次為「網路新貴」-「現代奴隸」-「空調廣告」，這或許只是一次偶然的排版效果，但在某種程度上也成為對當下中國的一種不其然的描繪、

---

[115] 在孫志剛事件中，這種關於「自由」的敘述更多地來自「自由主義」的學者。

指認或寓言。

　　王志東及其新浪網是世紀之交知識經濟的代表，是以資訊科技為標誌的「第三次浪潮」的指稱，而「長虹空調」的廣告則用「自然風」來營造著都市生活中的「自然」想像，這些與《警惕「現代奴隸」現象》形成了某種錯位或者說不和諧，似乎在同一時間與空間的敘事中出現了「斷裂」。按照托夫勒「三次浪潮」的劃分：農業文明、工業文明和以資訊技術、生物技術為代表的新文明，而在中國社會這幾種浪潮幾乎並列存在，因此，當下中國被描述為「斷裂」的社會[116]。但是，這份「斷裂」畢竟被組接在一張紙板上，它們又是如何組接或縫合在一起的呢？

　　在「告別王志東」一節中有這樣的話：「在沒有王志東的日子裡，中國的互聯網業會有些暫時的感傷和落寞。或許，大家都需要時間，想想自己，想想未來。在業界，這種寒心的局面，也讓每一位當初豪情萬丈的創業者，不得不正視自己，正視這個既給個人帶來無數機會，而又是資本全面說話的行業」[117]，互聯網行業一方面為「個人」提供「機會」，另一方面又是「資本全面說話的行業」。而世紀末的網路經濟神話恰恰建築在「風險投資」的資本流動之上，如今只有新浪、網易、搜狐等幾個大的門戶網站還維持著再生產，大量的網路公司經過網路經濟泡沫之後紛紛破產或倒閉，在這個意義上，與其說這是知識催生了新經

---

[116] 孫立平在《九十年代中期以來中國社會結構演變的新趨勢》一文中所說的「斷裂」並非指改革前後由計劃經濟到市場經濟的轉型，而是指90年代中期以來，中國由生活必需品時代到耐用消費品時代的轉變，這種斷裂來自於經濟增長卻不能帶來社會發展這一新的經濟增長邏輯的形成。《轉型與斷裂──改革以來中國社會結構的變遷》，清華大學出版社：北京，2004年7月，第89-91頁。

[117] 翁寶、何江濤著：《神化的王志東和堅硬的新浪》，《南風窗》，2001年7月，第8頁。

濟，不如說這依舊是資本運作的老故事。

《警惕「現代奴隸」現象》的文章是對河南記者假扮民工到窯廠臥底險些喪命的新聞評論，引申出對「現代奴隸」的討論。「這種『現代奴隸』和『古代奴隸』在某些方面幾乎沒有區別：他們沒有自由，受人驅使，遭人侮辱，被人毆打，被榨盡最後一滴血然後被拋棄」，作者認為這是「我國勞動力市場嚴重地供過於求，就如經濟學諾貝爾獎得主路易士所說的那樣，存在著彈性無窮大的勞動力供給」造成的。然後，作者提出了兩種解決方案「詛咒那些把工人視為奴隸的黑心老闆不得好死，或是乞求他們發發善心，還是鼓動工人起來再來一次『奴隸的起義』？」。作者承認前者「對現實毫無所補」，因為「經濟學家早已告訴我們，處於市場經濟下的每一個人都是理性的『經濟人』，都希望以最少的成本獲得最大的利潤，況且這些雇傭工人的老闆們還給那麼多閒置勞動力提供了就業的機會，他們在聚集起自己私人財富的同時也給社會創造了大量財富」。但是，作者並沒有解釋「以最少的成本獲得最大的利潤」的「私人財富」與給社會創造財富的敘述之間有什麼必然的聯繫，而是通過否定「鼓動工人起來再來一次『奴隸的起義』」來論證這種「聚集私人財富」造福社會的「康莊大道」。

在作者看來，「歷史已經無數次告訴我們，一切以仇恨為起因，以分配為目的的革命都很難帶來真正意義上的進步，相反往往會導致嚴重的倒退」，而「今日西方勞工狀況的好轉，主要是因為制度創新和技術創新的結果。也就是說，存在著一種『做大蛋糕』的效應。當社會經濟整體發展起來後，每個人的狀況都得到了改善」。在這裡，作者否定的是「以仇恨為起因，以分配為

目的的革命」，肯定的是「社會經濟整體發展起來後」這種似乎已經被西方所驗證的「未來景觀」。與論證「私人財富」造福社會的邏輯一樣，作者依然模糊了「做大個人蛋糕」與「做大社會蛋糕」的概念。作者認為從根本上剷除「現代奴隸制」的方法就是「加快發展」，因為「發展意味著對勞動力需求的增多，在既定的勞動力供給情況下，工人們的勞動條件將會得到改善，勞動報酬將會得到提高」[118]，但問題還不僅僅是勞動力的絕對過剩在短時期內難以解決[119]，更重要的是「現代奴隸制」恰恰是「加快發展」的動力，或者說「以最少的成本獲得最大的利潤」的「加快發展」正是造成「現代奴隸制」的原因。如果說作者混淆「個人財富」與「社會財富」的修辭策略建立在「個人」也是社會的一分子的話，那為什麼只有老闆們才是「理性的經濟人」，才是聚集「私人財富」進而創造社會財富的主體，而「農民工」則要以「現代奴隸」的身份／形式參與到「做大蛋糕」的歷史進程呢？恐怕這依然是「以最少的成本獲得最大的利潤」的資本邏輯

---

[118] 章文著：《警惕「現代奴隸」現象》，《南風窗》，2001年7月，第9頁。

[119] 溫鐵軍在反思「農民人口城市化、城鎮化」的文章中經常列舉這樣一組數字：「不說現在大中小城市吸納農民人口的能力已經明顯下降，從長期分析來看，即使我們加快城市化到2030年可能實現50%城市化率（這是在決策選擇完全正確的情況下我們可能達到的目標，如果決策選擇不正確，能不能達到還是個問號）。到那時我們是16-17億人口，按16.8億計算仍然還有8億4千萬人生活在農村；而在城市化加速階段，按正常的城市化發展速度和規模來看每年被征占的土地至少在1200萬畝以上。也就是說30年後，無論按新口徑19.5億畝算，還是按老口徑14.5億畝耕地算，都要減少3億多畝，人均耕地面積也實際上會減少更多。在這種情況下，農村這三個基本要素的配置關係能調節得了嗎？這個基本國情矛盾制約是一個大問題。」可見，人地矛盾依然是中國的基本國情，而農業人口絕對剩餘的問題也很難在短時期得到緩解，在這個意義上，中國根本無法複製西方那種通過城市化／工業化來完成現代化的道路，也沒有西方通過殖民主義來解決工業化的過程產生的剩餘人口和資源匱乏的歷史條件。參見溫鐵軍著：《解構現代化》（廣東人民出版社：廣州，2004年5月）和《我們到底要什麼》（華夏出版社：北京，2004年5月）的相關論述。

在起作用吧。

在「長虹空調自然風」的廣告文案中，一方面強調「高科技」即「依照國際最先進的『CDA（舒適氣流均勻分佈）』原理，將對人體最有益的自然空氣品質模型存儲在微電腦晶片上，進而控制空調運轉」，另一方面則強調「自然舒適」即「設計理念和技術依據來源於自然界，力求還原空氣本質，營造仿生自然環境」、「營造舒適天地，空氣這邊獨好。讓人在家感受大自然」。這種建立在「自然／技術」的二元對立之上的敘述，是近代以來「自然／科技」的話語結構的衍生物，或者說這種把自然物件化／客體化的敘述內在於以人為認識中心的科學主義的意識形態之中[120]，只不過廣告的作用是把「長虹空調」作為克服「自然／科技」的神話，這種敘述不過是消費主義的文化想像的一部分。

無論是「網路新貴」、「空調廣告」還是「現代奴隸」，表面上的不和諧並不能排除它們共同分享同一個邏輯，或者說它們是資本運作的不同面向罷了。在這個意義上，這幅圖畫與其說彰顯者社會的「斷裂」，不如說它們處在同一個意識形態邏輯之下。進一步說，這種無法把中國社會規劃到某一階段／浪潮中的困境與焦慮來自於分類法自身建立在西方中心主義的歷史目的論邏輯，而且這種社會發展歷史階段支配下的「斷裂」敘述與其說出現在90年代中期，不如說是中國近代以來被納入資本主義全球

---

[120] 這種「自然／科學」對立的自然觀，與中國古代如「天人合一」的思想有著根本區別，或者說「自然」是近代以來分割出來的概念，以便為科學主義的意識形態提供條件。「科學的知識，特別是那些諸如元素、原子、類的進化等抽象的概念及其在現實生活中的技術展現，逐漸但卻是相當徹底地改變了原有的自然概念。作為一個客觀的、可以被掌握的物件的自然逐漸地從那個本然的自然和道德的宇宙中分化出來。」參見汪暉著：《現代中國思想的興起》下卷第二部「科學話語共同體」，生活‧讀書‧新知三聯出版社：北京，2004年7月，第1121頁。

體系／「世界歷史」就不得不面對的問題。

　　與「斷裂」相關的是把中國社會比喻為「馬拉松」比賽。法國社會學家圖海納用「馬拉松」來比喻法國近些年來社會結構的變遷，這是一種與金字塔式的等級結構不同的運作機制，人們在金字塔中雖然佔有不同的社會／空間位置，但始終處於同一結構之中，而馬拉松的遊戲規則則是不斷地使人掉隊，「即被甩到了社會結構之外」[121]，剩下那些堅持跑下去的就是被吸納進國際經濟秩序中的就業者（POPO族），在這個意義上，參與遊戲的與被淘汰的處於結構性的「斷裂」之中，這顯然是在經濟全球化的背景下出現的遊戲機制。用馬拉松這一時間性的比喻來替換金字塔這一空間結構的修辭來描述中國當下社會，似乎能夠解釋一部分中國社會的事實，比如下崗在很大程度上意味著永恆的失業，但是，被淘汰出局固然意味著被排斥在遊戲之外，但並非處於社會結構之外，因為這種不斷被淘汰的機制本身就是遊戲運行的保障，或者說是遊戲的一部分，與其說下崗職工無法繼續參與到社會結構之中，不如說下崗職工以「下崗」的方式實現了這種結構的運行。另外，更重要的是，這種「馬拉松」的敘述固然揭示了經濟全球化的事實，但也遮蔽了更多的廉價勞動力／第三世界的農民工被捲入工業化的過程。因此，固然只有越來越少的人才能參與到代表「第三次浪潮」的高科技產業之中，但對於中國來說，也有更多的農民工加入到製造業等勞動力密切的行業當中來[122]，這樣似乎彼此矛盾的勞動力流動恰恰如同本節開頭中所描

---

[121] 孫立平著：《轉型與斷裂——改革以來中國社會結構的變遷》，清華大學出版社：北京，2004年7月，第110頁。

[122] 溫鐵軍在《世紀之交的「三農」問題》一文中說「假如20世紀的中國農民問題是土地問題，那麼21世紀的中國問題仍然是農民問題，但這個問題將主要的表現為

述的那幅圖畫，時間向度上不具有「同時性」的「斷裂」恰恰具有空間上的連續性。

但是，在2005年「夢想中國」的廣告中，這種「斷裂」的社會被整合起來。2005年國慶期間，中央電視臺第二頻道連續十天舉辦「夢想中國」的淘汰賽，這期節目無論在參與方式還是欄目風格上，都與湖南衛視剛剛塵埃落定的「超級女聲」有很大相似之處。與「超級女聲」一樣，「夢想中國」也是第二次舉辦。但由於「超級女聲」的商業成功以及在社會文化層面上引起的強烈反響，都使各大電視臺紛紛仿效，而「夢想中國」借重央視的品牌也在短短幾天中取得了收視的成功，總決賽的短信數過百萬。在「夢想中國」的宣傳片中，以「我的夢想是什麼」為題，依次呈現了小學生（群體）的夢想是「科學家」或「工程師」等、企業職工（中年男性）的夢想是「擁有自己的企業」、廚師（中年男性）的夢想是「幸福和諧的家庭」、礦工（青年男性）的夢想「掙錢回家娶媳婦」、清潔工或類似《漂亮媽媽》的下崗女工（青年女性）的夢想是「兒子考上大學」、跳水皇后高敏（個人）的夢想是「只有有信心就會成功」，在這些精心挑選的形象中，從某種意義上確立了「夢想中國」想像中的社會圖景。劃分這些人群的主要標竿是年齡、性別和階層（階級），而且這些形象並不都是所謂的成功者，包括年齡上的弱小者「小學生」、性別中的弱勢「女性」和社會弱勢群體「礦工、下崗工人」。但具有症候意味的是，在這份具有充裕現實詢喚功能的社會圖景中，「不可見」的是富裕的上層和佔據中國人口大多數的

就業問題」，《解構現代化》廣東人民出版社：廣州，2004年5月，第92頁。

「農民」，這也許暗示著這些階層並不是「夢想中國」作為大眾傳媒的節目想像之中的觀眾，而農民群體的缺失，使「夢想中國」變成了「夢想城市中國」。其中「民工」被再現為礦工，或許是因為接連不斷的「礦難」一次又一次地向人們重複著「原始資本主義積累」的老故事，而礦工的夢想也被表述錢和女人，這與其說呈現了礦工／民工的樸實的慾望表達，不如說再一次使用男權話語的邏輯來緩衝他們經常面臨拿不到工錢的殘酷剝削的事實。

五、「民工劇」的文化位置

2003年溫家寶總理公開為民工討工錢的行為成為政府關注「三農」問題的眾多舉措之一，拖欠農民工工資的事實以這種政府救助的形式在大眾傳媒中公開報導[123]，在這個過程當中，民工是唯一的受害者，黑心／貪婪的老闆成為需要被剷除的惡魔，政府借此逃脫了責任而成為拯救者（不僅僅因為大量的拖欠款是政府工程）。這種作法成功地把勞資矛盾／階級矛盾轉移為某個特定階層的特殊行為，一種可以通過某種手術（以政府為主治醫師，以法律為手術刀）治癒的社會疾病。

管虎導演的《生存之民工》和張紀中製作的《民工》就是在這種社會語境下生產出來的兩部民工題材的電視劇，這兩部劇距離同題材的電視劇《外來妹》有十四年之久。從名字中可以看出，對農民工的想像出現了新的變化，由「外來妹」替換為了「民工」。「外來妹」是站在「城市」／男性的角度來定義「外

---

[123] 「工資矛盾」在90年代中期經常轉化為外國老闆與中國工人之間的衝突，成為轉移階級鬥爭的特定修辭，參見戴錦華的《隱形書寫——90年代中國文化研究》。

來」的「農村姑娘」，其工作場地為工廠／車間，突現了個人奮鬥和闖天下的豪邁，而「民工」／男性則突現了打工者的農民身份，工作也改在了建築工地，內容不再是個人成功的故事，而是最基本的「生存」問題。這種不同語境下產生的不同農民工的形象策略，既呈現了一種性別邏輯的變遷，又表明了民工已經成為或作為一個群體形象顯影出來，而關於農民工的表述，也從一種樂觀主義的敘述轉變為帶有悲情色彩的苦情戲。

《生存之民工》2005年上半年首先在山東電視臺播出，而後在許多省市電視臺聯網播出，而《民工》首先在中央電視一台黃金時間播放，這與其說是兩部劇製作公司的差異造成了它們在播出頻道上的「地方」與「中央」的距離，不如說各自的發行管道不同。因為《民工》這部劇是「央視電視劇製作中心下海」、中央電視臺中國電視劇製作中心公司化的體制改革的背景下製作的，所以「他們把正在籌備的《民工》交付給張紀中，就是希望張紀中的市場理念和觀眾號召力能夠為一個敏感、沉重的題材帶來新的拍攝思路，由此也鮮明地體現出電視劇製作中心走市場的決心」[124]，這種「遲到」的下海行為不是為了扭轉虧損，而是為了與非公有制的民營公司「公平」競爭，以獲得更大的市場分額。

《生存之民工》主要以民工討工錢作為主線，來結構長達三十二集的連續劇，影像採取高度記實的風格。片頭序幕是新聞剪報的形式，由中央電視臺新聞聯播主持人的聲音「各位觀眾」開啟，然後畫面被切割為工地場景、報紙關於拖欠民工工資的報導、對民工的街頭採訪三個同時並置的影像（其中也把幾個電視

---

[124] 《央視電視劇製作中心下海，媒體反映熱烈，業界波瀾不驚》，中國電影報，2004年第19期。

劇中的畫面插入其中），末尾則以播放溫家寶總理的講話「拖欠農民工工資拒不支付的企業和經營者要堅決依法查處」為背景，最後畫面定格在由無數個民工（男性）的頭像組成的一個模糊的戴著安全帽的大頭像，「民工」佔據了整個畫面空間，標題之後又打上了魯迅的話「人必生活著，愛才有所附麗」作為題記[125]，片尾段落是「拍攝現場」。這種新聞簡報的樣式，既突現了該劇所追求的記實效果和現實針對性，又確定了整個敘述的框架，從提出問題（「拖欠工資」）到解決問題（「政府政策」）。

　　導演把這種記實的影像風格與對「典型人物」的塑造結合起來。該劇以謝老大、老陸、王家才、楊至剛、薛五、薛六等作為民工的典型代表，他們具有善良、機智、狡詐、小心眼、軟弱等各種品質。故事從他們拿不到工錢開始，圍繞著討工錢的主線，也展現了王家才的妹妹王家慧做二奶後被拋棄、楊至剛與地痞董飛爭奪二人轉演員宋娟娟以及老陸的妻子在大款家做保姆後發展為情人等多個線索。他們在松江市等待工錢的過程，也是他們經受侮辱和歧視的過程。這些民工因為是受害者所以具有正義性，壞蛋則是拖欠工程款的老闆及其幫兇。作為管虎電視劇的特點之一（如《黑洞》、《冬至》等）就是成功地塑造了壞人的形象，而在這部劇中，壞人也並非陰險狡詐，反而每個人背後都有難言之隱（比如婚姻或家庭的不幸），這使他們更加「人性化」。在雙方鬥爭當中，民工的幫手是雪村扮演的下崗工人李海平，由於他喜歡攝影，經常拍攝民工的照片，並給《松江日報》投稿，而報社此時正好落實黨中央重視「三農」問題的精神，就把李海平

---

[125] 「甘為孺子牛」的魯迅也成為可以借重的歷史／傳統資源，儘管魯迅作為批判資源早已內在與50到70年代的社會主義文化之中。

提拔為報社通訊員。正是憑藉著這點微弱的象徵資本，李海平和省城律師試圖通過法律的手段來幫助民工要回工錢。

這是一部由民營公司投資拍攝的電視劇，顯然是在溫家寶總理為民工討工錢的官方政策指導之下拍攝的，或者說投資方期許於「民工」劇會受到官方的支持，但該劇又不僅僅是對官方說法的圖解。具有反諷意味的是，雖然片頭有溫家寶總理的講話，但在三十二集的延宕當中，救贖的力量始終不曾到達，即使到了大結局，也就是眾人湧進法庭，故事結束在法院的開庭之中，或者說，在敘述語境中，討工錢的過程是無法討到工錢的過程，除非最終「神話」性的因素到來。這在某種程度可以說，官方意識形態並不能完全有效地掌控故事的講述。

網友對這部影片高度稱讚（與張紀中的《民工》相比），認為拍得很「真實」[126]，尤其是那些展現民工受到殘酷欺壓和侮辱的影像，在這個意義上，關於民工個人成功的故事或者說對民工的浪漫化表述都可能受到網友／觀眾的抵制。電視劇似乎正面處理了勞資矛盾這樣一個非常尖銳的問題，並且展現了在鬆散的民工與隱藏在背後的老闆之間極不平等的地位，李海平也沒有能力組織起這些民工，在某種意義上，民工與老闆的鬥爭只能訴諸於媒體和去政府部門「鬧事」。如果說法律作為一種合法的手段成為唯一合法的拯救性的力量，那麼對於民工來說，「幹活就得給錢，這是天經地義的事」的亙古不變的常理與「合同」、法

---

[126] 從新浪網上關於這兩部電視劇的留言條目，《民工》為一百七十多條，《生存之民工》為一千三百多條，只能算是一個中等的收視水準，不過，也有報導說《民工》前10集取得了6.84%的收視成績，收視率已經超過了《漢武大帝》，僅次於《任長霞》，見《張紀中收視飄紅 超央視開年作》http://ent.sina.com.cn/x/2005-05-13/1351722944.html。

庭、律師們等現代法律體系之間形成了有趣的對話，後來與其說是救贖的力量，不如說是另一套需要借助神話性因素的道理，而法律、法治也越來越成為一種全能拯救的力量。把法律或法治作為全能拯救的力量，還不僅僅來自於「依法制國」、「建立社會主義法制／法治社會」等共產黨／執政黨的官方說法，更重要的是在大眾傳媒（包括法制節目、新聞）的表述中扮演著拯救性角色。在2005年12月4日第五個「全國法制宣傳日」舉辦的「2005年度十大法治人物頒獎晚會」中，獲獎的十個人並非都是國家法律系統的職員，還有愛滋病的資助者、揭發「車匪路霸」的人大代表、調查地下六合彩的中學生等，而更有趣的是，由於救助物件大部分是弱勢群體（愛滋病、礦工、民工、青少年、囚犯），所以這台晚會以苦情為主調，在宣傳片中，展現了十大人物對於這些弱勢群體的救助，而獎盃則由這些救助者的代表來頒發給這些「好人」。從某種意義上說，這些「法治人物」充當著昔日的「勞動模範」的位置，而這種再現方式，觀眾獲得的是對弱勢群體苦難的同情和對拯救性力量的由衷認同，而官方／媒體所需要做的就是選擇其中的一小部分進行命名。這又是一次葛蘭西意義上的霸權建構的過程，弱勢群體的顯影固然與新一屆領導人的親民政策有關，但這種顯影的目的是為了看到／感受到獲救的希望。

關於民工討薪的故事也出現在成熟的類型化都市員警劇《重案六組 II》中，其中一集講述了北京的員警解救因拖欠工資而被民工綁架到鄉下的老闆的故事。故事的戲劇性在於北京員警需要求助於地方員警，地方員警需要當地知情人的說明才能安全進入村裡解救人質，他們的行動被發現後，引起了黑壓壓的鄉民的追趕（因為他們許多都在老闆手下打工），當北京員警與人質逃回

了「安全」的城市，員警對老闆的斥責是「憑良心也該把錢給老鄉們」，於是老闆醒悟了。在這裡，不是依靠法律的力量，而是依靠傳統倫理道德化解了矛盾，但在這一情節段落中，基本的敘述策略是把鄉村展現為愚昧、閉塞的空間，把村民作為了群氓／非理性的烏合之眾，而員警／政府則需要借助習俗或「地方性知識」的幫助才能完成使命，這似乎說明國家權力在鄉村的弱化[127]。從這個角度可以說，在城市／鄉村的差異性中，鄉村既可以被再現為善良的淨土，也可以充當愚昧的空間，以襯托城市的世俗和法治。因此，法律／理性屬於城市，非理性屬於農村。

與此相關的社會事件是2005年5月份發生在甘肅省的民工王余斌因討工錢未果而連殺四人的案件，當他一審被判處死刑之後，新華網上展開了「農民工殺人，嚴懲還是輕判？」的討論，引起了網路空間中網友對此事件的強烈關注，大部分帖子同情王餘斌，還有一些法學家也參與討論，但基本上在「法外施恩」和「法不容情」兩套說法中進行爭論（在中國傳統的法律文化中這二者並不矛盾）。不久之後，北京市建委抬出了要嚴厲制裁「惡意討薪」的行為的規定[128]。這些事件和討論為電視劇《生存之民工》的接受提供了充裕的現實語境。如果說把勞資矛盾轉移為一個法律問題，是一種把其他的方式宣判為非理性／「惡意」的修辭，那麼是不是討回了工錢，就意味著萬事大吉、天下太平了呢？也就是說，無論是官方政策，還是電視劇，在突現或暴露民工工資長期被拖欠的非正義的時候，也就預設了如果

---

[127] 國家權力對農村的滲透，經常通過「下鄉」的方式，參見朱蘇力著：《送法下鄉——中國基層司法制度研究》，中國政法大學出版社：北京，2000年。

[128]《北京將嚴厲制裁「惡意討薪」行為》，http://legal.people.com.cn/GB/42735/3846976.html。

討回工錢也就獲得正義的解決方案，但這在很大程度上，依然無法改變民工受到殘酷剝削的事實，只是使現實的矛盾不再那麼赤裸裸罷了。

另外一部二十集連續劇《民工》（原名《葵花朵朵》）於2005年4月份在中央電視臺第一頻道黃金時間播出，其製作班底來自於《激情燃燒的歲月》（製片人張紀中、導演康洪雷和編劇陳枰都是一樣的）。按照《民工》出售光碟的廣告詞是「《激情燃燒的歲月》的原班人馬精心打造的另一部力作」，儘管《民工》遠遠沒有獲得《激情燃燒的歲月》的成功，但從創作的動力來說無疑參照著後者，比如都突現家庭倫理的親情劇，基本上是小成本製作。

電視劇《民工》改編自孫惠芬的兩部中短篇小說《民工》和《歇馬山莊的兩個女人》，但是從小說到劇本，變動非常大。兩部小說處理的基本上是農村題材的故事，比如前者講述了民工父子回家給偷情的妻子辦喪事，後者則講述了一個城市打工妹回到農村結婚與村裡的另一個嚮往城市生活的新媳婦之間因不同的經歷而產生的兩種不同的生活態度。小說《民工》的全部情節幾乎都集中在了電視劇的最後一集上，因此，電視劇基本上就成為小說《民工》的前史。這就造成這部劇與其說展現了民工在城市打工的故事，不如說更像一部農村劇。張紀中表示電視劇是拍給全國人民看的，而不是僅僅拍給民工看的，反映的不僅僅是民工問題而是農民問題，而導演康紅雷也認為：「民工代表的人群非常廣泛。我拍這部電視劇的意義，是希望每個人都能從民工的身上看到自己的影子，我們去求學、創業、成功，其實都與民工進城有著相同的漂泊共性。我想要表達的實質是『代價』，每個人都

在向著一個方向出發，這個過程中我們要付出各種代價。」[129]這種說法固然有一定的事實依據，但是這種共同「代價」的敘述實際上是對「民工」這一特殊代價的普遍化或者說消解。

如果說管虎的《生存之民工》突顯了「民工」作為一種受侮辱的、受歧視的身份所遭遇的經濟上的盤剝（政治經濟學），那麼張紀中的《民工》則呈現了民工的情感生活（文化），這包括父子之情、愛情、鄉情等。電視劇的片頭段落突現了農村（金燦燦的向日葵）與城市（高樓大廈）的對立，農村的戲在山西平陸縣的一個古城拍攝（可能是旅遊地或度假村），而省城／城市的戲則跑到了廣州，這種把山西作為「農村」與把廣州作為「城市」的表述，很符合人們對於內陸／沿海（尤其是珠江三角洲）的想像。該劇尤為突出把農村作為封閉的按照古老的規矩生活的空間，在農村中唯一的管理者是村長（在小說中，村長是一個欺男霸女的劣紳），他不僅是人們巴結的權威者，還是傳統價值的維護者，比如他認為「誰壟地壟得直誰就是好漢」，而用頭壟地的行為也成為鞠廣大是一個好樣的莊稼漢的身份標誌。這種封閉性體現在鞠廣大的媳婦李豔梅因偷情、不堪忍受壓力而死亡和兒媳婦李平因結婚前已經墮胎的行為而被趕出家門（按照李平丈夫鞠雙元的說法是「你在城裡的那些爛事，就該爛在心裡，就不該帶到山莊來」）的情節上，在這裡，山莊／鄉村是一種禁慾的封閉的存在。相比之下，城裡的戲很簡單，就幾個固定性的場景，不是工地，就是李平出租的房子，因為城市戲主要是鞠雙元與李平的愛情故事。

---

[129] 《康紅雷拍〈民工〉講「代價」》，http://ent.sina.com.cn/2004-11-14/0636564509.html。

這種建立在農村／城市的對立邏輯上的敘述還具象為祖孫三代對於城市的不同態度上。爺爺認為土地是農村人的命根子，耕種土地是農村人的天命和最高生活法則，天命不可違，背離了土地是不會有什麼出息和出路的；對於父親鞠廣大來說，城裡既是掙錢的地方，也是受苦受罪的地方，同時還是回鄉後炫耀的資本；對兒子鞠雙元來說，城裡則是逃離鄉村的烏托邦，他在城市中逃離了父親的權威，獲得了自由地戀愛。顯然，爺爺代表著傳統，孫子代表著現代，前者屬於守舊的農村，後者屬於開放的城市。而對於「城裡人」的慾望，更多地通過兩個女人來呈現。一個是從沒有離開過農村的潘桃，充滿了對城裡人生活的嚮往，這種嚮往為她建構了一個「異邦」，憑藉著這個「他者」，她把自己作為農村女人的生活他者化：她的行為邏輯是只要農村婦女做的事情，她都不做，比如不舉行婚禮而旅行結婚，從不幹任何家務和農活。另一個是到城裡打工的李平，李平渴望成為一個城裡人，但她先後被大學教員和「北漂」所拋棄（小說中是酒店經理，似乎更符合現實的邏輯），這種把對城裡的嚮往固化為對知識的崇拜，無疑認同於因知識的佔有而獲得改變的階層身份的邏輯，後來，她選擇了同是農村出身的鞠雙元，並且嫁到了「農村」，這種似乎有點不合邏輯的轉折建立在李平由追求「城裡人」變為做一個幸福的「女人」，這種婚姻上的歸宿，已然宣告了她與鞠雙元所具有的相同的階級身份。對於李平來說，城市是使她受到傷害的地方，同時也使她獲得了某種意義上的獨立和自主，因為劇中為了突顯她要成為城裡人的慾望，使她始終處在有錢的位置上，甚至有包養男人的能力，而回到農村成了「雙元媳婦」，她就失去了任何行動的能力，只能安心作農村／家庭婦

女，但是她把對城市的想像轉化為把家居生活佈置成城裡人的樣子。被趕出家門的李平沒有回到娘家而是又回到了城市（小說中，李平又回到了丈夫家），這種由鄉村到城市、再到鄉村、再回到城市的流動過程，是一個女人不斷尋找「幸福生活」而又不斷挫敗的過程，也是被城市和農村雙重放逐的過程。如果聯繫到該劇的結尾：鞠廣大父子背著行李踏上了新的打工之路，畫外傳來父親的聲音：「人這一輩子會遇到些麻煩，這沒什麼，跌倒了爬起來，好好掂量一下自己的對錯，那我們的路就會越走越寬，眼下國家很關心我們，好日子還長著呢」。這種「幸福之路」的主體依然是男性／父子秩序，而李平／女人被排斥在畫面之外。從這個角度可以反觀《生存之民工》，當一種階級壓迫的事實被表述的時候，以男性主體為主體的「民工」身份作為了不言自明的前提條件，或者說「打工者」／勞動者固然是「空洞的能指」，但這個被突顯和詢喚的能指依然保留了男性主體的性別邏輯，在這個意義上，「民工」劇是一次意識形態的突顯，也是一次有效的性別遮蔽和重置。

從網路和報紙的回饋中可以看出觀眾對《民工》的最大的意見是認為拍得不「真實」，因為太時尚、太像青春偶像劇，而製作方的反駁是說農村青年「他們也上網，也上QQ，也和網友聊天，也染髮，也談論最時尚的電影和明星」等與城市青年沒有什麼兩樣[130]。從某種程度上來說，「真不真實」與社會事實關係不太，而與觀眾對「民工」的接受和期待有關，所謂「真實」也不過是在特定社會／文化語境下形成的一種想像。在這個意義

---

[130] 《央視〈民工〉太時尚？主演陳思成出面釋疑》，《北京娛樂信報》，2005年05月10日。

上，當觀眾把《生存之民工》看作「真實」，把《民工》指認為「非真實」，與其說前者反映了真實情況，不如說前者成功地整合、召喚了一種被觀眾接受的「民工」想像。而問題在於，為什麼《生存之民工》的「民工」形象會被觀眾認可呢？在很大程度上，觀眾認為這種「殘酷性」更符合「民工」所處的社會位置，在這個意義上，曾經被遮蔽的底層的苦難成為「民工」表述的主流。而這種作為苦難的民工，成為世紀之交的社會共識或者說霸權統識。

六、「發出我們自己的聲音」

在上面討論的種種關於農民工的修辭，幾乎都是被表述、被再現的農民工，儘管「打工文學」有許多是打工者的自我創作，但也必須借助媒介的「過濾」和審查，而成立於2002年5月的「打工青年藝術團」則是由一些在北京打工的青年人自發組成，他們在工地、場區等民工居住地進行義務演出，似乎更能張顯「農民工」的主體性。

「打工青年藝術團」成立不久，其行為很快就被中央電視臺的《實話實說》、《社會記錄》等電視節目以及《人民日報》、《中國青年報》等各大媒體報導[131]，引起了社會的廣泛關注，

---

[131] 截止到2004年9月，中央電視臺一套《當代工人》（2期專題）、《實話實說》、中央電視臺新聞頻道《小崔說事》、《東方時空》、中央電視臺新聞頻道《新聞會客廳》、《社會記錄》、中央電視臺二套《對話》、中央電視臺三套《激情廣場》、中央電視臺七套《走進都市》、《相約》、西部頻道《新聞夜話》、北京電視臺、上海東方電視臺、河北衛視、湖南衛視、香港鳳凰衛視、《人民日報》、《工人日報》、《農民日報》、《人民政協報》、《中國文化報》、《中國青年報》、《公益時報》、《檢查日報》、《中國國際人才》雜誌、《農村青

並受到香港樂施會、美新陸基金會的資金支持，其演出的歌曲也被北京京文唱片有限公司相中，於2004年10月灌錄了第一張《天下打工是一家》的CD。在短短的兩年時間裡，「打工青年藝術團」已經擴充為一個名為「北京農友之家文化發展中心」的NGO組織。「打工青年藝術團」成為了民工的代言人，正如在《天下打工是一家》的CD宣傳語中說「這是一個沈默的群體，他們不能表達自己。而『打工青年藝術團』卻能通過文藝發出了我們自己的聲音」，前句採用第三人稱「他們」來敘述，後句就轉變為了第一人稱「我們」，從語法的角度看，這是一個在敘述上前後矛盾的表述。前句在陳述一個馬克思的命題「他們無法表述自己，他們必須被別人表述」[132]，而後句則呈現「打工青年藝術團」「發出了我們自己的聲音」。這種不和諧的表述似乎是為了傳達「打工青年藝術團」的功能或合法性就建立在由「他們不能表達自己」到「發出我們自己的聲音」之上。為什麼「打工青年藝術團」可以實現這種身份的轉換而佔據民工代言人的象徵性位置呢？這種代表性又來自於哪裡呢？

在「打工青年藝術團」的發起人、團長兼樂隊主唱孫恒的訪談中[133]，他回憶了來北京一年後的1999年「背著吉他，開始流浪，想去追求人生的理想、自由」的經歷（很像一名浪跡天涯的「流浪歌手」）。當他「背著一把民謠吉他全國各地走了很多

年》、《河南日報》、《河南教育時報》、中國改革雜誌社《農村版》、新華社《半月談》（內部版）、《西部時報》、《北京青年報》、《人物週刊》、《新京報》、《成都商報》等多家媒體曾作為打工青年藝術團的專題報導。

[132] [德]馬克思著：《路易‧波拿巴的霧月十八日》，引自《東方學》的題記。

[133] 以下引用皆出自《我們為勞動者歌唱——打工青年藝術團團長孫恒訪談》，《文藝理論與批評》，2005年第2期。

地方……在這個過程中，我在街頭、地鐵站賣唱，去高校，什麼地方我都去。所以在這個過程中我接觸了大量的各式各樣的勞動者……這個過程使我看到了社會另外一面，而在這之前我所認識的只是書本上、報紙媒體上的」，通過這種「經歷」或者說歷險記，孫恒「看到了」被大眾傳媒遮蔽的另一面，即「在這個過程中我看到了真實生活的殘酷性」。這種在追憶中形成的「民謠之旅」是孫恒「成長」的第一個階段，第二個階段是通過在北師大聽講座而後到明圓打工子弟學校執教完成的，「事實上這個過程，更深刻地讓我瞭解到打工者這個群體。讓我意識到其實自己也是一個打工者」，孫恒格外強調了第二階段對於自己人生的意義，或者說這個階段使其與以前的生活發生了某種斷裂，「以前我對自己的身份不能確定，別人問我是做什麼的我都很難回答。之前我只考慮到自己，沒有看一下這個時代……而我也不過是在這樣一個時代發展背景下成為打工這個群體的一個。我是這個群體中的一分子。我自己的命運、生存地位是屬於打工者」，但有趣的是，孫恒在「民謠之旅」之前已經做過打工子弟學校的音樂老師，如果說那時的他還主要「只考慮到自己」，那麼經過這兩個階段，他不僅煉就了穿透「大眾傳媒」的「火眼金睛」，而且還獲得了「打工者」的自我指認，把「自己」歸屬於「從農村來城市打工的人」。

事實上孫恒1998年來北京打工之前的身份是開封一所中學的音樂教師（中學教師也是「打工青年藝術團」多個成員的職業），之所以要離開這種被他稱之為「鐵飯碗」的「體制內的生活」是「對自由的渴望，對全新生活的嚮往」，「逃離」之路則是來到在多重意義上處於中心位置的「北京」打工，而當他最終

找到自己的位置／身份還需要經歷由北京到全國各地再到北京的「流浪」，這既是空間的移動，也是心靈的歷練。在這份簡單的自述中，孫恒已經由一個反叛體制的懷有夢想的青年人成長為、頓悟為或者說自我意識為一名「打工者」。這很像曾經熟悉的青年人／知識份子／小資產階級通過對社會／歷史的「洞察」而或者背叛原有的階級或者自然就加入到歷史主體的無產階級的革命道路之中，如果說「代表」的資格來自於對一種「打工」身份的認同，但這裡的「打工者」卻無法獲得無產階級作為目的論支撐下的歷史動力學的崇高位置，或者說，正是這種目的論在理論敘述和歷史實踐中的雙重失敗和陷入困境，使「打工者」這個稱呼成為一種歷史的幽靈性浮現。

「打工青年藝術團」發出「我們自己的聲音」，還因為「我們認為，唯有從我們自身的處境當中找到應對策略，才能避免把解決困難的希望寄託於社會力量、權威部門出面『做主』的被動局面。」[134]這種主動的姿態體現在他們創作和演唱的歌曲中，比如《打工、打工、最光榮！》這首歌裡有「高樓大廈是我建，光明大道是我建」、「我們是新時代的勞動者，我們是新天地的開拓者」等歌詞。「勞動者」在經典馬克思主義及其社會主義實踐中具有積極的價值，是因為「勞動者」／「生產者」有一個具體的所指「工人階級」，而這種對「勞動者」的借用，卻無法指向工人階級，這就使獲得「勞動者」身份的「打工者」完全無法分享或佔據某種歷史主體的位置，但是這種「挪用」卻復活了「勞動」的正面價值，他們借用「勞動者」來使「打工」去汙名化，

---

[134] 參見《天下打工是一家》CD的宣傳頁。

賦予「打工者」一種主體性的身份，因為我們是「勞動者」，
所以我們最光榮。在上文所說的這個「工人階級失去歷史主體
位置」的時代裡，孫恒等創作者重新賦予「打工者」以「勞動
者」的身份，可以看成是一種對社會主義遺產的繼承。下面以
2005年打工青年藝術團的一次特殊的演出呈現其在文化語境中
的位置。

　　2005年夏天在北京舉辦的第五屆中國大學生戲劇節的落幕
演出（8月25日）中，「打工青年藝術團」也參加了演出，還有
另外一個剛成立不久的民工演出團體「勞動號子」。在「北劇
場」（北兵馬司劇場的簡稱）中，這些幾乎沒有經過藝術或表演
訓練的「演員」們登上了小劇場的舞臺。「勞動號子」是剛成立
一年多的業餘演出隊，他們是修車匠、裝修工、「群眾演員」[135]
等，他們組建「勞動號子」在很大程度上是豐富自己的業餘生
活，很少進行公開的演出，與已經獲得一定社會影響的帶有專業
或職業特色的「打工藝術團」不同。戲劇節的組織者之所以把這
些民工藝術團請到小劇場的舞臺上，是為了讓來自全國各大高校
的戲劇愛好者們意識到自己的社會責任。這次大學生戲劇節的標
誌是「工農兵」的雕塑形象，這個經典的社會主義時期的符號對
於這些大多數出生在80年代的大學生來說喚起的與其是對社會主
義記憶的懷舊，不如說是如同2000年因小劇場戲劇《切‧格瓦
拉》的成功而形成的對革命的想像性消費，而這種對社會主義表
像的挪用早已在廣告業中出現[136]。對於這些表演者來說，登上小

---

[135] 朱傳明2001年拍攝了記錄片《群眾演員》，該片紀錄了一群在北京電影製片廠前
　　　當群眾演員的「北漂」們的生活。
[136] 比如騰訊讀書2005網路文學精英會的海報。

劇場的舞臺並不意味著獲得一種獎賞、承認、成功或某種象徵資本，反而造成了多重錯位。對於打工者來說，90年代以來指稱著精英、先鋒藝術的「小劇場」並不是他們表演的舞臺（民工聚集地），而小劇場的觀眾也不是他們訴求的觀眾，可以說，他們不屬於這種「演員－觀眾」所形成的劇場空間中。如果憑藉小劇場特定的藝術趣味，民工藝術團也很難進入這個空間，但是在「大學生戲劇節」的特定語境中，演員變成了民工，觀眾變成了大學生（大學生在某種意義上是小劇場的觀眾之一）。這種「特殊的語境」在於「大學生戲劇節」是由中國唯一的民營劇場「北劇場」的總經理（藝術青年或「北漂」）袁鴻創辦的[137]，這種民營劇場相比其他劇場來說最大的不同在於沒有國家資金的扶植，完全自負盈虧。自2002年成立以來，「北劇場」試圖走低票價、扶植青年戲劇、原創戲劇的策略來經營「小劇場」，被認為是「民間戲劇」的大本營，這種民營／民間戲劇的嘗試以2005年9月18日宣佈北劇場的倒閉而失敗。正是在這種民營、偏重於原創戲劇（主要是校園戲劇）的多重耦合關係中，「民工藝術團」借

[137] 2002年，北兵馬司胡同裡的原青藝小劇場，由臺灣著名表演藝術家賴聲川投資，改名為「北劇場」（全稱北兵馬司劇場，原隸屬於航太工業總公司），後因2002年底頒佈「台資不能經營劇場」的條例之後，賴聲川撤離了所有資金，這時袁鴻以10萬元註冊資金承包了北劇場並出任經理。2003年因「非典」耽誤，出現了四十萬的虧損，北劇場的股份進行了重組，青年戲劇人傅若岩的股份占50%、其他戲劇愛好者占40%、總經理袁鴻的股份占10%，2004年傅若岩變為北劇場法人，而負責實際經營、劇碼選擇的總經理和藝術總監則一直由袁鴻擔任。儘管有了民間資本的投入，但北劇場每年的虧損還在十幾萬元左右，2005年9月18日（第五屆大學生戲劇節閉幕不久），北京惟一一家民營小劇場「北劇場」宣佈倒閉。不久，「北劇場」被中央戲劇學院租賃，改名為「中央戲劇學院北劇場」，10月下旬重新開張，演出劇碼不再以先鋒戲劇為主，形式趨於多樣化。參考相關報導《袁鴻論北劇場的倒掉》http://bjyouth.ynet.com/article.jsp?oid=6509462、《袁鴻為了北劇場搭進半條命備受關注》http://yule.sohu.com/20050923/n227036681.shtml、《首家民營劇場北劇場正式關張 經理袁鴻承認失敗》http://ent.sina.com.cn/h/2005-09-21/1111846655.html等。

機登上具有特定藝術趣味的小劇場的舞臺，這似乎說明「民工」的形象已經從一種被遮蔽的邊緣位置開始進入某種主流／精英的空間。正如「他們」演出後面的「工農兵」標誌，如同上面對「打工青年藝術團」的分析，這種借助昔日社會主義形態的表述而顯影的方式，也許恰恰暗示著那個時代的逝去，而「民工」只能借助歷史的外衣浮現出來。

如果說「打工青年藝術團」最初是一個「來自於打工者群體，服務於打工者群體」的民間自發組織，但是他們一旦獲得「打工代言人」的身份，也就成為官方、媒體、資本紛紛借重的符號空間，或者說正是這種「介入」參與建構了他們作為「代理人」的資格。比如「打工青年藝術團」會在政府慶祝「五一勞動節」的舞臺上出現，孫恒也被授予「維護司法公正形象使者」稱號、「首都來京務工人員文明之星」稱號、「北京市十大志願者」，並榮獲「創業青年首都貢獻獎」金獎[138]，《天下打工是一家》的唱片在很大程度上也是京文唱片公司的一種投資，儘管不像陳星那麼成功。「打工青年藝術團」已經不僅僅在工地演出，而是出現在不同的空間或舞臺上，他們無疑成為「民工」這個所指物的流動符號。

---

[138] 參見《共同的榮譽——孫恒事蹟簡歷》，2004年9月15日，孫恒被國家司法部、四川省政府授予「維護司法公正形象使者」稱號；2004年12月23日，孫恒榮獲北京市「創業青年首都貢獻獎」金獎；2005年1月，孫恒榮獲「首都來京務工人員文明之星」稱號；2005年2月，孫恒被評為「盛世相約時代新聞人物」；2005年3月，孫恒被評為「北京市十大志願者」。來自於www.shengyin.org「天下打工是一家」的網站，這個網站是「酷客音樂網」做的，顯然是為了配合CD的宣傳。

七、「視而不見」的主體

　　農民工身份的這種混雜性（工人與農民的雙重身份）是城鄉二元體制和自由市場的雙重規制下的產物。一方面市場要求勞動力自由流動，農民工也被賦予「自由遷徙的夢想者」，儘管這種夢想背負著「雙重異化」，即農業生產到工業生產的異化和農村生活到城市生活的異化；另一方面國家的行政尤其是戶籍制度，又阻礙農民工在城市即工作地獲得城市居民的身份，進而無法進入以城市為主體的市民社會，如同第一世界中的非法勞工一樣，無法在經濟、法律、文化等各個方面享受公民待遇。可以說，在全球化／工業化／資本主義化的進程中，中國農民工遭受著自由市場和國家體制的雙重壓迫。但是，與通常工業化過程當中必然伴隨著急劇的城市化即農村人口轉化為城市人口的現象不同，農民工不是除了出賣自身勞動力之外「一無所有」的無產階級，農村戶口的身份使其保有一份土地使用權，這就使農村充當勞動力再生產以及廢棄勞動力再回收的功能，這份土地對於農民工來說究竟是一份阻礙其自由的羈絆，還是維繫其自由的最低保障呢？尤其是相比城市下崗而無法再就業的工人來說（這與西方尤其是馬克思所論述英國工業化過程中因圈地運動而失去土地變成除了擁有出賣勞動力的自由之外一無所有的或許具有完整主體的無產階級最大的不同），後者恐怕連農村也回不去。儘管農民工已經獲得了工人階級的身份，但是在這個「工人階級失去歷史主體位置」的時代裡，這種身份還具有什麼樣的意義呢？進一步說，農民工進城（勞動力過剩）是與國有企業改制工人下崗（減

員增效）幾乎同時期發生的事情，都是國家強力推進市場化進程的產物，於是，在城市空間中就出現了怪誕的場景，一方面是昔日國有企業在改制、轉產過程中的凋敝（廢棄的工廠成為許多城市的日常景觀，尤其是50-70年代的重工業區，如東北、西南地區），另一方面是生產中國製造的「世界工廠」的蓬勃發展（以深圳為代表的東部沿海地區），但是，當50-70年代的工人階級老大哥與改革開放以來的農民工出現在同一個城市空間之中的時候，彼此之間卻視而不見。

在2007年熱播電視劇《大工匠》的結尾部分，退休後的八級大工匠肖長功一覺醒來聽見二兒子德虎吆喝買餛飩的聲音，他非常高興，走到大街上，他停下來，背後是某建築工地週邊的地產廣告，他望向馬路對面，德虎正在一個建築工地門口擺攤，來吃餛飩的都是附近的建築工人，顯然，肖長功隔著馬路凝視的是獨自經營餛飩的傻兒子，而不是這些建築工人。有趣的是，畫面中，這些帶著安全帽的民工身著藍色工服，德虎穿著藍色的工裝褲，肖長功也穿著藍色的坎肩，在這一片藍色中，兩種具有不同歷史主體的工人「相遇」了，但是，肖長功對這些工人似乎視而不見。

在《大工匠》的小說版中，有一段肖長功在餛飩攤上與年輕工人的對話[139]，只是這些工人都是鋼廠的工人，肖長功一一認出了他們的工種比如「幹機械動力」或「鉗工」，而在電視版中，這群工人被明確地呈現為民工形象，肖長功卻與這些建築工人沒有任何語言和目光的交流。正如肖長功曾經向自己的妹妹抱怨「這些日子我就在街頭上轉，沒看見有工人騎著車子上班啊，自行車車

---

[139] 高滿堂著：《大工匠》，萬卷出版公司：瀋陽，2006年11月，第533頁。

把上也不掛飯盒了，你說這是怎麼回事兒啊？」，肖玉芳的回答是「交通發達了，自行車就少了，工人就是上班呢，也都是坐班車，現在沒人拎著飯盒上班了，廠裡公司裡都有自助餐了」，肖長功大搖其頭道：「沒味兒了，沒味兒了，沒工人味兒了」，而所謂「工人味」就是上面提到的「我光聞味兒就知道你是不是工人，什麼手藝，幾級工」。在這位老工人眼裡，這些進城打工的民工並不是工人，或者說肖長功根本無法「看見」這些工人。

　　一個或許並非偶然的細節，在《大工匠》的宣傳中，導演、編劇、製片人都紛紛敘述自己的「工人情結」，比如製片人趙寶剛稱自己曾經作為首鋼的工人，拍《大工匠》就是拍自傳[140]，各省市電視臺也往往把開播的發佈會放置在工廠裡或邀請鋼鐵工人參加，而另一位主演的陳小藝似乎並沒有多少可以挖掘的「工人緣」，有趣的是，恰恰是陳小藝在1990年主演了第一部農民工題材的電視劇《外來妹》，扮演一位外資紗廠的女工，並且最終成為了工廠部門經理。從這個似乎有意的忽視中，也可以看出，在「鋼鐵工人」與「外來妹」之間產生阻隔的不僅僅是性別上的雙重錯位，一方面是工人尤其是鋼鐵等重工業工人的男性修辭壓抑了女工人，另一方面是外來妹的性別身份遮蔽了千千萬萬的打工仔，按照前一種修辭，陳小藝有可能被排除在這部以「產業工人」為主角的宣傳之外（在一篇報導中，陳小藝扮演的不是鋼廠的青工，而是「頭回演工人的老婆」[141]），而更重要的「工人」與「農民工」很難成為彼此的前世和今生。所以說，當兩種身份在同一個歷史場域中遭遇的時候，肖長功看見的要麼是自己，要

---

[140] 《八級工匠趙寶剛拍自傳 孫紅雷陳小藝三做夫妻》，天府早報，2007年5月16日。
[141] 《八級工匠趙寶剛拍自傳 孫紅雷陳小藝三做夫妻》，天府早報，2007年5月16日。

麼視而不見。如果這些下崗或退休的工人看不見農民工，那麼在關於農民工的諸多敘述中，似乎也很難勾連起「工人階級」的歷史，正如在一則公益廣告中，作為奧運工程的建築工人是作為社會新農村的新一代農民的身份發言的，也就是說「農民」是他們的第一身份，而在打工青年藝術團的創作實踐中，重新賦予打工者以「勞動者」的身份，但這種身份也很難與歷史上的工人階級或現實中的下崗工人發生「耦合」。

這種相互「視而不見」並不意味著這樣兩種身份就相隔遙遠。其實，當工人階級失去了「主人翁」的政治和社會身份，或者說如果沒有這段歷史，那麼，建國前的城市工人與現在的農民工又有什麼區別呢？如今，「農民工」作為廉價勞動力已經成為當代城市工人階級（階層）的主體。而從另一個角度來說，工人下崗與民工進城恰恰是同一個以「市場經濟」改革為主導的歷史進程的產物，正如在官方的政府工作報告中，下崗職工與進城農民工同時成了社會的「弱勢群體」。與肖長功這樣擁有美好的歷史記憶的工人不同，這些進城的農民工甚至連這份記憶都無法繼承。

在這樣一份關於「美好的歲月」的懷舊之中，《大工匠》被譽為「工人版《激情燃燒的歲月》」，那些當代的工人（民工）又在什麼意義上能夠分享這段幸福時光呢？或者說，應該如何連接這樣兩種工人主體的歷史呢？他們在什麼意義上可以互相「看見」呢？也就是說，在工人階級哀歎今不如昔的命運兩重天式的懷舊或批判敘述與對農民工的樂觀或悲觀的敘述中，並不存在著歷史及其邏輯的結合點，那麼我們如何來處理這種近乎前世今生關係的工人階級與農民工的主體位置呢？50-70年代的工人階級能否成為農民工的前世，或者說農民工能否獲得工人階級的今生呢？

通過上面的討論，可以看出，「農民工」再現於不同的媒介之中，被不同取向／立場的傳媒所敘述，獲得了不同的指認方式。簡單地說，從80年代末期民工潮出現以來，對農民工的稱呼大致經歷了這樣一種變化，從「盲流」到「外來工／外來妹」，從「打工族」到「弱勢群體」，直到「農民工成為中國工人階級主要力量」或「新職工」。儘管這些稱呼並非如此明晰地依次排列，但至少可以看出「農民工」由一種曖昧的階級身份變成「工人階級主要力量」的演變過程，儘管這種「工人階級」的身份或者說遲到的命名在市場經濟／財富作為比戶籍更嚴格的區隔面前不意味著有更為實際的利益，但是「農民工」作為特定時期的一種社會修辭，其本身既不是農民也不是工人的曖昧性，使這種混合的表徵成為對工人階級及其同盟軍農民「階級」的耦合，或者說是對農民「階級」、工人階級等階級話語的再整合和再命名。在這個意義上，「農民工」與「小資」、「中產階級」、「新富階層」等一種新的階級／階層命名法逐漸取代了工人、農民、資產階級等指認方式。

在關於「農民工」的再現中，涉及到「城裡人／鄉下人」的二元本質化想像，這種想像的形成又與中國近代以來被拖入現代化進程密切相關，這顯然是本章無力處理的問題，另外，關於「表述／再現／代表（representation）」[142]的問題，也糾纏在「農民工」的修辭中，如果說農民工在大眾傳媒中只能「被表述／被再現／被代表」，那麼這種「被」的命運與「農民工」中的「農民」身份有關，後者的「無主體」的位置在第一節中已

---

[142] 「再現」是對「representation」的翻譯，也有人把它翻譯成「表徵」、「表像」或「表述」。

經討論過了，與此相同的邏輯，當突顯「農民工」的「工人」身份時，農民工又成為進步的、先進的能指[143]，或許，問題不在於「農民工」處在怎樣的線性歷史中，而在於在這個「工人階級失去歷史主體地位」、拒絕宏大敘事的後現代景觀中，很難為「農民工」勘定一個位置，儘管「農民工」已然超離了農民、工人的身份，諸如保姆、小時工等顯然無法在農民、工人的視野中來理解，從這個意義上，需要的或許不是重新賦予「農民工」某種位置，而是「與民工在一起」，去傾聽。

與「民工」的浮現相伴隨的是關於「底層」的敘述在社會文化界形成了一個小小的熱點，2004年，深圳作家曹征路描寫國有企業改革的小說《那兒》（原名《英特納雄那兒》）[144]在北京、上海的當代文學研究界引起了強烈關注，一些批評者重新使用「左翼文學」來評價這部小說[145]，與此同時，經濟學界也圍繞著國企改革（管理層收購MBO）掀起了「郎咸平風波」。早在2001年李陀就發起了對於80年代形成的「純文學」的反思[146]，

---

[143] 相似的表述在澳大利亞學者傑華的《都市裡的農家女》中也可以看到：「不管『農民』或『民工潮』已經被準確地定位在『發展』線路上的何時何地，不管他們是被視為『先進的』和『有遠見的』階級還是『落後的』、發展不充分的階級，這種視『農民』為走向現代性的線性系譜中的一個『問題』或者麻煩的框架，已經導致重要的連續反應」，第57頁。

[144] 《當代》2004年第5期。

[145] 參見韓毓海：《狂飆為我從天落——為〈那兒〉而作》、郭於華：《小舅之死——〈英特納雄那兒〉讀後》、賀桂梅、邵燕君等：《眾中評說〈那兒〉》、季亞婭：《「左翼文學」傳統的復甦和它的力量》、李雲雷：《新「左翼文藝」的力量及其可能性》、吳正毅、曠新年：《〈那兒〉——工人階級的傷痕文學》等文章，左岸文化、當代文化研究網。

[146] 關於「純文學」的討論，開始於2001年李陀在《上海文學》上發表《漫談「純文學」》的訪談，他對90年代以來文學的創作非常不滿，認為80年代在回到文學自身以及在文學創作中對語言等形式因素的強調中所形成的「純文學」觀念，造成了90年代的文學無法「介入」現實，繼而引起廣泛討論，可以參見洪子誠、賀桂

批評90年代的文學創作無法介入「現實」（問題的關鍵在於這裡的現實究竟是哪個現實），而其他一些文學批評家如孟繁華、陳曉明等也在最近的文章中使用「無產階級寫作」、「底層」寫作等來命名當下的小說創作[147]，這些帶有現實主義色彩的創作與90年代中期在文學界出現的「現實主義騎馬歸來」形成了某種呼應關係。如果把目光轉向「地下影像」，2000年以來在「地下記錄片」和「地下電影」中有許多以展現底層人物生活的影片，比如2004年賈樟柯的「地上電影」《世界》就把「民工」放置在了「世界」／世界公園的舞臺上的主角，如果聯繫到2005年兩部「民工劇」的播出，儘管它們沒有成為格外引人注目的媒體文化事件，但是也在一定程度上形成了「民工劇熱潮」[148]。在這些受到不同邏輯和機制的文本中，「民工」由不可見的底層進入了大眾傳媒的中心，可以說，對「底層」或「無產階級」的招魂，形成了一種對於「左翼文化」的懷舊。當然，這與2003年以來伴隨著新一屆領導人的上臺所產生的「科學發展觀」、「以人為本」、「建立和諧社會」等新的官方說法有關，在「總書記坐上百姓炕頭包餃子，總理在煤井下和礦

梅、吳曉東等人的討論文章：《「文學自主性」問題討論紀要》；蔡翔的《何謂文學本身？》；南帆：《純文學的焦慮》；賀桂梅：《文學性：「洞穴」或「飛地」——關於文學「自足性」問題的簡略考察》；劉小新的《純文學概念及其不滿》等文章。另外，賀照田的《時勢抑或人事：簡論當下文學困境的歷史與觀念成因》的文章，從80年代以來的文學理論、文學批評的角度，重新反思了諸如「文學是人學」、「文學是語言的藝術」等通過二元對立的話語方式來清算社會主義現實主義的文學遺產，這與對「純文學」的反思在很大程度是相呼應的。

[147] 陳曉明著：《在「底層」眺望純文學》、《「後人民性」與美學的脫身術——對當前小說藝術傾向的分析》等，孟繁華著：《猶疑不決的批評：2003年中篇小說》、《生存世界與心靈世界——新世紀長篇小說中的「苦難」主題》、《中國的工人階級寫作——以平莊礦區的工人寫作為例》、《中國的「文學第三世界」》等。

[148] 《「民工劇」熱潮已經來了嗎？》，《新京報》，2005年4月29日。

工共度除夕成為經常出現的電視畫面」[149]的親民形象中，中國的政經現實發生了許多微妙的變化[150]，甚至被認為是一個中國社會發展的「拐點」[151]，2000年前後在大眾傳媒中浮現出來的「底層敘事」和局限在知識份子群體中的「三農」問題迅速被官方話語所借重，轉換為新政府確立威信和合法性的資源[152]，這些為「底層」敘述提供了寬鬆的「語境」，但是如果稍微偏離一下視野，就會發現，其實佔據大眾文化中心位置的依然是「任長霞」、「超級女聲」、「大長今」等，因此，「底層」的浮現與其說是官方說法的意識形態宣傳，不如說又是一次文化霸權的建構，儘管霸權的過程還遠未完成，可見的「民工」不過是充當著社會圖景的點綴，是他者的風景，是「和諧社會」中的「合理」存在。這究竟意味著「農民工」的希望，還是又一次意識形態的挪用或遮蔽呢？

寫於2004-2007年

---

[149] 趙靈敏著：《讓公平不再「兼顧」》，《南風窗》2005年10下，第3頁。

[150] 從最近發佈的「十一五規劃」（2005年10月）中，可以看出政府基本上放棄了以GDP的增長為核心目標的發展模式，在推進現代化的過程中，儘量照顧到社會正義和分配公平。比如已經連續兩年（2004年和2005年）發佈新年一號檔來關注三農問題、五年內取消農業稅（2004年國務院總理溫家寶政府工作報告）、2010年在全國農村地區全部實行免費義務教育（《中國全民教育國家報告》）、抑制城市房價、降低醫療費用等帶有社會福利色彩的政策。

[151] 章敬平著：《拐點：決定未來中國的十二個月》，新世界出版社：北京，2004年7月第一版，論述了2003年3月到2004年3月這一年中政治、經濟、法律、文化四個層面的變化，濃縮為四個結論：「公正主義」終結「富人時代」、「憲政主義」終結「權力時代」、「人本主義」終結「GDP時代」、「多元主義」終結「單邊時代」。

[152] 溫鐵軍作為「三農」問題專家，不僅2003年被中央電視臺評為年度「中國年度經濟人物獎」，而且2004年出任中國人民大學農業與農民發展學院院長，成為新政府農民問題的闡述者。

第三章

社會「主體」的想像與「體制化」規訓

一、央視的新聞再現

　　2009年11月21日（週六）中央二套經濟頻道王牌欄目「經濟半小時」播出了「一個女人的燃燒瓶和政府鏟車的拆遷大戰」的深度報導。這則「新」聞是2008年夏季上海市閔行區政府為了虹橋機場交通樞紐（屬於2010年上海世博會的重大工程之一）的建設而實行動遷工程，有一個自建房房主潘蓉因不滿拆遷補償款而不願拆遷，於是在地方政府下達強制拆遷令，潘女士以沒有法院判決為由拒絕搬遷。電視畫面中呈現了潘女士與拆遷公司的對峙，拒絕搬遷的潘女士夫婦顯得勢單力薄，而鏟車的轟鳴和拆遷人員的聲音佈滿畫面。面對揮舞著鏟鬥的鏟車，站在三樓的潘女士喝酒壯膽後用自製燃燒瓶試圖阻止強制拆遷。最終潘蓉在孩子驚嚇的啼哭中退讓，房子也被推平，對抗以潘女士夫婦失敗告終。

　　這期欄目把這種衝突歸結為保障私有財產的《物權法》與「拆遷法規」之間的衝突，並請參與《物權法》起草的法學專家指出，這種法律與政策的衝突因與地方政府存在巨大的利益關聯而遲遲沒有獲得修訂，進而導致頒佈兩年的《物權法》成了「一

個被拆掉引信的手榴彈」。此事件雖然是一年多以前的「舊」聞（發生在2008年9月12日），央視也並非首次報導強制拆遷的事件（如2007年在網上有最牛釘子戶），但是這種只能在國外新聞或極端暴力事件中才會看到的投擲燃燒瓶的畫面甚為罕見，尤其是在央視的主要欄目中播放這種個人與政府的對抗依然具有某種「震驚」的效果。更為重要的是，這篇央視的深度報導，選擇站在個人／潘蓉的角度來呈現《物權法》成為空頭支票的事實，而不再是釘子戶式的潑婦刁民以身抗法，對地方政府為了獲得拆遷、土地出讓中的巨額利益而損害被拆遷者利益的現象提出了批評。

隨後媒體「大膽」報導成都女企業家唐福珍為抵制強制拆遷而自焚死亡（11月30日）、貴陽暴力拆遷引發群眾堵路（12月1日）等典型事件。接著北大法學院五名法律學者通過特快專遞的形式向全國人大常委會遞交了《關於對〈城市房屋拆遷管理條例〉進行審查的建議》，認為此條例涉嫌違憲（12月7日）。與此同時，「國務院擬修改拆遷管理條例，已組織各部門調研」（12月8日）。不過，最近媒體又爆出「國務院法制辦：城市房屋拆遷管理條例有效」的新聞（12月11日），但國務院法制辦已經通報《現行拆遷條例將廢除，有望先補償後拆遷》（12月16日）的好消息[1]。但從這些密集性的新聞報導中，人們似乎已然感受到中央政府要改變拆遷政策的「信號」，就如同2003年大學生孫志剛因收容致死而最終導致政府廢除城市收容制度一樣，這次政府也應該響應「民間」的呼聲，儘管民間的呼聲是借助央視這個平臺來再現的。

---

[1] http://news.163.com/09/1216/21/5QMDPCPL000120GU.html。

與這種經過媒體（央視）率先曝光、專家請願及民間呼聲（輿情）再到最高權力機關（國務院、人大常委）干預的過程不同，11月22日（與潘蓉事件隔一天）晚上央視新聞頻道「面對面」欄目播出了知名女記者柴靜採訪郝勁松的節目「我一直在飛」。柴靜是近幾年來在《新聞調查》欄目以提問大膽、不留情面著稱的記者，尤其是涉及到公共利益的事件或面對地方官員時。如果說柴靜以央視記者的身份總帶有某種「特權」色彩，那麼郝勁松則是單槍匹馬以中國人民共和國公民的身份向權力機關提出訴訟的維護公民權益的「專業戶」。據悉郝勁松近年來先後向鐵道部、地鐵公司、發改委等國有部門壟斷企業、國家職能部門申訴公民權利，並通過法律程式「迫使」這些佔有行政資源的企業、機關「低頭認罪」[2]。最近的一次事件，就是郝勁松為上海釣魚事件受害人做律師代理。節目中，郝勁松認為自己是喚醒公民意識的啟蒙者，用自己的行動來推動中國法制進程。而這期欄目也把這種向強力機構討還公民權利的以卵擊石的悲壯，作為一種公民意識覺醒的榜樣，背景音樂使用的是勵志搖滾歌曲汪峰的《我要飛得更高》。

　　就在同一天，央視還有其他兩檔節目。與捍衛公民權力的故事不同，中央十二台法治頻道在「大家看法：我建議」欄目討論的是如何讓農民工討薪不再艱難的話題。這個話題來自於一個杭

---

[2] 正如媒體報導對郝勁松的評價是「揮舞『法律斧頭』的公民」，「他先後7次提出公益性質的訴訟，把北京地鐵總公司、國家稅務總局、鐵道部、國家發改委等諸多國家部委和壟斷企業告上法庭。他終結了中國火車不開發票的歷史，並促成鐵道部宣佈停止春運漲價」，見2009年11月9日《南方人物週刊》：《郝勁松 不服從的公民》以及2010年1月4日《南方人物週刊》的「年度人物 推動者」（一個個公民微力的聚合推動，中國的崛起才有了最為紮實的根基）。

州服飾廠女工討薪被毆打和羞辱的新聞事件，主持人邀請律師、演員、法學家、勞動學會顧問來出謀劃策，席間也請出被打的杭州女工和兩個被欠薪的農民工「現身說法」，他們坦言：面對資方老闆，打工者處在絕對弱勢的一方。在主持人的引導下，「讓討薪不再艱難」的話題轉換為是否應該在《刑法》中「增設惡意欠薪罪」的問題（由農民工法律援助中心的律師佟麗華提出）。一方認為法律應該向處在弱勢的農民工傾向，讓「欠薪罪」來約束強勢的老闆，而另一方則從法律普遍性的角度認為不應該濫用法律，以此反對為討薪專門立法。有趣的是，欠薪農民工根本無法參與到這種討論之中（顯然，他們不是主要嘉賓，只是一個討論對象），無論能否立法，對立雙方對於幫助農民工討薪是沒有異議的。也就是說，臨近春節，作為弱勢群體的農民工到了需要社會救助和關懷的特殊時刻。

　　無獨有偶，就在「大家看法」播出的同時，中央二台經濟頻道的另一個王牌欄目「對話」正在做「我們是社會主義建設者」的節目，參與對話的嘉賓是剛剛獲得第三屆有中國特色社會主義建設者稱號的百位「老總們」，他們都是國內知名的民營企業家，有吉利汽車的創始人李書福、最大民營燃氣公司新奧公司董事長王玉鎖、地產大亨萬達的老總王健民以及捐出四十億元的玻璃大王曹德旺等。這些企業家是社會中最富裕的階層，也是改革開放以來被稱為的「先富起來」的人。有趣的是，在欄目最後，主持人讓他們說出最喜歡被稱作什麼的時候，「建設者」這一也可以形容「建築工人」的挪用之詞並沒有獲得他們的青睞，這些民營老總們反而選擇的是「企業家」這一相對中性的身份。

這樣四個涉及拆遷、維權、討薪、新富階層的節目在不同欄目中幾乎同時播出，恐怕不是有意為之，卻某種程度上成為對當下中國社會形態的一種略顯生硬的圖解。既有面對受到政府支持的拆遷公司挺身捍衛自己「物權」的女業主，又有敢於質問發政府、國有壟斷公司的「中國公民」，也有為農民工出謀劃策的各位「好心人」（演員、專家及法律顧問），還有這些具有創新、探索和社會責任感的「企業家」們。如果說一種具有公民意識的個人是社會的中堅力量，那麼如農民工等弱勢群體則是需要被救助的群體，而經濟精英們則是社會主義核心價值的代表及人生典範。儘管這些表述並非都是新話題，但關於這些群體的再現方式已經成為一種固定的社會修辭或共識，比如關於農民工的故事一般都是以等待被救助的「弱勢」面目出現，而民營企業家則是銳意進取的表率（當然，在大眾文化的想像中這些高端人士還往往具有罪惡奸詐的面孔）。在這些群體的媒體再現中，從關於這樣群體的表述方式中，可以看出社會主體是如何被建構的，一種主流共識或意識形態霸權又是如何運作的。

二、社會的「主體」與「客體」

從這樣幾則報導中，可以清晰地指認出三個不同的社會群體。一個是先富起來的群體，一個是法律意義上公民（即受到《物權法》保障的擁有私有財產和合法權益的公民），還有就是作為弱勢群體的農民工。這些中國當下各階層的分佈非常吻合於把社會區分為上層、中間階層和底層的論述，也符合關於正常社會的「正常」想像（既然無法實現人人平等的社會，有差異也是

「正常的」）。在每一個相對「自足」的故事裡不同的階層可以找到各自的位置，每一個故事中得以出場的角色看似都是固定，但這種固定的主體也具有某種包容性或普遍性，比如在維權事件中出場的是這些具有法律意識和行動能力的主體，而農民工也可以從這個故事中看出自己作為公民與個體的身份，儘管這個故事恰好建立在對後者的遮蔽之上。也就是說，這些敘述不僅僅可以詢喚理想的主體，而且也使那些不屬於這個階層的人們也從這個社會之鏡中照見自己的幻像。更為重要的是，這些欄目在把一些人塑造或詢喚為社會主體的同時，也把另一些放置在社會客體的位置上，從而使得各個群體「心安理得」地認同於社會機制所規定的主體位置。

在「經濟半小時」所播放的潘蓉與拆遷隊對峙畫面，是其朋友用家庭攝影機拍攝的。拍攝工具的小型化、數位化帶來了攝取影像的「民主化」，顯然，放映空間要比獲得拍攝的權力更重要。儘管網路論壇、個人博客、播客有時候會成為某種自發輿情的呈現，但在央視播放時，卻無意中呈現了一幅有趣的畫面。在這段站在潘蓉角度來維護個人房產權益的視頻中，孤獨的潘蓉獨自大戰鏟車和拆遷隊，攝影機的機位並非站在潘蓉一邊，這顯然不是潘蓉的視角，反而是處在執法大隊的後側遠方（當然，也是出於拍攝的安全）。這幅藏在那些拆遷執法隊員背後的目光，與其說是一個偷窺的目光，不如說是一個更具權威和審視的目光，尤其是這種目光被央視所借用之時。在這種目光中，弱小的潘蓉「一個人」面對巨大的推土機，從而在觀看效果中達到對更為弱小的潘蓉的認同。對於另一個公佈的由拆遷人員所拍攝的成都女企業家唐福珍在強制拆遷現場自焚的視頻，其拍攝角度與潘蓉事

件完全一樣，提供給觀眾的視點也是相同的。不過，在這段被作為拆遷隊文明執法出示給法庭的證據在央視播放中成為一種對暴力拆遷的譴責。也就是說潘蓉、唐福珍被一個更大的權力放置在一種被傷害和被剝奪的位置上，從而這些個人挺身抵抗地方政府權威的故事改寫為一種對更高權力的臣服和維繫。有趣的是，這樣兩個業主都是女性，女性被充當著悲情及苦情的性別修辭。

　　和潘女士一樣，郝勁松面對如「鐵老大」、以及被稱為「小國務院」的發改委等「政府鏟車」而不退縮，是拿著憲法捍衛公民權利的「鬥士」，也是鍥而不捨「討個說法的秋菊」。這些與體制對抗的個人，反而獲得了體制的認可和「褒揚」。這究竟是個人／公民的勝利，還是體制的招安和收編呢？需要指出的是，被認為與政府、體制作對的郝勁松早在幾年前就獲得了「2004年構建經濟和諧十大受尊崇人物」、「2005年度十大法制人物」等榮譽稱號。更為重要的是，這種被包容的批評者卻具有典型的中產階級的身份，潘蓉是獲得紐西蘭國籍的海歸，唐福珍是女企業家，而郝勁松不僅是中國政法大學的法律研究生，而且也是某法律公司公益部主任。這也正是這些挺身抗暴的公民故事中所試圖詢喚和建構的主體形態，這種主體身份的建構密切聯繫著市場經濟體制下關於個人／經濟人的想像。

　　與這種中產階級的主體不同的是，這些作為「社會主義建設者」的企業家們呈現了另外一種面孔。改革開放30年以來，關於這個群體的描述也從「勤勞致富」、「老闆」、「萬元戶」、「暴發戶」變成了企業家、「知」本家和建設者。與此前經常使用「民族企業」的話語來自我確認不同，這次被作為「建設者」（「社會主義建設者」的命名也來自於十六大報告）的企業家們，其自

我敘述是在80年代的蠻荒之地摸索出一條現代化新路的探險家家，是從草創時期的野蠻拓荒者走向文明、法治的表率。在主持人與嘉賓的交談中，他們不僅是當代堅持技術創新、追求綠色新能源、科學可持續發展的典範，而且也是有社會責任心、探索精神、抓住機遇的創業者。他們既是科學發展觀和創新精神的「浮士德」，又是企業員工的衣食父母，更是全心全意做公益和慷慨解囊的慈善家。可以說，他們是當下中國崛起的中堅和主體。

這樣兩類具有法制意識的個體和民營企業家佔據社會主體位置的同時，另外一些如農民工等底層群並沒有被遮蔽和遺忘，而是以被救助者、弱勢群體的身份出現。具體來說，在潘蓉、郝勁松以及民營企業家的欄目中，主體位置和主體身份都是明確的，就是「我一直在飛」、「我們是社會主義建設者」，這既是一種身份的詢喚，也是一種確認。在幫助農民工討薪的欄目「大家看法：我建議」中，「我」的身份似乎也是很確定的，但這裡的「我」顯然不是那些討薪的農民工，而是被邀請參與討論的嘉賓們（專家、律師、演員以及臨時從觀眾席中請下來的善辯的大學生）。正如這期欄目叫「讓討薪不再艱難」是一個省略了「主語」和「賓語」的祈使句，完整的說法應該是「我們讓他們討薪不再艱難」，農民工被先在地放置在客體的位置上，既不是「建設者」，也不是「維護公民權」的「鬥士」，而是等待著被救助的客體。在這裡，農民工與其說是缺席的在場，不如說是在場的缺席。他們出現在電視機的舞臺上，但他們只充當著一個功能就是社會救助、慈善、捐款的物件，是被動的主體。因此，無論是主持人，還是臺上的嘉賓，以及電視機前的觀眾，被鎖定和認同的主體位置依然是那種中產階級式、具有法律意識的個體（或許

也正因為農民工缺乏法律意識，所以討薪也很難），而不是那些討薪的主體。

這種作為社會客體的位置，也如農民工被稱為「弱勢群體」一樣，一方面承認他們是社會「弱勢」，與殘疾人、智障者等因身體而「天然」弱勢的群體分享同一個能指，從而掩飾了他們之所以弱勢的「社會」原因；另一方面又因他們是弱勢所以需要得到救助，這就把他們為何會成為弱勢的社會問題轉移為如何幫助弱勢群體的議題。在這個意義上，「弱勢群體」這個社會學的命名在彰顯他們的社會處境的同時又把這種處境合理化了，也正是在這個意義上志願者、愛心大使、慈善事業成為這個時代最為有效地和諧之音。從這裡，也可以看出被作為中國公民及民間社會的雙重功能，一方面是保障公民合法權益不受到強力部門的侵害（如潘蓉、郝勁松等），另一方面就是救助社會弱勢，如欄目中出謀劃策的中產階級或作為社會主義建設者的慈善家們。這種社會主體及客體的分佈圖使得階層區分不僅是清晰的，也是合理的。

如果說從潘蓉和郝勁松的故事中，可以看到一種「公民」的「勝利」，一種對公民權力的認可和維繫，那麼從「社會主義事業建設者」的故事中，可以看到探險、創新、「開荒鋪路」的勇者精神。而對於農民工的故事，卻只能是被救助的故事，等待著充滿了愛心的主體們伸出援手。從這裡可以看出雙重主體的流動和轉化過程，一種是從體制之外中產階級、富裕階層上升為社會主體的過程中，一種是農民工、下崗工人由工農兵的人民主體被放逐到社會邊緣、弱勢、客體位置的過程。這樣兩個過程恰好是同一種歷史動力的產物，而實現這種主體位置轉換的機制與一種關於反體制的想像密切相關。

三、「反」體制的想像與體制的重建

在潘蓉面對政府的鏟車和郝勁松起訴政府機關及國有壟斷集團背後是個體與政府或個體與體制的對抗，而這些作為社會主義建設者的民營企業家顯然也具有這種體制之外的身份（非國有經濟）。這種二元對立建立在體制＝政府＝官方＝國家＝共產黨政體＝計劃經濟＝單位制大鍋飯等一系列蘇聯式社會主義制度安排的修辭之上。也就是說，在這種關於體制的本質化想像中，體制特指一種社會主義計劃經濟體制及其以國家機關、單位為基礎的制度安排，80年代以來對這種體制的脫離就成為一種反體制的指認。在80年代的語境中，體制被認為是守舊、保守、懶惰、低效率、束縛、封閉、壓抑的空間，而反體制或對體制的逃離則是一種自由、開放、銳意、進取、解放、進步、創新的選擇。逃離體制，或者說體制之外，就變成了一種脫韁的野馬，一種自由飛翔的天空，是時代的弄潮兒和勇者（也是這些民營企業家的自由精神），而「鐵飯碗」則是慵懶、愚昧和無能的象徵。在這個意義上，體制連同社會主義保障制度就成為一隻死老虎和負面的想像。如果說前者是一種老舊的官方說法，那麼後者則是反官方的官方說法，這種反體制恰好是改革時代的主流意識形態。這種反體制的位置與其說是對體制的對抗，不如說是在體制的默許或碎裂之下出現的。

這種反體制的位置為改革開放提供了意識形態合法性基礎，因為解放思想、突破禁區等一系列政策調整正是對那種一元化的政治經濟體制的批判和修正。也就是說，一種反體制的動力受到另一種體制的支持。可以說，在80年代以來的意識形態中，成功

而有效地建構了一種反體制的想像。正如七八十年代之交在文化上出現了傷痕文學、反思文學，一開始它們受到了批評，被認為是「缺德」文學，但很快這種對文革及左翼的傷痕書寫被吸納到對左翼政治實踐的批判之上，反體制反而成為一種主流及正統文學的組成部分。在這種體制（＝保守的左翼政治實踐）和反體制（＝改革開放的政治經濟實踐）的修辭之下，反體制恰好成為一種體制重建的有效組成部分，也就是說改革開放以來的政治經濟體制正是建立在反體制的基礎之上。這種80年代以來所形成的體制與反體制的修辭法延續至今，呈現一種既悖論又和諧的狀態。

從這個角度來說，作為市場中的個體（潘蓉及郝勁松）以及社會主義建設者們雖然都處在體制之外，是非體制的產物，也是反體制的代表，但他們恰好以反體制的身份成為體制重建的一部分。這一方面呈現了作為體制象徵的政府、官方自80年代以來就呈現一種自我分裂和悖論狀態，另一方面也成為改革時代的執政黨不斷自我更新和調整政策的動力，以避免陷入自我否定和矛盾的境地。尤其是新世紀以來，政府、國家、官方意識形態在不斷地吸納這些非體制的力量，或者說在確立國有經濟主體中不斷地承認非國有經濟的地位，與此同時也在法治和市場經濟內部保障公民權利。與其說這是某種官方意識形態收編、命名了這些在共產黨國家不被信任的「非國有經濟」的群體，不如說他們才是有中國特色社會主義事業的「建設者」，他們取代了國家承擔其在市場化改革中被甩出去的社會包袱，既保障員工的衣食住行，又救助社會弱勢群體。在這個意義上，他們不僅是「建設者」，也是社會結構的組織者。從這裡可以看出主流意識形態整合的完成，國家與體制外個人的彌合以及國家與資本的融合。這種主流

敘述內在分裂的現象也呈現為一種合流的狀態，或者說新的官方說法與市場經濟的隱形書寫達成了某種共識。

然而，這種反體制的體制化想像，卻充當著重要的意識形態功能。當市場經濟中自由擇業的公民和自主經營的非國有經濟，都因其反體制的位置而受到褒獎之時，那麼被迫離開「鐵飯碗」即下崗工人的故事也就變成了一種反體制及離開體制的勇士之舉，離開壓抑的工廠體制走向「社會」的「自由」空間就獲得了一種合理化的解釋。從歷史上看，80年代以來尤其是90年代急速推進的市場化，與那些「主動」選擇自主創業、自謀出路（其中的少數成功者成了現在的民營企業家）相比，越來越多的人們從體制內被放逐到體制之外。特別是國有大中型企業在轉型、改制中產生了巨大的「多餘的人」，這些被作為企業包袱的工人被迫「下崗」或經歷「再就業」的過程。這些曾經作為社會主體的工人階級重新從一種「生老病死有依靠」的「束縛」狀態中，變成除了出賣「勞動力」之外一無所有的「自由」人。與之相似而不同的是，在90年代中後期大量工人大崗的同時，是80年代末期另外一群脫離土地、家族等「束縛」的農民進城打工，變成了「半自由」的勞動力（因為他們還被「強制」保有一塊無法買賣的土地）。可以說，工人下崗與農民工進城是兩個完全相反的過程，一邊是中小國有企業破產帶來的工人失業，另一邊則是逐年增加的農民工湧入東南沿海等「世界工廠」。這樣兩個互逆的過程看似毫不相干，在社會表述中彼此「擦肩而過」（分屬於工人議題和三農議題），卻是自由市場經濟的產物，拋棄多餘的包袱是為了提高生產效益，而吸引更多的廉價勞動力同樣也是為了生產利潤。有趣的是，他們相遇在2002年政府工作報告中關於

「弱勢群體」的論述中。在這種社會結構的「乾坤大挪移」中，反體制、離開體制成為一種自由解放的神話，有效地遮蔽了曾經作為社會主體或準主體的工人與農民重新變成被資本墾殖的廉價勞動力的過程。這也就是在「我一直在飛」、「我們是社會主義建設者」的自由夢想及主體想像中，被隱去了主體的「他們」所經歷的異常艱難地「討薪之路」的過程。

　　換一個角度來看，在民營企業家變成了「建設者」，農民工變成「弱勢群體」的時候。這種社會命名機制的出現還聯繫著另外一種意識形態的規訓，這就是90年代以來伴隨全球化及冷戰終結而降臨中國的消費主義。消費主義在戰後歐洲及美國六七十年代出現的時刻，也是大量的製造業、加工業被轉移到前殖民地及東亞的時刻；在消費主義成為全球化大都市景觀的場景之時，也是生產者及生產的空間如工廠、車間從都市景觀中消失的時刻。在消費者取代了生產者成為社會、都市景觀的主體的時候，作為生產者的農民工、下崗工人就從這些都市空間中被放逐了。在這出消費主義的大舞臺中，正如潘蓉的登場是以業主、戶主以及房子的消費者、擁有者的身份出場的，而作為建設者、勞動者的農民工則從這種空間中隱匿。如果參考農民工無法討薪的事實，那麼就連「平等交換」農民工勞動的等價物也被剝奪的時候，恐怕連勞動力再生產的循環都難為繼了，所以在這種替農民工討薪的「社會正義」中，所換回的不過是維繫其勞動再生產的成本，而不是農民工／新工人所失去的歷史主體的位置。在農民工作為弱勢群體，成為社會救助和關係的焦點時刻，他們作為生產者、作為「建設者」的身份也被有效地抹去了。這種消費與生產倒置的秘密在於，生產者與生產產品之間的關係被完全剝離，產品的

產權不來自於生產者,而是消費者和購買者,因此,消費者或者說擁有消費能力的主體才是真正的社會主體,生產者被其所生產的商品拋棄了,也就是說,商品只有在交換流通中才能找到其物主。在這個意義上,消費主義所開啟的後工業社會完全改變了以生產為中心的現代及工業秩序,「消費者確實是上帝」,生產者只能隱身於上帝的背面。

四、主持人╱中間人的位置與國家╱體制的三重角色

　　這種反體制與體制重建的想像也可以應用到對媒體自身的討論中。90年代以來伴隨著媒體市場化,一種脫離國家體制的能夠發出批評聲音的媒體空間被作為政治自由的重要標識,充當著反體制的角色。第一種媒體市場化的類型是引入體制外編制,90年代最為耳熟能詳的賦予這種角色的媒體事件,就是1993年中央電視臺改版,引入體制外人員製作《東方時空》欄目,最終這種集合體制外力量製作的新聞欄目(《焦點時刻》、《焦點訪談》、《新聞調查》)、紀實欄目(《生活空間》)、談話欄目(《實話實說》)等形式成為中央電視臺的主力軍,與其同時,這些體制外的人員如白岩松、水均益、王志、朱軍等不僅成為中央電視臺的「名嘴」,而且也被作為個人奮鬥為成功者的人生典範。第二種方式是依附於官方媒體創立了一批市場化的都市報,如以《南方都市報》為代表的南方報業集團,成為90年代中期以來批評政府(尤其是非廣州的地方政府)的反體制聲音,而這些聲音恰好成為助推改革開放事業以及推進市場經濟的諸多意識形

態的另一種喉舌。從這裡可以看出，一種體制內部的反體制力量成為體制重建的過程。

自2009年伴隨著央視新台長的上臺，央視欄目也發生了一些變化，尤其引人注目的就是新聞欄目的主持人已經從簡單的新聞播報變成了一種新聞評論人的角色。從上面提到的幾個電視欄目也可以看到一種關於媒體、體制和官方的新想像。這幾個欄目基本上都採用一種對話、討論的節目形式。如《經濟半小時》並非現場報導和新聞簡報，而是一種如《新聞調查》式的深度評論；《面對面》則是兩人對談的深度訪談；《大家看法：我建議》是現場多人分兩組像辯論賽式的討論；而《對話》則是介於訪談和討論的節目。儘管這些節目形式各異，但有一點是重要的，就是主持人的角色顯得格外突出（這種主持人製片人化或製片人主持人的方式也是當下節目生產的基本方式）。主持人不僅是現場的組織者，也是話題的引導者。主持人以中性的身份不介入討論，但卻試圖協調對立雙方的立場和觀點。正如在拆遷問題成為社會話題之後，央視新聞欄目中報導了美國開發商與釘子戶「和諧」相處的趣聞，開發商不僅沒有強制拆除釘子戶，反而為此修改了設計方案，並與釘子戶成為好朋友，而北京電視臺也報導北京地區某老字型大小商店回應地方政府建設，「主動」放棄索要高額拆遷費的故事。在這種「中性」的媒體舞臺上，上演的不是「大戰」，而是一種化干戈為玉帛的團圓故事。這也恰好是當下政府在社會結構中的功能的一種隱喻，政府／主持人是社會階層、衝突的調節者和仲裁者。

這樣一個得以搭建不同利益主體劍拔弩張的舞臺基礎還來自於一種對法律或法治的信念。從最近幾次關於拆遷的報導以及

最終要使用法律手段來解決這種拆遷問題可以看出，利益衝突雙方背後是《物權法》與《城市房屋拆遷管理條例》的矛盾。對於郝勁松來說，法律、憲法成為個體面對擁有龐大行政能力的政府或其他利益集團時自我保護的工具。而農民工「惡意欠薪」的問題也被轉化為一種法律問題的討論。在這裡，法律充當著雙重功能，一個是捍衛個人權力，另一個是維繫社會秩序，從而使一種激進的挑釁變成了對規範性的社會秩序的維護，反抗的聲音被規訓為一種法律秩序內部的協商和調整（正如一部反映農民工討薪的電視電影名為《不許搶劫》）。這種對法治、法律化秩序作為理想之邦的想像也是80年代所確立一種制度崇拜的結果，當然也是取代階級鬥爭的方式來應對社會階層衝突的和諧劑。

這些不同的群體或階層在央視這個舞臺上可謂「盡收眼底」，不在於這些節目是否真實地呈現了各個階層的故事，而在於這種呈現本身具有一種詢喚和訓戒功能，他們以不同的面孔恰當地演繹著屬於自己的故事，而且這些故事高度吻合於他們在社會階層中的位置。在這種社會階層的描述中，預留出來的社會主體是這些捍衛公民權益和社會主義建設者們，而以農民工為代表的弱勢群體則處在等待社會救助的位置上。央視等媒體舞臺試圖整合不同利益群體的衝突，在呈現階層區分的過程中，也為這種分化提供了合理化的解釋及規範化的制度。讓不同的主體從這面意識形態的「幻境」中不僅能夠照見「真容」（如同那面「你是世界上最美的女人」的魔鏡），而且也心安理得地接受所處的社會位置。

寫於2010年1月

第四章

「拳頭」、「誰」與「冒犯者」
──當下公民與公民社會話語的意識形態功能

一、「公民之年」和「中產之殤」

在2009年歲末各大都市媒體、雜誌的盤點中，有一個詞彙和一個人物格外引人注目，這就是「公民」和「公民韓寒」。《新週刊》把2009年書寫為「公民之年」，因為「公民維權是2009年的主題。從4萬億之爭到政府資訊公開，從鄧玉嬌事件到釣魚執法再到社區維權，無不展現公民的身影，各類維權QQ群更是遍佈網路」[1]；而《南方人物週刊》評選的年度人物是三位「推動者」，分別是揮舞「法律斧頭」的公民郝勁松、番禺業主／網友「櫻桃白」和「公共預算觀察」志願者吳君亮[2]，正是在他們的「推動」之下，上海釣魚事件「水落石出」、廣州番禺垃圾焚燒廠被緩建、政府部門預算正在逐步公開。在這些推動者中，有一位「模範公民」，這就是2008年以來因博客評論而再度聞名的80後作家、賽車手、雜誌主編韓寒。自《南都週刊》以「公民韓寒」為封面故事（2009年11月），韓寒就成為了「公

---

[1] 《年度報告・2009：公民之年》，《新週刊》2009年第313期。

[2] 此三人及其事件也多入選各大媒體網站總結的2009年「十大公民行動」。

民模範」和「公民樣板」，當選歲末多個「年度人物」、「十大公民」等，其獲獎理由也是「公民立場之美」（《新京報》）、「年度公民寫作」（《南方週末》）、「青春公民VS權力」（亞洲週刊）。不僅如此，他還被《中國新聞週刊》評選為「十年影響力人物」的文化藝術界代表，甚至《新世紀週刊》以「選韓寒當市長」為主題封面。

在「公民之年」及「公民韓寒」的背後是「公民社會」的力量。如廣州番禺業主抗議垃圾焚燒事件被描述為「番禺力量」和「公民社會曙光」[3]。「如果說，中國是2009年世界經濟的主要推動者，那麼，我們2009年的年度人物給予的是這一年中國社會的推動者」、「一個個公民微力的聚合推動，中國的崛起才有了最為紮實的根基」[4]。在「公民」這個命名周圍還經常漂浮著一些其他的能指。如《中國新聞週刊》「十年影響力特別致敬」中，提名是「納稅人」和「線民」（分別是兩個穿著西裝沒有面孔的男性），獲獎者是「納稅人」，在獲獎詞中「納稅行為催生現代公民意識：自己是國家的主人；納稅人有權要求法治，要求政府對民眾負責，要求建立公共財政制度。中國社會所取得的每一個重要進步，都與公民的納稅人意識之覺醒，有著直接或間接的關係」、「他們是納稅人，他們願承擔必要的義務，也理應享有與之匹配的權利。二者的生動呼應才是建立公民社會的前提」[5]，這種納稅人的權利和義務「重新界定國家和公民之間的關係」[6]；

---

[3]　《南方人物週刊》的標題是《番禺力量》（2010年第1期），《南風窗》的標題是《捕捉公民社會曙光》（2010年第5期）。

[4]　《推動者有力量》，《南方人物週刊》2010年1月4日第1期總第194期，第26頁。

[5]　《中國新聞週刊》2009年12月28日，第148頁。

[6]　《中國新聞週刊》2010年1月18日，第76頁。

還如「2009年的中國人終於明白，不推進公民社會建設，所謂中產不過是虛幻」[7]等。從這些敘述中，可以看出公民的多重身份：業主、志願者、線民、納稅人和中產，或許還有消費者。這些彼此重疊的能指共同拼貼出一副公民的完美形象。

　　與這種公民、公民社會的「樂觀」表述不同，在一本「財經」類雜誌中以「2010，中產之殤？」為封面主題，「2010年房價跌不跌、通脹來不來、股票漲不漲」成為在中國剛剛獲得「正名」的中產階級的軟肋和「心腹大患」，而2010年初從大洋彼岸傳來的「優貸危機」已經使得作為全球中產階級「樣板國」的美國率先遭遇「中產之殤」。在這個「金融危機」的時代，「做中產其實好難，再努力未必能變富人，可稍不留神就『中低收入』啦」[8]。無獨有偶，《中國新聞週刊》也在2010年之初策劃了《「被消失」的中產》，講述「不再中產」的故事，「中國中產階層向上流動困難，大部分向下沉淪為中下產，中產的後備軍成長堪憂，難以補充這個階層，中產階層壯大之路越走越艱難」[9]。而《南方人物週刊》也策劃了一個《80後失夢的一代》的專題，講述這些準中產階級主體「逃離北上廣，回歸體制內」的「夢想難以照進現實」的處境[10]，其「夢想」無疑指認著一個大城市當中的中產階級式的生活，但是這種「夢想」在2009年變成了「蝸居」、「蟻族」的現實，這些被堵塞的中產之路在近一兩年被具象化為「房價」之痛。諸如「誰偷走了中產的幸福」、「中產階級的沉淪」、「中產階級將倒掉」等話題也

---

7 《2009：公民之年》，《新週刊》（2009年12月15日），第74頁。

8 《錢經》（中國投資理財第一刊）2010年01號的封面故事是「2010，中產之殤？」

9 《中國新聞週刊》2010年1月18日，第30頁。

10 《80後失夢的一代》是《南方人物週刊》的封面專題，2010年2月6號總第199期。

成為金融危機下國內外中產階級的噩夢。可以說，這是一個公民獲得命名的時代，也是一個中產階級「人人自危」的時代。

　　無論是公民之年，還是中產之殤，關於公民權力和中產消失的雙重故事成為當下最引人注目的社會議題。更為重要的是，以公民／中產為視角的故事成為社會講述的基本策略和方式。如關於弱勢群體的故事被講述為中產階級及其公民階層如何幫助其維權或捐助的故事，而關於富裕階層的故事則被講述為如何像有道德感的中產階級一樣勇於承擔社會責任、做好慈善的故事。即使對於金融危機、壟斷資本的批判和反省，也被講述中產階級如何獲救以及自我拯救的故事，如2009年兩部好萊塢巨片《2012》和《阿凡達》都是以中產階級下層為主角講述他們在「自然」災難和遇挫的外星殖民中拯救家庭並拯救自我的故事，三流作家／藍領司機憑己之力換回了頻臨終結的家庭並成為登臨諾亞方舟的「上帝選民」，殘廢的前海軍陸戰員換上阿凡達的面具不僅「站」起來，而且俘獲了納美公主的愛情並成為納美人的救世主，還有比這更能撫慰災難深重的美國／全球中產階級遭受創傷的心靈嗎？還恰如兩本針對當下中國社會的暢銷書《仇富——當下中國的貧富之爭》（「中國公眾意見領袖」薛湧著）和《新帝國主義在中國》（「一個中國經濟學家的良心話」郎咸平著）[11]，分別對「新自由主義」下「右翼專制主義」和跨國壟斷公司對中國社會的盤剝進行了「尖銳」的批判，不過，這種批判的基點是維繫自由競爭的中小企業主或中產階級的利益。

---

[11]　薛湧著：《仇富——當下中國的貧富之爭》，鳳凰出版傳媒集團、江蘇文藝出版社：南京，2009年10月。郎咸平著：《新帝國主義在中國》（現代帝國主義真面目以及瘋狂的掠奪行為），東方出版社：北京，2010年1月。

也就是說，前者對壟斷集團的批判是為了維護中產階級能夠繼續參與社會競爭的資格／入場卷（如果中產階級都不能參與競爭了，這遊戲還玩的下去嗎？），而後者則引用列寧關於「帝國主義是資本主義最高階段」的老調來講述「新帝國主義」如何剝削中小生產者（專利、金融壟斷剝奪了更多人自由競爭的權利）。也許這個危機時代的悖論和荒誕在於，一種左翼話語被挪用為右翼的自我批判[12]。

不得不說的是，90年代末期和21世紀之初，關於中產階級、公民社會的討論還「猶抱琵琶半遮面」（正如2001年《新週刊》以「忽然中產」為題來描述這些新富階層），那麼經過近十年的過程，「審慎而理性」的公民／中產終於成為社會的標竿和典範。尤其是近兩年來，公民「正大光明」地出現在維權、環保、捐助等各個「耀眼」的社會舞臺之上（不僅在媒體、雜誌上成為「公民勞模」，而且也入選央視評選的年度法治人物、年度道德模範、年度十大責任公民等）。正如《新週刊》描述這是一個「公民社會到來，『人民』應該退位」[13]的時代。如果把《南方人物週刊》封面人物中的三個大頭像看成一種隱喻，那麼在這種由兩男一女組成的封面中主體置換已然發生。一種由鋼鐵工人、麥穗姑娘和持槍解放軍組成的「工農兵群像」（同樣是兩男一女）變成了這樣三個對抗體制、維護權益的公民主體（暫且不討論50-70年代是否有效地建構了一種工農兵的主體想像），這

---

[12] 正如薛湧清晰地意識到自己對吳敬璉、茅于軾、江平等人的批評，不是左派的批評，而是右派的自我批判，是站在中小資產者的角度來批判這些自由主義經濟學家與特權階層的合謀而出現的壟斷利益，如果說這些經濟學家是老右派，那麼薛湧則自認為是新右派。

[13] 《年度報告‧2009：公民之年》，《新週刊》2009年第313期。

種主體置換或轉移本身成為中國改革開放30年從「人民」蛻變為「公民」的標誌（也是依法治國、以人為本的結果）。或者說在經歷了90年代中期社會階層急劇分化的過程之後，「公民／中產」終於被建構為和諧社會的和諧主體。

這種公民及公民社會的想像成為重構當下中國社會的重要力量和合法性來源，在公民／中產顯影為社會主體的過程中，關於社會的「進步」和社會的「憂傷」都具有了清晰的中產位置，「進步」是公民社會和公民權力的進步，「憂傷」是無法維繫舒適的中產階級生活的憂傷（蝸居／房奴之痛和既要開車又要少開一天車的既現代又有環保意識的生活）。這種主體位置的凸顯也許是新世紀十年來最為重要的社會及文化現象，其所具有的意識形態功能有效地回應了90年代中期市場化改革中所出現的貧富／階級分化的現實。與90年代中期對階級話語的禁忌和拒絕不同（拒絕在於「階級」話語自身帶有原罪色彩，在80年代以來反思左翼文化尤其是作為文革意識形態「千萬不能忘記階級鬥爭」的過程中，階級話語自身攜帶著50-70年革命的色彩，所以直到新世紀之交，階級依然是話語禁忌，人們和專家選擇用中性的社會學術語「階層」來取代階級表述），社會區分和貧富分佈已經成為人們「心安理得」所接受的社會現實。在以中產／公民作為社會「中間／中堅」的想像裡，弱勢群體的存在並不可怕，也沒必要大驚小怪（相比無法實現的人人富裕和平等的烏托邦來說，人們學會說服自己接受和容忍並不如意的現實），因為中產階級相信，他們會和越來越具有慈善精神和社會責任感的富裕階層一樣會「始終不渝」地幫助弱勢群體，這一占中國人口大多數的群體也將「始終不渝」地扮演著被拯救的角色。

二、「拳頭」的故事

在這篇刊登在《南方人物週刊》「年末特刊人物」的首篇報導《番禺力量》中，有一個醒目的插圖，是一個肌肉發達而緊握的拳頭，喻指著文章標題中的「力量」。這種版畫風格似乎借鑒於「咱們工人階級有力量」的特定修辭，不過這個握緊的拳頭不再是打碎一個舊世界或者打倒美帝國主義的「人民的」鐵拳，而是一個沒有主體的拳頭，或者說是主體缺席的拳頭。但是這種缺席的主體出現文章開頭左手頁，是一副全家福式的照片，照片下面有「阿加西、郭老、巴索風雲、Kingbird」等網友的名字，這是發起並積極參與「番禺事件」的業主們，從這些網名的命名中，也可以看出這個緊握的拳頭借助於網路的積聚。這樣一個空洞的拳頭／能指，已經完成了從人民到公民的主體置換，成為「用自己的理性和行動，保衛了自己的家園」的公民社會的表徵。

《番禺力量》講述了2009年9月23日廣州市宣佈在番禺興建垃圾焚燒發電廠之後，番禺社區居民進行了和平抵制、請願和抗議的故事。一些業主在得知政府要在附近興建號稱是「絕無污染」的垃圾焚燒廠時，從網路上查詢到垃圾焚燒所帶來的空氣污染和危害，然後在社區BBS上討論此事。其中有網友建議在廣州市環衛局接待日表達自己的訴求和意見，並起草《番禺生活垃圾焚燒發電廠起訴書》，這種方式少有響應。為了讓更多業主參與到「反垃圾焚燒」的行動中來，開始由「網友」的QQ群討論延續到「志願者」在街頭發傳單和收集簽名。這種網路論壇與

「地面」宣傳相結合的動員方式，不僅獲得更多業主的參與，而且也引起了廣州當地媒體的注意（因為業主中就有記者）。在一些具有法律知識的業主的倡議下，這次維權行為援引「環保不達標」對工程建設有一票否決權的法律依據，於是向市環衛局提交業主簽名的《反對興建垃圾焚燒處理廠的意見書》，但政府反響平平。其中有兩件事提高了人們對此事的關注。一件是某些番禺業主去廣州市第一個垃圾焚燒發電廠所在地李坑村實地考察，得知這種號稱「潔淨、明亮，也沒什麼臭味」的先進垃圾處理廠事實上嚴重污染了當地村民的居住環境，並導致患癌症的人數逐年遞增，這種「前車之鑒」給番禺業主們帶來了很大「震驚」；第二是名叫「櫻桃白」的網友手拿著「反對垃圾焚燒，保護綠色廣州」的環保口號在地鐵、中心購物廣場遊走，並把此經歷發佈網上，這篇帖子迅速走紅並被網友圍觀，櫻桃白也獲得「史上最牛環保妹妹」的稱號。伴隨著番禺事件被外地媒體和網路熱議，使得番禺建垃圾焚燒廠的問題上升為「垃圾焚燒是全廣州乃至全中國的問題」，「於是，他們將抗爭目標從一開始的番禺不建垃圾焚燒廠，改成了推行垃圾分類，杜絕一切垃圾焚燒專案」[14]。後來網友還挖出垃圾焚燒廠的投資商與主管部門的裙帶關係，最終在12月初番禺區政府決定緩建此專案，待到亞運會後再重新選址，可謂「歷經三月，番禺人用自己的理性和行動，保衛了自己的家園」。這種自發維護自身權益，並迫使政府讓步的行為被認為是2009年公民社會的勝利，也被作為公民集體維權成功的典範。

---

[14] 《番禺力量》的引文，參見《南方人物週刊》2010年第1期。

從這次事件中，可以看到網路起到了重要的作用，成為發起、醞釀、提升、聚合業主力量的重要媒介，「線民，是這次事件的中堅力量，互聯網聚合了眾多民間高手，每個人的有點聚合在一起，就衍生出了更為強大的力量」。另一個重要因素就是媒體的介入，「作為華南地區新聞媒體大本營的廣州，此時充分顯示了自己媒體重鎮的實力。它們從各個角度對本次事件進行剖析，各有側重，完成了知識啟蒙與引導民意的作用」。從維護切身利益出發，到借助網路來聯絡業主，再到有理有序地在政府接訪日向有關部門申訴意見，最終番禺事件取得了階段性勝利。在這種業主、線民、志願者的身份之後，體現的是一種中產階級的理性和行動，正如一位時評人評價「番禺的業主們非常聰明，他們都是中產階級，有知識、有文化，學習能力很強，所以往往能夠群策群力，很快找到最有效的方法」、「他們有著中產階級特有的審慎與理性」。這種理性在於政府要求民眾「派代表」來商談，而番禺業主充分意識到「我們不要被代表」，而且借助網路上的「自由表達和辯論」，使得「所有的活動都是『無組織，有理性』，『沒人願意當領袖』」的自發性或志願性。不過，這種「中產階級特有的審慎與理性」的前提是他們都具有番禺地區業主身份，所謂「我的地盤，我做主」（不是「人民當家作主」，而是「業主／公民當家作主」）。也就是說，這種維權、環保的主體是在都市中擁有住房的人，這種所有權衍生出一種共同的利益共同體，正如姚姨在搜集簽名時堅持「沒有入住的我們絕對不會冒充去簽，人不在家的不簽，即使是租客也不讓簽──只有業主才能在上面簽字」，只有「業主」才有發言的資格和身份，才是這幕公民維權大戲的真正「主人翁」。

這種「業主＝網友＝公民＝媒體人＝中產階級」的「親密無間」，有著堅持的空間基礎，就是他們都居住在相鄰的商業樓盤，這些相距不足1公里的社區，「由於沒有化工廠和重工業建設，空氣清新，環境優美，廣州市區及周邊的許多白領與中產一族都喜歡在此置業」，垃圾焚燒廠損害了這些業主的利益，而這些中產階級可以把環保議題借網路和媒體力量有效地轉化為公共話題。與李坑村在沒有任何抵抗的情況下就修建垃圾焚燒廠不同，這些番禺的業主們擁有充分的知識、理性來組織反垃圾焚燒運動，從這裡也可以看出番禺業主與李坑村民的區別在於一種中產階級的身份和界限。更為重要的是李坑村因建「無污染垃圾廠」而被污染的事件通過番禺業主的「實地調查」得以曝光，李坑村是在番禺業主的目光中呈現或追溯出來的。也就是說，這種中產階級的「審慎與理性」不僅體現在維護自身權益，而且在於幫助非中產的村民。從《番禺力量》中可以看出其公民社會的前提在於中產階級主體，因為其作為社會「中堅」的想像具象為在都市空間中擁有房產，所以他們無需被代表，他們可以代表自己或代表其他階層（如不會上網的李坑村民），而「番禺反燒」之所以能成功在於「從北方遷居廣州番禺的那批中產階層，尤其是其中的媒體人」[15]，中產與媒體人之間不需要「仲介」，他們是「公共領域」的構建者。他們可以把自身關注的議題如環保轉化為一種公共話題和普遍議題，如同作為中產階級外殼的「房價」就成為當下社會關注的共同議題，對於早就被排除在商品房之外的下崗工人、農民工來說，他們根本沒有資格抱怨房價（因為他

---

[15] 笑蜀：《捕捉公民社會曙光》，《南風窗》2010年第5期第16頁。

們已經先在被市場經濟／公民社會放逐其外），也只有這些被高房價所拋棄的中產階級才尤為感受到蝸居／房奴之殼的沉重。也正是在這個意義上，《蝸居》、《蟻族》成為2009年下半年的流行文本，並引起全社會的高度關注（中產階級並非「沈默的大多數」，而是擁有話語權／媒體的人）。

而「番禺事件」之所以被作為公民社會的勝利是因為在公民社會／國家（政府）之間的衝突和博弈中，政府最終妥協了，這種妥協印證了公民社會的力量。也就是說，國家以及代表國家的政府和官方體制是公民社會的對立面。這種公民／國家相互對立的想像建立在納稅人與國家的經濟契約關係之上，這些納稅的中產階級擁有監督政府的權利和義務。在公民社會的想像中，政府最好是社會及國家的守門人，不主動干預自由市場的經濟活動，其行政權力也要以保障市場經濟環境中公民權益不被侵害為主（也就是「以人／公民為本」）。所以，「推開公共預算之門」、「口罩男質疑城區改造工程」[16]等就被作為公民行動的典範；所以，薛湧、郎咸平對權貴資本主義、壟斷特權利益的批判，也在於其損害了市場經濟下中小企業主、中產階級的利益，讓他們處在如同下崗工人、農民工等市場經濟體制的底層位置上。正如「蟻族」這些准中產階級主體被放逐到「農民工、下崗職工、農民」之後的第四大弱勢群體。正如邁克爾·摩爾在講述金融危機下美國中產階級悲慘生活的紀錄片《資本主義：一個愛情故事》中，那個幸福的與資本主義愛情的蜜月期處在二戰後和雷根總統上臺之前，分享這份甜蜜的是戰後嬰兒潮的一代，因為

16　《口罩男：一個公民的大力量》，《南方人物週刊》，2010年2月第6期。

他們在福利制度及經濟增長中成為中產階級（這種藍領工人白領化的過程，顯然與戰後歐洲重建以及70年代製造業開始轉移到東亞區域有關），而噩夢開始於雷根所實行的新自由主義經濟政策，這種政策最終導致金融危機爆發而剝奪中產階級曾經擁有的「舒適生活」跌落底層（中產階級被打回了「無產階級」的原型）。或許與美國中產階級之痛不同的是，中國的中產階級遠不是社會大多數，但是這並不影響中產階級話語成為中國社會各階層所分享的意識形態霸權，也不影響中國的「意見領袖」把站在美國中產階級立場的批判移植到中國來，而「蟻族」和「蝸居」也正是做中產而不得、做房奴而不得的故事。

三、這個「誰」是「誰」？

在《南方人物週刊》「年末特刊‧年度人物」的前言《推動者有力量》中，具體講述了「誰」是「中國社會推動者」：「他們可以是一個勇敢捍衛自身權益的普通人」（如鄧玉嬌、張海超、孫中界等）、「他們可以使一個有良知的專業人士」（幫孫中界打官司的郝勁松等）、「他們可以是一個有進取心的媒體記者」（報導「開胸檢肺」的記者等）、「他們可以是一個鍥而不捨的志願者」（「公共預算觀察」的志願者等）、「他們可以是一群理性的社區居民」（反對建垃圾焚燒廠的番禺業主等）、「他們可以是官員」（公佈財政預算的地方領導等），最後「他們更可以是你——3億多線民、6億多手機用戶以及13億中國公民。在這個『微傳播時代』，你的每一次微傳播，帶來的是微動力，而微動力的聚合，則是變革的大力量。正是由一個個公民微

動力的聚合推動，中國的崛起才有了最為紮實的根基」[17]。在這個長長的關於「推動者」的光榮榜中，不僅羅列了2009年參與公民事件的所有主體，而且對讀者／「你」發出了強有力的詢喚，不管「你」是「誰」，都可以成為「社會推動者」，都可以成為模範公民。在這種「公民」取代「人民」的普遍主義敘述，「你」真的包括「13億中國」嗎？

《南方人物週刊》從上面這些眾多的「推動者」中，只選出三個公民「吳君亮」（「公告預算觀察」）、「櫻桃白」（番禺業主）和「郝勁松」（「釣魚受害者」的代理律師）作為封面人物，內文也分別詳細介紹了這些「公民中的公民」的光榮事蹟。有趣的是，在這個以《推動者有力量》為題的年度特刊中，卻組織了四篇文章。除了《番禺力量》、《推開公共預算之門》、《郝勁松 揮舞「法律斧頭」的公民》之外，還有一篇講述張海超「開胸驗肺」的文章，但是張海超卻非常恰當地沒有出現「封面人物」中，為什麼張海超無法與吳君亮、櫻桃白、郝勁松比肩呢？這篇文章的標題已然給出了答案。與另外三篇文章的標題都是肯定句不同，《誰推動了『開胸驗肺』事件？》這篇文章使用了一個疑問句，這個「誰」究竟又是「誰」呢？相比其他三篇文章的標題中已經寫明了敘述的主體（吳君亮、番禺業主和郝勁松），這篇文章的主體與其說是「開胸驗肺」的張海超，不如說是這個「誰」。正如文中所述「是誰讓張海超不得不『開胸驗肺』，又是誰讓他成為了萬千職業病維權者的『幸運兒』、推動著『開胸驗肺』一步步成為全國焦點？」[18]這個「誰」就是使得此事件「大白於天下」的

---

[17] 《推動者有力量》的引文，參見《南方人物週刊》2010年第1期，第26-27頁。

[18] 《誰推動了「開胸驗肺」事件？》，參見《南方人物週刊》2010年第1期，第38頁。

公民們：敢於確認「職業病塵肺」的開胸醫生程哲、河南《東方今報》記者申子仲、批示者徐光春，分別對應於上面提到的「專業人士」、「媒體記者」和「官員」。在這裡，「張海超」沒有成為推動者，反而是被推動者，或者說是被推動的對象，是如中了社會彩票的「幸運兒」。在這個意義上，鄧玉嬌、孫中界也是如此的「幸運兒」。換句話說，無論是番禺事件、還是郝勁松、吳君亮，都無需被代表、被推動，因為他們的中產階級身份使其「天然」就是「推動者」，而張海超們則是需要被代表、被仲介的客體。也正是在這個意義上，張海超們無法放置在這些公民群像裡面，或者說他們只能「被公民」。既然如此，為什麼在這個公民群像中，張海超又是一個無法缺席的能指／在場呢？張海超必然在封面人物中「缺席」但又必須在內文裡「出場」，因為沒有張海超這個他者，這些作為中產階級主體的公民無法建構更為完美的自我。且看張海超們又擁有什麼樣的社會身份呢？

張海超（1981年出生）原是河南某耐磨材料有限公司的工人，「他在這個離家僅幾公里之遙的公司先後從事雜工、破碎、開壓力機等多種大量接觸粉塵的有害工種」，「辭職後的他，為了生機，還在鄭州一家汽車不銹鋼廠打工，身體不好，他只能一邊看病一邊幹活」，張海超多次去醫院檢查，查處肺部已經患上了塵肺，但是原公司與職業病防治所卻無法「確診」其職業病的身份。顯然，張海超是一名從事危險行業而沒有社會保險的農民工。鄧玉嬌（1987年出生）原本在家鄉所屬鄉鎮賓館做服務員，因不堪性騷擾而自衛殺人，鄧玉嬌案發後，網路上出現《烈女鄧玉嬌傳》、《俠女鄧玉嬌傳》、《生女當如鄧玉嬌》等，網路輿論一邊倒向受害者／殺人者鄧玉嬌，她也是一個打工妹。更

為年輕的孫中界（1991年出生）只來上海打工第三天，就因助人為樂而掉進「釣魚執法」的陷阱，成為「守株待兔」的獵物，其身份也是上海某公司司機，同樣也是一名農民工。這樣三個在2009年因媒體或網路關注而轟動全國的事件，其三位受害人都是80後、90後農民工，或者說是農民工第二代，他們在政府、媒體及律師的多方介入下，最終歸還了清白。張海超事件還推動了對職業病的鑒定和賠償，孫中界事件則掀開了「釣魚執法」的冰山，就如同2003年孫志剛事件而廢除收留制度一樣，這些個人的犧牲推動了中國社會的進步和社會制度的完善（不得不提的是，孫志剛事件的轟動效應在於其大學生畢業生的身份）。但是他們作為弱勢群體的身份（儘管在2010年兩會期間溫總理承認農民工作為工人階級主體的位置），卻無法填充那個「誰」的位置，他們只有依靠媒體人、網友等中產階級主體的仲介才能成為「幸運兒」，或者說，他們的困難、痛苦只能轉化為或感動中產階級的目光才能獲得顯影，正如李坑村民的故事一樣。在這個意義上，張海超們發揮著印證這種中產階級主體救助弱勢群體的功能。如果說在「吳君亮」、「櫻桃白」和「郝勁松」的公民主體中，審慎而理性的中產階級是其自我的鏡像，那麼張海超、鄧玉嬌、孫中界則是建構中產階級主體位置的他者，是需要被中產階級「推動」、「捐助」和「代表」的弱勢群體（此時被作為工農兵主體的「人民」已經轉化為農民工、下崗工人和農民等弱勢群體）。所以說，在這幕中產階級的鏡像結構中，他們／他者是在場的缺席，又是缺席的在場。

如果做一點追溯，「弱勢群體」和「中產階級」作為一種社會命名方式，幾乎在同一時期出現，他們在新世紀之初分別獲

得了各自所屬的身份。2002年時任總理的朱鎔基在《政府工作報告》中提出「對弱勢群體給予特殊的就業援助」[19]，把包括進城農民工在內的下崗職工、「體制外」的人和較早退休的「體制內」人員歸入「弱勢群體」。這是面對90年代中後期出現的下崗工人以及新世紀之交日益凸顯的「三農問題」的情況下，「弱勢群體」成為一種被官方和社會普遍認可的命名，這種命名把下崗工人和農民工都放置在需要被特殊援助的位置。而其間的錯位在於，與工人從國有大中型企業轉型中下崗不同（工人大面積下崗與90年代中期實行的「抓大放小」的改革策略有關，發揮就業功能的主要是中小國有企業），農民工則是90年代所開啟的以沿海為中心的世界製造業加工廠的主體，是以廉價勞動力的方式支撐中國經濟高速發展的動力。就在弱勢群體成功而有效地規訓著這些底層群體之時，一種出現在80年代末期、在90年代被作為公民社會主體的中產階級話語開始在世紀之交浮現出來[20]，如《格調》、《當代社會階層研究》等學術暢銷書開始正面討論改革開放20年來的「階層之謎」，《新週刊》2001年以來分別以《忽然中產》、《給中產一個定位》為選題，討論「向中產看齊——一個階層和它引領的生活」的話題[21]。「公民社會」／「民間社會」作為一種針對東歐社會主義內部瓦解共產黨體制的力量，在

---

[19] 朱鎔基著：《政府工作報告》，http://news.sohu.com/17/51/news148175117.shtml。

[20] 筆者僅以「中產階級」、「中產階層」、「公民社會」、「民間社會」為關鍵字在中國知網上搜索，可以清晰地看到，這些概念多出現在80年代末期（是發達資本主義的常見現象），90年代有過一些零星討論，如「公民社會」與市場經濟的關係、印度中產階級等，而這些詞彙的關注度在2000年到2002年間突然增加（也是中國領導階層交接之際），多關注中國中間階層的現狀、中產階層與社會穩定的關係等議題，直到最近形成了關於公民社會、公民權益以及中產階級責任等常見的議題。

[21] 新週刊雜誌社編：《向中產看齊——一個階層和它引領的生活》，廣東人民出版社：廣州，2004年。

冷戰後成為批判社會主義專制體制的空間，這種批判話語在90年代與市場經濟結合起來，扮演著推進市場化以瓦解專制政體的功能。這種市場經濟作為公民社會孵化器的想像與市場化的官方意識形態之間存在著衝突而又合謀的關係。「中產階級」想像來自於80年代對美國社會以及經濟奇跡下的亞洲四小龍都是中產階級社會的描述[22]，從而認為資本主義、經濟現代化和中產階級社會之間存在著密切關係。中產階級為主體的社會被賦予雙重想像，一方面是以中產階級為主體的紡錘型社會成為社會結構穩定及合理化的象徵（如美國等歐美發達資本主義國家），另一方面這種中產階級主體的理性社會與民主化訴求存在著或多或少的聯繫（如70年代末期拉美軍人政權倒臺出現第三波民主化浪潮，以及80年代中後期韓國、臺灣等東亞國家的民主化進程，在這些反對威權政體尤其是軍人政體的過程中，借著經濟高速發展而催生的中產階級成為民主化的主力軍），也就是說，中產階級具有保守和激進的雙重特徵和兩面性（既軟弱、溫順、審慎而理性，又容易被動員成為激烈變革的主體）。

---

[22] 在80年代末期出現了兩篇討論中產階級的文章，一篇是《中產階級：西方民主化的推進力量》（劉德斌，發表在《探索與爭鳴》，1988年4月）指出「資產階級的統治之所以能夠建立在一個比較穩定的基礎之上，並消除了無產階級暴力革命的可能性，就在於他們的統治是建立在這樣一種社會結構上：工業革命時期純粹意義上的產業無產階級隊伍已經不復存在了，社會的半數成員都是具有相當文化水準和物質財產，政治上和經濟上具有獨立地位和意識的公民。他們既是阻止壟斷資產階級建立獨裁統治的社會力量，也是消除無產階級暴力革命的主要因素」；另一篇是《中產階級與當代資本主義》（這篇文章作者王志平分別發表在1989年11月《社會科學》和1990年2月《科學社會主義》上），指出科技迅速進步和中產階級興起是當代發達資本主義國家的基本特徵，中產階級的出現與資本社會化和福利國家有著密切關係，而中產階級的功能在於「已經或正在對發達國家如何解決由於發展不平衡規律及其引起的重新劃分世界的鬥爭提供了更多的選擇餘地和新的形式」、「一個足夠強大的中產階級的存在，對於壟斷統治的國內國際政策不會沒有這樣或那樣的牽制和影響」。

這種市場經濟、公民社會與中產階級的討論成為新世紀以來重要的社會話題，尤其是2002年新領導人上臺以來，在和諧社會、科學發展觀等一系列意識形態調整中，保障公民權利、救助弱勢群體、慈善、捐助、志願者等議題逐漸成為中產階級與官方意識形態高度共用的空間。關於公民社會的功能也基本上限定在兩個向度上，一個是維護公民權利（「維權」也是近幾年的社會話題），二是在環保、慈善中發揮中產階級社會責任感。這樣兩個維度正好對應著公民／中產階級的權利與責任，也代表著公民身份討論的自由主義傳統（強調國家及政府不能侵害公民個人權利，是一種消極公民）和共和主義傳統（強調公民的公共責任和奉獻，是一種積極公民）[23]。正是這種中產階級話語使得弱勢群體的問題被轉移為如何救助和幫助弱勢群體的問題，而不再追問為什麼會成為弱勢群體的問題。在這種清晰的社會身份及區隔中，弱勢群體必須借助中產階級的目光才能變成公共議題，從而顯影在法治、媒體（網路、電視等）等公共空間中。

四、公民韓寒＝冒犯者＝意見領袖＝模範公民＝反體制者

2009年歲末，許多報紙雜誌選擇把韓寒作為專題主角和年度人物。如《南都週刊》以「公民韓寒」為封面故事（2009年11月2日）；《南方人物週刊》「2009中國魅力榜・民間」認為韓寒是「天性之魅」（2009年12月29日）；《新世紀週刊》

---

[23] [英]德里克・希特著：《何謂公民身份》，吉林出版社集團有限責任公司：長春，2007年。

「2009年度人物」是「選韓寒當市長」（2009年12月21期）；
《新週刊》「2009大盤點十大公民」是《韓寒：我只是一個
公民》；《南方週末》「年度人物」首位也是「韓寒者，冒犯
也」，並且也榮登「年度公民寫作」；《Vista看天下》年度特
別策劃「2009世說新語中國人民有話說」韓寒說「我只好跟整
個社會玩」（2009年12月28日）；《中國新聞週刊》「十年影
響力人物·文化藝術」韓寒說「關注社會，是一個作者生來必須
的職責」；《亞洲週刊》「2009年度風雲人物」是韓寒「青春
公民VS權力」（2009年12月29日）；《新京報》評選「2009
中國最美50人」第四位是韓寒「公民立場之美」（2009年12月
31日）[24]；《經濟觀察報》「年終策劃」是「韓寒：少年得志」
（2009年12月31日）；在「寫給2010年為了一個美好的世界」
的祝福是「公民韓寒們的崛起」（2010年1月1日）[25]；韓寒是
「2009年最in的文化人」[26]和「十大公民之首」[27]等等。可以
說，韓寒已經不僅僅是一個80後作家（其創作再也沒有引起如
處女作《三重門》式的反響），而且是當下博客點擊量最大的博
主和公共意見的領袖。也許沒有一個人物能像韓寒這樣成為「公
民」的典範，具有如此清醒的自我定位和指認。

在韓寒「跟整個社會玩」之前，還有其他幾件引人注目的事
件。2006年有「韓白之爭」，韓寒對文學評論家白燁關於80後

---

[24] 前三位是範冰冰、孫紅雷、李宇春，而且50人中韓寒也是唯一一位非演藝界人士。

[25] 《寫給我們的2010年：祝福你，為了一個美好的世界》，新京報，2010年1月1日，
http://opinion.nfdaily.cn/content/2010-01/01/content_7734765.htm。

[26] 北京晨報，2009年12月29日，http://news.xinmin.cn/rollnews/2009/12/29/3188995.
html。

[27] 《盤點2009》，合肥線上-合肥晚報，2009年12月31日，http://www.hf365.com/
html/01/03/20091231/291818.htm。

作家的評價不滿（白燁認為「從文學的角度來看，『80後』寫作從整體上說還不是文學寫作，充其量只能算是文學的『票友』寫作」），韓寒認為「文壇是個屁，誰都別裝逼」；2007年有多位80後作家申請加入中國作協，「韓寒接受採訪時稱，作協的存在是可笑的；中國這幫二奶作家，作協是二奶協會」、「我的立場一如既往，我絕不加入作協，打死我也不幹。我認為，真正的藝術家應該永遠獨立，絕不能被組織左右」[28]；2008年韓寒在與陳丹青的電視節目中炮轟多位文學大師（「稱老舍、茅盾、巴金等人的『文筆很差』，『冰心的完全沒法看』」）；不久韓寒又與河南作協副主席打嘴仗，認為體制內作家只會寫官樣文章，「作協要解散」[29]。這些與文學有關的爭吵雖然沒有連續性，但韓寒的姿態和立場是一致性，就是對代表文學體制的評論家、經典作家以及作協制度表示不滿，因為在他看來，「真正的藝術家應該永遠獨立，絕不能被組織左右」。在這裡，「組織」有著清晰地指認，就是社會主義文學制度、生活在組織裡面的作家只能是官方及政治的傳聲筒。這種「批判」似乎很張狂，但又是如此老舊。在90年代末期以韓東、朱文為主的60後作家曾經發起「斷裂」的調查問卷，表達了與經典作家和作協制度的「斷裂」，而90年代中期另一位早逝的作家王小波也曾經用犀利的雜文書寫過50-70年代的荒誕故事以及要做「特立獨行的豬」（其也被認為是成功地體制外的自由撰稿人），再往前80年末期的王朔在文學內／外嘲諷過這些無效的革命話語（並且是第一位擁有

---

[28] 《韓寒堅決不入作協：作協一直可笑的存在》，南方週末，2007年11月8日。

[29] 《韓寒與河南作協副主席打我們的2010年：祝福你，為了一個美好的世界 稱應解散作協》，東方網，2008年9月23日，http://news.sina.com.cn/s/2008-09-23/095416339850.shtml。

市場的作家），再往前在七八十年代之交，對政治文學以及「政治第一，藝術第二」的創作原則無疑進行了最為徹底的批判。從這個角度來說，韓寒對於文學脫離「組織」的理解並不新鮮，可以說是80年代以來關於文學的主流看法。有趣的是，這種改革開放以來早已成為主流的文學觀念（或者稱為純文學，或者稱為去政治化的文學）卻要不斷地通過對已經「名存實亡」的舊體制的批判來確認自身的合法性，以至於那個被反覆嘲諷的社會主義體制仿佛還依然影響和主宰著當下文學的生產[30]。

從2006年開始，韓寒已經不滿足於只對文壇發言（或許早已被市場邊緣化的文學畢竟是個小舞臺），開始通過博客對各類社會事件發表不同於「官方說法」的評論和質疑。正如一位網友在《2009十大公民》中如此總結韓寒：「從2006年開博以來，韓寒的公眾形象就不再僅是一名作者或賽車手。對於各種社會熱點事件，他的眼睛、大腦和嘴巴從未缺席。他的『叛逆』變得更加無處不在，時刻有話要說，對任何事都要『指手畫腳』。今年，韓寒對北川政府採購、公務員嫖娼、綠壩、真假70碼胡斌、油價上漲、上海樓塌塌、2億元換路牌、被盼世博、荊州撈屍、閔行釣魚等事件一個不漏地發出聲音，每篇博文都引起巨大關注和爭議。其博客也贏得了近3億的國內最高點擊量，成為個人獨立媒介，反覆傳導一種『是這樣嗎?!』的公民腔調。有

---

[30] 正如在金融危機的背景中，2008年出現「國進民退」的現象，對此一些私營企業主和堅持市場經濟的經濟學家認為國有應該推出競爭領域，似乎如今已經成壟斷資本代表的國有企業還像國有企業改革前一樣是「人浮於事、吃大鍋飯」的單位制。在批判國有企業背後「看得見的行政之手」的同時，為什麼不批判那只「擁有資本力量」的「無形之手」呢？因此，在「國進民退」與其說是計劃經濟的復辟，不如說當下中國正好處在自由競爭走向壟斷生產的轉型之中。

媒體稱其為『公共知識份子』，甚至『下一個魯迅』，他卻坦言：我只是公民韓寒。」[31]韓寒由一個80後作家變成了名副其實的「意見領袖」和「魯迅第二」[32]，正如《南方週末》請另一位知名體育／文化評論家李承鵬（同樣是對「體制」懷有深刻批判意識的媒體人，把中國足球的最大內幕指向「舉國體制」）所寫的評價是「韓寒者，冒犯也」。這種冒犯在於應邀參加「世博論壇暨第四屆嘉定汽車論壇」，卻發表「城市讓生活更糟糕」（戲仿世博會的宣傳語「城市讓生活更美好」）的演講。《新世紀週刊》「選韓寒當市長」的專題如此描述「韓寒的體制外十年」：「10年前他退學了，成千上萬當時的成年人等著看他天才泯然眾人的笑話。10年後，成千上萬的成年人說他是公共知識份子、社會良心，還有人說要選他當市長」[33]。這種體制外的身份以及對體制／官方說法的不屑和批判成為韓式語錄的基本策略。為什麼韓寒這個80後的代表與體制存在著如此大的裂隙呢？或者說，80後與這種反體制／反官方的主體位置之間存在著什麼關係呢（正如在《80後失夢的一代》中要把「回歸體制內」作為80後「失夢」的標誌）？這種反體制／反官方的主體位置為什麼也是公民／中產階級的主體結構呢？

這種對體制的批判，某種程度上來自於韓寒的成長經歷，從1999年參加新概念大賽成名開始，到從高中退學，再到靠出版養活自己，再到成為職業賽車手等。可以說，韓寒不依靠學校、家庭而「獨立自主」被認為是一種非體制和體制外的成功。這種

---

[31] 《2009十大公民》，http://tieba.baidu.com/f?kz=690802993。

[32] 《韓寒：當代魯迅？》，http://news.sohu.com/s2009/hanhan/。

[33] 《新世紀週刊》封面故事「2009年度人物，選韓寒當市長」，2009年第36期，第26頁。

對學校／家庭體制的不屑與其說來自於青春期的反叛，不如說來自於新概念大賽、文學市場所標識的成功之路。相對於被體制養活的作家，韓寒可以自豪地如王朔、王小波一樣宣稱自己是靠文學市場獲得「獨立」的作家（那些社會主義作家及其作協作家都是「吃軟飯」的），仿佛市場經濟下的文學生產就是一條逃離體制的自由之路。但是這依然無法解釋如韓寒一樣的80後顯然沒有親身體驗過那種他所批判的文學體制，又為何對後者始終耿耿於懷呢？這與80年代以來對於「體制＝保守＝懶惰＝守舊＝不思進取」的修辭有關，也就是說反體制是改革開放以來為了印證改革合法性而建構的關於50-70年代的定型化想像。從另一個角度來看，作為改革開放之後出生的80後依然可以在相對滯後的中小學教育中感受到一些50-70年代殘存的意識形態符號（如少先隊、紅領巾、學雷鋒等儀式以及《做共產主義接班人》、《社會主義好》等革命歌曲），這種僵化的道德說教為80後建構了一份關於體制、官方意識形態的經驗，而這種經驗／經歷恰好起到反身建構一種反體制／反官方的主體結構的作用。正如韓寒在《這一代人》的博文中寫到「而所謂的不關心政治，其實也是無稽之談。在當今的環境下，政治還不是可以用來關心的。以前那批人，只是情不自禁被政治關心了，而他們所扮演的只是政治潮流的小嘍囉和被害者，被害不能成為一種談資，就好比被強姦其實不能算在自己的性愛經歷裡一樣。政治可以關心的時代暫時還沒有到來」、「但是，我們其實可以很高興的發現，大群體素質的提高正是從這一代開始，從最基本的不亂扔垃圾，不隨地吐痰，不插隊，都是從文革後接受教育的那批人開始慢慢培養成。很多社會陋習和低素質表現，恰恰也是老一輩的光

榮傳統。」[34]也就是說，在韓寒的記憶中，這種「政治潮流的小嘍嘍和被害者」以及文革前及文革中所接受的教育基本上是沒有「素質」，這種關於50-70年代的負面經驗與這種反體制／反官方的主體位置有著密切關係。

其實，如果把這種對僵硬體制的嬉笑怒罵再往前追溯，反體制、藐視權威正好也是毛澤東所提倡的孫悟空式的造反派／紅衛兵的基本特徵（如果簡單地把文革發動的動因之一看成是對以蘇聯為代表的官僚新階級的批判的話）。在這個意義上，反體制／反官方的韓寒也並不外在於50-70年代的精神傳統，可謂優秀的「共產主義接班人」。只是紅衛兵式的對於體制的批判在七八十年代之交發生了一次有趣的倒置。在這種撥亂反正、重建秩序的轉折時期，社會主義體制被作為僵化、落後、束縛的代表，這種體制在政治上表現為共產黨一黨執政的國家、在經濟上表現為計劃經濟體制、在社會領域呈現為「單位制」——城市是國有大中型企業、農村則是人民公社制度，對這種體制的批判（借助七八十年代之交的修辭是把50-70年代重新指認為封建專制或封建法西斯主義的復辟）就成為論述改革開放合法性的基本來源。在這個意義上，這種反體制／反官方的主體位置離改革開放的「官方說法」並沒有想像的那麼遙遠。

五、「我們」與「官方說法」的合謀

這些關於公民的自我敘述中，「我們」作為一種主體身份被

---

[34]　韓寒：《這一代人》，2008年2月5日，http://blog.sina.com.cn/s/blog_4701280b01008eh7.html。

呈現出來。在這期《南方人物週刊》的「新年獻辭」中清晰地訴說著「我們」是一群什麼樣的人？

「這未知的世紀，我們曾引頸翹望，懷著多少夢想，多少期望！這神奇的世紀，這復興的世紀，我們在它的快車道上疾馳，發出巨大的轟鳴。」[35] 在這個「復興的世紀」中「我們曾經和世界老死不相往來，現在我們與它朝夕交接，不可分割；我們曾經安於貧窮，安於停滯，如今我們為復興奮鬥，不舍晝夜」。這種「曾經」與「如今」的時間跨越就是從「閉關鎖國」的毛時代到「與世界接軌」的全球化時代（暫且不討論這種「世界」想像指的是第一世界、發達資本主義世界，而50-70年代所出現的與亞非拉第三世界的「朝夕交接，不可分割」顯然不屬於這種「世界」想像），以前30年為鏡而他者來確認後30年合法性的敘述出現在七八十年代之交（改革開放的開啟就建立在對50-70年代的重新反思和定位之上）。不過，這種改革時代的官方意識形態書寫也成為這些中產階級主體的自我敘述，原因在於這種公民社會的主體位置也是建立在對共產黨體制的他者化之上，也正是在這個意義上，公民恰好與改革開放時代的意識形態表述是吻合的，或者說這種反官方／反體制的主體位置是被改革時代的意識形態所內在詢喚的。不過，這些近幾年來浮現出來的「大國崛起」和「復興之路」的官方敘述也被「我們」這些反官方／反體制的中產階級主體所共同分享。

然後，「我們」創造了「更多的財富，更多的摩天樓，未必保證我們登上時代的金字塔尖。如果沒有平等和公正作為底座，沒有科學與理性去引導，它們就僅僅是一些數字，一推漂亮的鋼

---

[1]　《新年獻辭》的引文，參見《南方人物週刊》2010年第1期，第26-27頁。

筋水泥」。所以，在實現經濟的復興同時，「我們」的職責就是保護「蔚藍的天空」：「如果消費是我們的引擎，如果汽車是我們的翅膀，如果大都會是我們的樂園，至少我們要將大地尊為母親，惟有在她懷裡，我們才能永存」、「我們不會放棄我們對於正義的信念，我們不會畏懼我們與邪惡的對壘，我們不會忘記我們對於弱者的同情，我們不會推卸我們對於世界的責任」。顯然，「我們」是生活在消費、汽車、大都會中並且具有環保、救助弱者等道德品質的中產階級。有趣的是，這篇新年獻辭發表於2010年一月份，卻已然預言了三月份兩會期間才公佈的政府工作報告的論述基調，正如溫總理所說「我們國家的發展不僅是要搞好經濟建設，而且要推進社會的公平正義，促進人的全面和自由的發展，這三者不可偏廢。……勿庸諱言，我們現在的社會還存在許多不公平現象，收入分配不公、司法不公，這些都應該引起我們的重視。我曾經講過，一個正確的經濟學同高尚的倫理學是不可分離的。也就是說，我們的經濟工作和社會發展都要更多地關注窮人，關注弱勢群體，因為他們在我們的社會中還占大多數」[36]。無論是堅固「經濟建設」和「社會的公平正義」，還是關乎「社會不公」和「救助弱勢群體」，可以說與公民社會的基本理念相差無幾，這似乎再一次印證了當下的官方說法與中產階級主體之間是如此「和諧」和「心心相惜」，儘管這些公民／中產階級總是以反官方／反體制的面孔出現。

寫於2010年4月

---

[36] 《溫家寶總理答中外記者問》，http://finance.qq.com/a/20100314/000751.htm。

第五章

房產之痛、市場隱喻與國家的位置

2007年雖然爆發金融危機，但中國經濟依然保持強勁增長的勢頭。這種現狀使得在2003年先後出現的「北京共識」及其「中國模式」的討論方興未艾、愈演愈烈，暫且不討論「中國模式」是否存在以及中國是否已然崛起，一個基本的事實是，這種建立在經濟自由主義和國家威權主義之上的現代化之路，「使得新馬克思主義的依附理論和自由主義理論都陷入困境」[1]。與「亞洲四小龍」所標識的經濟發展與政治民主化進程不同的是，中國經濟的高速發展不僅沒有走向政治民主化，反而成為執政合法性的重要來源。不容否認的是，90年代以來所開啟的更為激進化的市場化改革得益於黨／政府／國家的積極干預[2]。與「金磚四國」相比，中國政府擁有巨大的社會動員及宏觀調控能力[3]。

---

[3]　正如義大利學者亞伯特·馬蒂內利在《全球現代化——重思現代性事業》一書中所接著指出的「前者認為居支配地位的中心國家與欠發達的邊緣國家之間的差距會越來越大，後者支持經濟增長與政治民主之間相互強化的觀點」，商務印書館：北京，第3頁。

[4]　這一過程也被汪暉描述為一種政黨去政治化的體現之一，就是政黨的國家化。參見汪暉：《去政治化的政治——短20世紀的終結與90年代》。

[5]　這種延續了社會主義政治體制的優勢在於「集中力量辦大事」，但其缺點和脆弱性在於這種「剛性」制度缺乏柔韌和彈性，如社會學家孫立平所指出的90年代以後尤其是近幾年來中國在「維持社會穩定」的偏執訴求中，反而使得社會抗壓能力在減弱。參見孫立平：《重建社會——轉型社會的秩序再造》，社會科學文獻出版社：北京，2009年。

對此，中國政府如何在經濟發展中充當某種超越特定階級的「中性政府」的角色[4]，以維繫特權利益階層與「人民大眾」這一政治／經濟「蹺蹺板」的平衡，成為關乎中國未來發展的關鍵因素。近幾年來，山西煤改、重慶打黑、足壇反賭、房產調控等不同領域發生的重要事件，引起了對「國進民退」、「法治／人治」、「職業化足球與舉國體制」和「政府該不該干預房地產」的爭論，本章就以這些事件為例來討論國家／政府在市場經濟活動中的多重角色和位置。

一、「房產之痛」與「市場經濟」的雙重想像

對於依然處在產業調整、世界經濟形勢不確定的當下中國來說，「房產之痛」已經成為近七八年來格外引人注目的經濟、社會問題。關於如何調控房價避免房地產泡沫早不是新鮮話題，2003年新政府一上臺就開始實行房地產宏觀調控，2005年政府工作報告第一次提出「抑制房地產價格的過快上漲」，2006年以來每次兩會討論的熱點話題都是「房價關乎民生」，可是房價

---

[4] 中國經濟學家姚洋近幾年來把當下中國經濟發展的成功歸結為一種超越了特定利益集團的「中性政府」，參見姚洋：《中性政府與社會平等是中國經濟增長的原因》（《中國經濟》2009年1月）、《中國經濟成就的根源與前景》（《文化縱橫》2010年第二期）等文章。對於「中性政府」，汪暉提出了更為歷史化的解釋，認為「所謂中性化的政府產生於現代革命和社會主義歷史，其政治前提並不是中性化或中立化的。中國的社會主義實踐致力於締造一個代表大多數和絕大多數人民的普遍利益的國家，國家或政府與特殊利益的紐帶的斷裂是以此為前提的。」（《中國崛起的經驗及其面臨的挑戰》，《文化縱橫》2010年第二期），但汪暉也強調在當下經濟轉型中，「國家需要建設一個中立的，甚至更多傾向勞動和大眾的調解機制。國家只有依託強大的社會力量，才能抗衡資本的力量，在不同社會領域之間達成平衡。」（《國家需扮演中立的調解者角色》，《二十一世紀經濟報導》，2010年9月11日）

不僅沒有趨於平穩，反而大幅度增長。2010年兩會及政府工作報告中更是把「抑制房地產價格過快增長」作為關乎國計民生的大事，自四月中期國務院陸續推出「國四條」、「國十條」以及央行上調存款準備金率等一系列以抑制投機炒房為主的調控樓市政策，房價才略顯剎車之勢，2010年也被認為樓市調控年。

就在「國十條」公佈四天後，作為地產業者的任志強在其博客中發表「萬言書」《這只是個開始》，從這份抑制房產投機的「10號文件」中嗅出了大問題，他把這種削弱房地產投資屬性的做法看作是對1998年取消福利分房、住房市場化（23號文件）和2003年確立房地產是國民經濟支柱產業（18號文件）的背叛和否定，是「市場經濟向計劃經濟倒退的開始」[5]。與主張市場自由的新自由主義不同，任志強並不反對政府干預，只是政府之手應該干預房地產市場之外的保障性住房建設，而不應該限制投資／投機性購房。早在2004年任志強就提出「地產商蓋房給富人，窮人住房主要靠政府」。這種「地產商蓋房給富人，窮人住房主要靠政府」、「住房分富人區、窮人區很正常」的言論雖然直白，卻相當吻合新世紀以來房地產市場的發展趨勢。任志強說出了房地產市場化的「秘密」，飛漲的房價就如同一場不斷有人被甩出去的馬拉松比賽[6]。可是，這種人數越來越少的比賽能夠

---

[5]　任志強：《這只是個開始──我對國發【2010】10號文件的解讀》，http://blog.sina.com.cn/s/blog_4679d3510100imps.html。

[6]　「馬拉松比賽」是孫立平借用法國社會學家圖海納對法國社會結構的描述，馬拉松式的社會結構與金字塔式的等級結構不同，人們在金字塔中雖然佔有不同的社會／空間位置，但始終處於同一結構之中，而馬拉松的遊戲規則是不斷地使人掉隊，「即被甩到了社會結構之外」，剩下那些堅持跑下去的就是被吸納進國際經濟秩序中的就業者，在這個意義上，參與遊戲的與被淘汰的處於結構性的「斷裂」之中，這顯然是全球化及新自由主義背景下出現的遊戲機制。孫立平提出的斷裂社會，也是認為中國也處在這種馬拉松比賽之中。用馬拉松這一時間性的比

持久嗎？只剩下富人遊戲的房地產，誰將最終為高昂的房價買單呢？倘若如此，美國還不起貸款的中產階級又怎麼會拖垮金融資本的鏈條呢？

任志強在講述富人與窮人故事的同時，還講述了另外一個與馬拉松比賽不同的故事，這就是中國的房地產還處在供不應求的階段，並且短期內很難改變這種現狀。原因在於中國的城市化之路還很漫長，人們對於城市／市場中的房子的需求擁有巨大的渴望，這種城市化的慾望會使越來越多的人參與到房地產的馬拉松之中。也就是說，與美日等遭遇過房地產泡沫破裂的發達國家不同，中國擁有「落後」優勢就是有大量未被市場化／城市化的群體（如果8億農民都能城市化，這將是多麼巨大的「水源」），如同在金融危機情況下，中國還未被資本墾殖的鄉土空間成為填補出口空缺的「希望的空間」。這種發展不均衡的地緣「優勢」為房地產提供了源源不斷地新鮮血液，仿佛房地產市場會如永動機般吸收著全社會的慾望與財富。正是這種城市化／現代化／市場化的大趨勢，可以假設有源源不斷的後備軍「有幸」加入馬拉松比賽。於是，任志強對國十條中提高購房門檻和限制表達了最大不滿，認為是戶籍歧視，阻斷了人們的「城市化之夢」，而對高房價所帶來的資本「門檻」卻從來都不認為是一種阻隔和歧視，只因在房地產市場中富人與窮人的區分是「正常」的。

喻來替換金字塔這一空間結構的修辭來描述中國當下社會，似乎能夠解釋一部分中國社會的事實。比如失業，固然意味著被排斥到遊戲之外，但並非處於社會結構之外，因為這種不斷被淘汰的機制本身就是遊戲運行的保障，或者說是遊戲的一部分，在這個意義上，與其說失業者無法繼續參與到社會結構之中，不如說失業者以「下崗」的方式實現了這種結構的運行。

在這裡，關於房地產市場存在著雙重想像，一種是伴隨著房價上漲，會使越來越多的中低收入群體「望房興歎」，另一方面在房子成為這個時代最大的利潤機器和「會下蛋的公雞」的時候，會對整個社會施展吸金大法，不僅中產階級、高收入群體、私營資本、國有資本都會飛蛾撲火，而且尚未進入市場經濟的人們也會為房子這個都市慾望燃起乾柴烈火。這種房地產市場中富人與窮人的零和遊戲論恰好需要一種關於市場之外的空間，需要一種市場化／城市化的慾望作為把整個社會都綁縛在房地產的戰車之上的動力。房地產市場的排斥機制和吸金大法是同時存在的，這就是房子在不斷地「羽化」為資本增值工具的過程中所發揮的排斥和吸金的雙重功能。如果把房地產市場作為市場經濟或市場的隱喻，那麼支撐市場經濟的恰好是完全相反的兩個過程，一個是排斥或區隔功能（城市「進不來」），一個是吸金、吸人的擴張過程（鄉村「回不去」）。如果把市場比喻為馬拉松比賽，那麼不斷有人群被甩出去和不斷需要資金來充血是同時進行的兩個過程，否則比賽就會枯竭而死。可以說這是資本主義馬拉松的基本特徵，前者是貧富兩極分化，後者是需要不斷地開疆擴土、尋找未開墾的處女地。正如殖民地在資本主義體系中所充當的功能在於，一方面殖民地是區隔和放逐之地，另一方面殖民地又是原料產地和勞動力來源。還比如中國的農民工也處在這種被區隔但同時又為市場經濟充當廉價勞動力的位置上，也就是說，農民工無疑參與了馬拉松比賽，但同時又是馬拉松比賽中最先被甩出去的人群，他們根本無法成為都市空間中的消費主體。而當下的中產階級也處在這樣一個位置上，一方面中產階級本來是市場經濟／馬拉松比賽的主體，

另一方面又成為被高房價放逐、區隔在都市邊緣的「蝸居」和「蟻族」們。

從這裡可以看出，這種尚未完成的都市化慾望所發揮的意識形態功能在於保證房地產作為稀缺資源的增值價值，而關於房地產區分富人與窮人的說法則充當著說服那些從馬拉松比賽中淘汰出局和無法加入馬拉松比賽的人們接受這個「合理的」現實的意識形態功能。可是，就連中產階級都處在「想做房奴而不得的時代」，又何況那些早就被排斥在市場經濟消費者行列之外的其他弱勢群體能夠加入馬拉松比賽呢？從這個角度來說，「買不起房的普通老百姓」有著清晰的中產階級主體的身份，而政府新近出臺的房產政策，與其說是要取消馬拉松比賽走「計劃經濟政府控制一切的回頭路」，不如說這些抑制房價的政策恰好是為了使馬拉松比賽能持續下去，使更多的新鮮血液（脆弱的中產階級）可以成為比賽的選手（與「想做房奴而不得的時代」相比，「暫時做穩了房奴的時代」依然是一個好時代），而不是回到房改前的「排排坐，分果果」（暫且不討論即使房改前的福利制度依然不包括城市之外的農民）。在這個意義上，政府干預與其說是「罪惡之源」，不如說更是市場經濟及其作為市場經濟主體的中產階級的「救世主」。有趣的是，為什麼任志強要使用計畫／市場的修辭來批評房產新政呢？如果暫時離開房地產領域，可以說任志強的說法並非沒有「同路人」，在最近發生山西煤改、重慶打黑和足壇反賭等重大事件中也可以看到這種建立在計畫／市場、國有／民營、人治／法治、體制／職業化等二元對立之上的爭論。

二、國有／民營、人治／法治、體制／職業化的二元爭論

　　許多人指出此次房產新政的標誌意義和「分水嶺」[7]，這種對投機性住房的打擊與其說改變了房地產的市場／投資的屬性，不如說是為了讓更多的老百姓或中產階級能夠參與房地產市場的馬拉松賽場。這種關於國家應該不應該干預市場以及以什麼方式干預市場經濟的爭論並非局限在房地產領域，也是2009年發生的山西煤改、重慶打黑和足壇反賭等一系列重大社會、經濟事件論辯的焦點。

　　山西煤改並非突然始自2009年，可以說自2004年山西省政府就嘗試推動關閉中小煤窯的改革。隨著新世紀以來煤炭市場的復甦，與之相伴隨的礦難成為山西煤礦經濟的頑症。與礦難同時出現的兩類形象是：揮金如土、一擲千金的煤老闆和失去人身自由、被囚禁的「黑奴隸」，前者是暴富階層與奢侈消費，後者則是命如紙薄的礦工和黑窯工，這也是在煤礦「馬拉松」中被清晰劃定的貧富分化的極端代表。在這種礦難停產和主管官員被問責下臺的背景下（2005年至今山西換了四任省長），2006年山西省煤改的方向由產權有償出讓逐步轉變為「關小、並大、集團化」的方針（類似於國有企業改革中的「抓大放小」），2009年的煤改也延續了這種方向，制定了年產300萬噸以下的煤礦都

---

[7]　任志強是「從市場經濟向計劃經濟的倒退的開始」；竇含章是「這對於老百姓來說是一個福音，對於開發商來說，則意味著由高潮走向謝幕的序曲」；財經評論人葉檀認為「房地產市場分水嶺已經到來」。

要被強制併購的重組方案。2009年除了山西煤改，在其他領域如鋼鐵、航空等行業出現了國有資本對民營資本的收購和兼併，經濟學界多把這種現象解讀為一種「國進民退」的標誌，這種指責可謂和任志強把房產新政看成是計劃經濟的倒退如出一轍，只是計畫／市場換成來國有／民營的修辭。就在煤改即將塵埃落定之際，2010年3月份發生的山西王家嶺煤礦重大透水事件，無疑打破了國有大型煤礦更能避免礦難的神話。從這裡可以看出，如果把2005年煤礦產權改革看成是私有化、市場化的改革之路，把2009年強制重組並購看成是國有化的，那麼兩者都沒能使礦難銷聲匿跡。或許問題不在於資本究竟是「國有」還是「民有」，只要煤炭在中國經濟高速發展中佔據重要的能源位置，就會成為資本追逐的對象，這才是為了縮短工期早日投產的王家嶺礦難發生的重要原因。在這一點上，資本的邏輯不僅適用於民營企業，也適用於市場經濟下的國有企業。國有與民企之間的爭論，與其說是政府／民間、國有體制／私營經濟、國家／資本之間的衝突，不如說更是大資本與中小資本之間的衝突。正如2009年夏天發生的吉林通鋼事件就是民營企業兼併國有企業，而山西煤改也有民營企業成為兼併重組的主體。從這個角度來說，山西煤改是以政府主導的方式完成煤炭產業的資本壟斷化，「國進民退」並非國家對資本的壓制，而且一種國家與資本的合謀和一體化，或者說從自由競爭走向壟斷階段的一種標誌。

與「山西煤改」所引起的「國進民退」的爭論不同，圍繞著2009年6月份出現的重慶打黑事件出現了人治／法治的爭論。自2009年6月份重慶市開展「打黑除惡」專項鬥爭，在短短兩個多月的時間裡，不僅使得涉黑的多名億萬富翁被逮捕，而且為其

提供保護傘的司法局長等司法、員警系統的多名高官也紛紛落馬。對於此次由重慶市政府強力主持下的打黑風暴，有質疑者認為這種運動式的專項鬥爭不符合現代法律／法治的程式，就如同任志強在計畫／市場的修辭中把房地產調控指認為計劃經濟的倒退一樣，有些法律界人士在嚴打／法制的二元對立中也把重慶打黑看成是人治的回歸，是對「悖理現代法治精神的1980年代的嚴打」的回歸[8]。尤其是2009年底圍繞著「李莊造假案」而展開的法律程式、媒體審判與司法正義之間關係的爭論。從重慶打黑的規模和力度中，也很容易指認出如果沒有新任主政者的強力支持，這種剷除地方大員與黑惡勢力的行為恐怕很難會如此雷厲風行。從重慶打黑中可以看出政府或者說行政所充當的雙重功能，一個是力挽狂瀾、恢復秩序的重慶主政者，一個是與黑社會勾結、欺行霸市的官員保護傘，相似的問題在足壇反賭中也存在。

2009年下半年中國足壇掀起打假反賭運動，公安機關強力介入調查中國足球聯賽中的假球、賭球事件，截止目前，中國前兩任足協副主席都被逮捕，給陷入低谷的中國足壇帶來釜底抽薪的震盪。中國足球在體育專案中是最早引進職業化／市場化機制的先行者，從1994年開始職業化改革，這種模仿國外的聯賽制度也被認為是提升中國足球競技水準的不二法門，但事與願違，足球職業聯賽並沒有使中國足球變成世界或亞洲強隊，反而假球、黑哨等不和諧事件時常發生。人們反思足球改革之時，依然把舉國體制變成罪惡之源[9]。與山西煤改和重慶打黑相似，足壇

8　笑蜀：《要用法治丈量重慶打黑》，http://tigerzyx.blog.163.com/blog/static/7097485 0201012015517777/。

9　正如李承鵬等寫作的《中國足球內幕》一書中指出「從1994年到2009年，中國足球最大的失敗，不是技戰術，更不是人種，而是絲毫沒有改進的體制和價值觀的

反賭同樣來自於高層關注[10]，尤其是足協主管領導被逮捕，如果沒有更大的行政力量的支持是很難想像的。這些在不同領域出現的重大事件，究竟是計劃經濟、嚴打、行政干預的「倒退」，還是對市場經濟「失靈」／「失序」的匡扶和糾正呢？

三、「推手」、「罪惡之源」和「拯救者」

　　從地產調控、山西煤改、重慶打黑、足壇反賭等事件中，可以清晰地看出這些不同行業、地方、領域發生的重大事件，面對著相似的問題和困境。對於這些事件的爭論常常使用一些固定的修辭，國有／民營、國家／市場、計畫／市場、體制／市場、政府／市場、國家／資本、人治／法制、壟斷／自由競爭等。這些表述建立在「國家＝體制＝政府＝國有＝計畫＝壟斷」和「市場＝民營＝資本＝自由競爭」的二元對立之上。可以說，這種二元對立出現在七八十年代之交，前者指文革以及廣義的社會主義實踐，後者則指改革開放以來的制度實踐，這種二元想像是改革開放確立自我合法性，通過把社會主義制度他者化完成的。但是從這些事件中，這些二元對立的表述恰好是很難成立的，或者說彼此糾纏在一起，如何理解改革開放以來國家、政府、體制在市場經濟中的位置和功能顯得尤為重要。

改變」（第19頁），也就是說足協管理下的職業化並非不受政治制約、完全自主運行的職業化，因此，「南勇、楊一民絕不是最大的魚，我們等著最近幾天就要浮出水面的他……但他不是，最大的魚是舉國體制」（第309頁），《中國足球內幕》，江蘇人民出版社：南京、鳳凰出版傳媒集團，2010年。

[10]　《高層頻表態關注中國足球 公安部介入足壇黑幕》，http://news.qq.com/a/20091125/002521.htm。

如果簡單回顧一下80年代以來中國的市場化進程，可以說，國家／體制充當著完全相反的角色。一方面是「去政治化」的過程：政府從經濟活動中退出基本上是新時期體制改革的核心主題。如80年代初期的農村改革，建立在人民公社解體和實行家庭聯產承包責任制的基礎上，這種體制改革給農民帶來了生產積極性。正如許多三農專家所指出的，這種國家權力從鄉村秩序中的退出，使得鄉村生活的組織和集體能力大為下降。這種國家、政府與行政能力在鄉村秩序中的衰微在2010年上半年西南抗旱的媒體報導中也能看出，很少看見村民能夠自主救助，只有翻山越嶺的兒童、老人和婦女在找水，而抗旱的主力軍則是救災部隊和充滿愛心的志願者幫助旱民尋找水源，這種以城市為中心的現代化成為農村青壯年勞動力的抽水機。而80年代中期啟動的城市改革，以確認商品經濟和市場經濟的主體位置為基本方向。就拿國有企業來說，80年代主要通過承包制、下放經營權等方式來提高生產積極性，而90年代則進入改制轉軌的關鍵期。與民營企業白手起家或在自由競爭中走向整合和壟斷不同，國有企業是在90年代的改制中是在「抓大放小」的政策下，逐漸把劣質資產和勞動力包袱甩掉，直到新世紀之初才逐漸變成國有壟斷性企業。最終國有企業由解決就業、醫療、教育等社會功能的單位變成了以贏利為目的的現代企業。再如1998年啟動的房地產市場化改革，也是政府、行政從房地產市場中退出的過程。可以說體制改革或者說社會主義計劃經濟體制的瓦解、轉型是圍繞著市場經濟重新配置資本、勞動力等生產要素的過程，政府逐漸在市場經濟中劃定自己與市場的邊界和位置。

如果說改革開放30年就是國家、政府、行政逐漸從社會、經濟領域中退出的過程，一些社會學家也把這個過程描述為「重新發現社會」或者民間社會、公民社會佔據國家從經濟、社會生活中退出之後的位置，那麼問題的複雜在於，這種去政治化的過程又始終伴隨著「再政治化」，或者說政治以更大的力度捲入市場經濟之中。正如那句耳熟能詳的話，鄧小平關於改革開放的論述就是把黨的工作重心轉移到「以經濟建設為中心」上來，經濟活動本身變成了政治、施政的一部分，國家並沒有在這種去政治化的體制轉軌中削弱，反而更成為社會、經濟結構的中心。如在政府及地方政府的行政設置中，圍繞所管轄屬地行政活動都是以經濟生活為中心。國家／政府全面而徹底地介入到市場經濟的活動之中，可以說在市場經濟之中政府、行政之手又是「無所不在」、「無處不在」的。這不僅僅體現在國有企業以國家資本和行業壟斷的面目參與市場經濟活動，而且還在於國家／政府／體制也是民營資本的「推手」。這種行政主導下的市場經濟體制，政府尤其是地方政府成為經濟生活的組織者和推動者。如90年代以來地方政府的工作重點無不是招商引資，官員的政績指標也以經濟增長為中心。這種「政府搭台，經濟唱戲」的形式構造了90年代以來中國經濟的高速增長和繁榮。這可以從電視劇《蝸居》中看出政府在建構「光鮮亮麗」的國際化大都市中的核心作用。作為地方政府代表的市長秘書宋思明講述了一個窮小子成為洛克菲勒的女婿和世界銀行副總裁的故事來說明自己作為「推手」功能[11]。窮小子是誰並不重要，重要的是可以把洛克菲勒和世界銀

---

[11] 《蝸居》中有一個房產開發商陳寺福，是典型的暴發戶，但是很聽宋思明的話。因此，當宋打算借他的公司作空殼，將他塑造成港股上市公司的CEO時，遭到了

行完成「強強整合」的「中間牽線人」，宋思明恰好就是這個牽線搭橋的人，是把行政、資本嫁接在一起的人。這種使民營經濟的蓬勃發展又使國有企業完成「華麗轉身」的力量離不開政府、國家這隻看得見的手。但也正好是這隻看得見的手，為權力腐敗和尋租提供了制度空間，這也正是宋思明作為政府／國家或行政力量在市場經濟中所具有的兩副面孔，一方面是精明強幹、把窮小子打造成國際化大都市舞臺的推手，另一方面又是官商勾結、腐敗的貪汙犯。可以說，國家、政府與資本的「耦合」，既帶來了中國改革開放經濟建設的巨大成果，又是權力腐敗的溫床。

從地產調控、山西煤改、重慶打黑、足壇反賭中也可以看出國家／政府的雙重功能。一種就是國家／政府是市場經濟的參與者，這體現在國有企業自身所具有的國家與資本的雙重象徵。國有企業收購民營資本與其說是一種行政干預，不如說更是產業升

身邊朋友的質疑。他便給朋友們講了這麼一個故事：在美國一個農村，住著一個老頭，他有三個兒子。大兒子、二兒子都在城裡工作，小兒子和他在一起，父子相依為命。突然有一天，一個人找到老頭，對他說：「尊敬的老人家，讓我把你的小兒子帶到城裡去工作吧？」老頭氣憤地說：「不行，絕對不行，你滾出去吧！」這個人說：「如果我在城裡給你的兒子找個對象，可以嗎？」老頭搖搖頭：「不行，快滾出去吧！」這個人又說：「如果我給你兒子找的對象，也就是你未來的兒媳婦是洛克菲勒的女兒呢？」老頭想了又想，終於讓兒子當上洛克菲勒的女婿這件事打動了。過了幾天，這個人找到了美國首富石油大王洛克菲勒，對他說：「尊敬的洛克菲勒先生，我想給你的女兒找個對象？」洛克菲勒說：「快滾出去吧！」這個人又說：「如果我給你女兒找的對象，也就是你未來的女婿是世界銀行的副總裁，可以嗎？」洛克菲勒想了想，同意了。又過了幾天，這個人找到了世界銀行總裁，對他說：「尊敬的總裁先生，你應該馬上任命一個副總裁！」總裁先生頭說：「不可能，這裡這麼多副總裁，我為什麼還要任命一個副總裁呢，而且必須馬上？」這個人說：「如果你任命的這個副總裁是洛克菲勒的女婿，可以嗎？」總裁先生於是同意了。於是，這個農村小野子馬上變成了洛克菲勒的女婿，加上世界銀行的副總裁！宋講完故事後，意味深長地說：「陳寺福有多大本事並不重要，關鍵是如何去牽線搭橋，如何去運作。只要在適當的時候，他出現在這個位置上就行了。那麼，中間牽線人呢，就成了他的兄弟加親爹，想要什麼，說一聲就行。」

級、資本壟斷的趨勢。再如地方政府也是房地產市場的參與者，土地財政成為地方政府的重要財政收入，在這一點上，房地產開發商與地方政府具有利益相關性。這種政府對市場經濟的參與使得行政權力與資本權力更容易形成「強強聯合」，同時也容易出現國家／政府權力的腐敗和尋租，或者說，在創造國際化大都市的同時，也滋生著如黑惡勢力與保護傘等破壞市場經濟的頑疾。無論是政府對房地產市場的調控、山西煤改，還是重慶打黑都可以看出是某種社會主義行政干預的影子，如果這種黑社會化和假球、賭球指認為「都是體制惹的禍」，恰好就遮蔽了政府、行政力量對市場經濟的積極參與。從這個角度來說，黑社會化及賭球與其說是體制、權力的罪惡之源，不如說是體制資本化的內在產物。

　　如果說這樣兩種功能是國家／政府在90年代的市場化改革中所呈現出來的，那麼從地產調控等事件還可以看出國家／政府的第三個功能和角色，就是一種市場經濟之外的強有力的行政干預，這個功能被質疑者指認或誤認為是計劃經濟回歸、法治倒退的功能。通過上面的分析，這種外力與其說是一種計劃經濟的倒退，不如說更是國家／政府對於市場經濟的調控或者說為出現畸形的市場經濟的拯救和治療功能。這種對市場經濟的調控基本上是2003年新一屆政府上臺之後的施政重點，如對農業稅的取消、加強農民和下崗工人的醫保、為農民工討工錢等等，可以說在市場經濟把這些弱勢群體放逐出去的同時，政府承擔了這些被甩出去的包袱。這種對市場經濟的干預和監管功能並非來自於2007年爆發的金融危機對排斥政府干預的新自由主義經濟政策的批評，而是內在於中國改革開放的基本模式和結構之中，就是

政府、行政始終是市場經濟的介入者和參與者。在這種有中國特色的市場經濟中，那隻無所不在的手始終存在。當然，近幾年來一種救助弱勢群體、強調中產階級的公益精神和企業家的慈善意識成為一種公民責任，民間組織、志願者行動也成為政府之外的力量。這也就是在2008年抗震救災中，政府高效率的救災和民間社會的捐助都發揮著重要的作用。

從這裡可以清楚地看到，在目前中國社會中，國家／政府充當著三重角色：一是市場經濟的推手，二是權力腐敗的罪惡之源，三是匡扶正義、恢復正常市場經濟秩序的拯救者或救火隊。這就使得重慶打黑、足壇反賭中，政府或行政呈現一種悖論或矛盾狀態。如果說行政化／官僚化的職業足球管理機構是體制弊端，那麼反抗這種弊端的力量依然來自於所批判的體制自身。可以說，國家與市場經濟的關係不是分離和對抗的關係，而是一種共生關係。無論是國有企業（體制內）還是民營企業（體制外），都是在國家／政府為市場經濟培育的經濟主體，那麼對於在這個過程中不斷被甩出或掉隊的群體就是下崗工人、農民、農民工等弱勢群體來說，政府還充當著救助和保障的功能，以便這場市場經濟的馬拉松比賽能夠和諧持久地進行下去。

寫於2010年6月

第六章

「進不來」，「回不去」
——蝸居、蟻族與「中國工人」的「N連跳」

　　就在蝸居、蟻族因「攢錢的速度永遠趕不上漲價的速度」而抱怨之時，80後的另外一個群體富士康工人用自己的身體和生命上演著這個時代最吸引眼球的「N連跳」。這些新生代農民工在2010年初剛被美國時代週刊評選為年度人物，「中國工人」成為金融危機時代的功臣（也許只有虛擬經濟遭遇挫折的時刻才會如此褒揚實體經濟的勞動力），但此時他們卻以如此決絕而「自主」的方式強制大眾傳媒及其公共視野關注他們。與《蝸居》的熱播（《蝸居》至今還高居新浪首頁視頻專欄）和《蟻族》的熱賣不同，對於這些被作為弱勢群體的農民工來說，也許只有連續的「跳樓」、自殺等社會新聞的方式才能成為某種社會議題。近期富士康宣佈提高員工工資，與此同時，提出戰略調整，一是增加去西部建廠，二是回臺灣發展無人工廠。

　　無論是大眾媒體還是社會學專家都指出，這些自殺的農民工屬於80後、90後的「農二代」，他們處在「進不來」又「回不去」的尷尬狀態（「回不去的故鄉，進不了的城」）[1]。與他們

---

[1] 近幾年在網路有許多關於「回不去的故鄉，進不來的廣州」、「回不去的故鄉，進不了的城！」的討論，這些討論大多與農民工相關，如《廣州日報》在2010年三八節採訪東莞的女工，指出「對很多新莞人而言，東莞是進不來的東莞，但故鄉儘管還是以前的故鄉，也絕非是『想回就能回』的。對已熟悉和習慣了城市生

的父輩一樣，「進城」基本上不可能，尤其是在蟻族、白領等中產階級下層已經被放逐到城市邊緣地帶的時候，更不用說農民工能夠在都市中「安居樂業」，也就是說，「回不去」才是新生代農民工所面臨的新問題，或者說，這些新生代農民工也分享蟻族們的「城市夢」，鄉村是一個落後、愚昧、沒有希望的空間，儘管相比下崗工人，農民工依然享有「一塊土地」的「特權」，但是這份特權在城市化的敘述中卻成為了負擔和包袱。從這裡，可以看出蟻族、農民工處在相似的社會位置上，即一個「城市進不來」、「鄉村回不去」的中間狀態。這種中間狀態是如何形成的呢？為什麼在金融危機時代的中國，充滿抱怨和自殺的群體恰好不是那些失業或沒有工作的人們，而是這些每天都在辦公室、科技園和工廠辛勤勞作的蟻族、新生代農民工呢（富士康工人中也相當一部分是大學畢業的高材生）？

一、「遲到」的命名

　　2009年被許多媒體評論為「公民之年」，因為「公民維權是2009年的主題」，從鄧玉嬌事件、張海超「開胸檢肺」、孫中界遭遇釣魚執法、番禺業主反對建設垃圾焚燒廠等社會事件中，不僅可以看出「審慎而理性」的中產階級維護自身權益的能

活的很多新莞人而言，回故鄉已成難言隱痛：沒有熱水器；沒有網吧；MP4裡的歌曲也無法想更新時就能更新了；而市場裡面的肉，除了豬肉還是豬肉；街頭檔鋪裡，陳列的是一些劣質但比東莞還貴的商品。儘管家鄉的面貌，這些年也有些變化，但作為早年出來打工的『80後』群體，『姚雪群們』坦誠，對家鄉的鋤頭、鐵耙等農具，她們早已陌生，回去真不知道做些什麼好。」（「回不去的故鄉，進不來的東莞」2010年3月8日A15版），只是這種「回不去」和「進不來」的狀態現在也適用於蝸居和蟻族們。

力（如「番禺力量」），而且中產階級還擔負起推動遭遇侵害的農民工（如鄧玉嬌、張海超、孫中界）獲得公民待遇。與蝸居、蟻族獲得公民身份、成為「審慎而理性的中產階級」相似，近一兩年也是農民工終於獲得工人階級命名的時刻。儘管從80年代末期農民工已經逐漸成為中國沿海製造業加工廠及城市建築業、服務業的主體，但其命名依然是盲流（90年代以前）、外來妹（90年代初期）、打工仔（90年代）、弱勢群體（2000年前後）等，其「在工地上我就是工人，回了老家我就是農民」的身份使其處在工人與農民的社會身份之間。關於農民工的問題往往放在三農議題裡面，也就是說，農民工只是那種外出打工的「農民」，而恰好是這些流動的勞動力大軍成為90年代「中國作為世界工廠」的廉價勞動力。這種「未完成的無產階級化」[2]使得農民工比原始資本積累時代的產業工人「更不幸」也「更幸運」。「不幸的是」這種無法成為工人的農民十幾年如一日忍受著如此低廉並經常被拖欠的工資，因為相比農村生產來說打工依然是增加收入的重要手段；「幸運的是」，農民工因在農村還有一塊作為社會保障的「土地」而沒有成為都市貧民窟的無產者（當然不包括那些在城市化中失去土地的無地農民）。

　　與90年代以來農民工大量進城相伴隨的是，作為工人階級老大哥的國企工人面臨著下崗，尤其是被破產重組的中小國有企業，也就是說，工人下崗（驅逐相對昂貴的勞動力）與農民工進城（雇傭廉價勞動力）是在同一個歷史進程中完成的。而有趣的

---

[2]　潘毅：《從富士康跳樓事件看中國——農民工未完成的無產階級化》http://www.wyzxsx.com/Article/Class4/201005/154736.html；或《農民工：未完成的無產階級化》，《開放時代》，2009年第6期。

是，在國有企業轉型接近尾聲之時，在話語及實踐中工人階級都失去歷史主體位置的時刻，也是農民工日漸獲得工人階級命名的時候。2004年中央一號文件指出：「農民工作為工人階級隊伍的新成員，已經成為我國產業工人的重要組成部分」；2008年中央春節晚會由農民工出身的明星王寶強（有幸成為明星的幸運兒）演唱了「為了一個夢，進城闖天下」的《農民工之歌》[3]；2009年溫家寶總理在五一勞動節看望北京地鐵建築工人時，承認農民工「已經成為我國工人隊伍中的一支主力軍」[4]；2009年建國60周年大型舞蹈史詩《復興之路》中有一首「民工之謠」，農民工成為整場演出中唯一被指認出來的社會群體；2010年兩會前夕溫家寶總理回答網友問題時再次提到「農民已經是現代產業工人隊伍的主體」。不過，與「被消失的中產」相似，就在農民工獲得工人階級的命名以及登上美國時代週刊年度人物的時刻，富士康工人的自殺呈現了這些在世界加工廠中的新生代農民工所遭遇的現實困境。

二、為何「進不來」，為何「回不去」？

眾所周知，蝸居、蟻族、新生代農民工儘管都是80後，但他們卻分屬不同的社會階層，蝸居、蟻族作為中產階級後備軍是公民社會的主體，而新生代農民工則是社會底層和弱勢群體，但是他們卻在2000年前後「相遇」。中產階級話語和弱勢群體基

---

[3]　《溫家寶總理為〈農民工之歌〉回信 歌曲要進春晚》，http://news.cctv.com/china/20071213/104128.shtml。

[4]　《溫家寶五一看望地鐵建設工人 一起綁紮鋼筋梁架》，http://www.chinanews.com.cn/gn/news/2009/05-01/1672988.shtml。

本上是新世紀先後同時浮現出來的社會表述，一個是作為社會「中流砥柱」和民主化的主體，一個是需要被說明和關愛的社會「弱勢」所在，社會階層以中產階級為想像中的主體和以農民、工人、農民工為弱勢群體的方式獲得清晰地呈現。中產階級、弱勢群體作為社會修辭的意識形態功能在於可以給階層分化提供「合理化」的解釋。中產階級被賦予雙重想像，一方面是以中產階級為主體的紡錘型社會成為社會結構穩定的象徵，另一方面這種中產階級社會或公民社會的功能在於維護公民權利和救助弱勢群體，中產階級的大愛和志願精神恰好可以彌合社會階層分化所帶來的鴻溝。有趣的是，短短十年間，這樣兩個群體再次「相遇」，他們在市場化的房地產中被放置在「中低收入群體」的命名中（中產階級再也不用救助弱勢群體了，或許更能體會弱勢群體被市場經濟所放逐的滋味）。對於蝸居、蟻族來說，他們也和新生代農民工一樣，處在一種「進不來」、「回不去」的中間狀態（不是社會階層的「中堅」，而是城市與鄉村二元空間秩序的中間）[5]。正如許多專家指出，對於新生代農民工來說，「回不去」是一個新鮮的問題，而對於蝸居和蟻族來說，「進不來」則成為一個新問題，因為如果按照中產階級的正常軌跡，這些作為天之驕子的大學畢業生不應該成為蝸居和蟻族，而應該擁有一套「空中樓閣」，從而成為房「主」和城市的「主人」。不幸的

---

[6] 有趣的是，如果說蟻族、蝸居在空間上處在「進不來」、「回不去」的狀態，那麼還有一種時間上的「回不去」，在電視劇《蝸居》中，市長秘書宋思明在給海藻指出除了像姐姐海萍那樣做房奴之外的「人生捷徑」（即「二奶致富」）時，勸慰海藻不要抱怨老百姓在國際大都市買不起房子，這是很正常的現象，因為其他國際大都市也是如此，這是必然的代價，再加上「這是一種趨勢，我們回不去的」，所謂「回不去」是指回到那個人人平等的「毛澤東時代」。也就是說，只有做房奴，或者做「二奶」。

是，面對高額的房價，他們似乎連做房奴的機會都成了「海市蜃樓」。如果說房地產在進行市場化之初，已然把弱勢群體等低收入群體放逐在外，那麼中等收入群體為何也被阻隔在房地產市場之外呢？

其實早在2006年地產大亨任志強就認為「中低收入者就不應該擠進來買商品房」，如今中等收入群體也已經被許多城市納入經濟適用房的範圍。作為橄欖型社會主體的中產階級被房地產所撕裂：已買房的中產階級在「住房資產增值」中有可能變成富人（處在「暫時做穩了房奴的時代」），沒有買房的中產階級則在「貨幣資產貶值」中成為窮人（處在「想做房奴而不得的時代」）。如果說新世紀以來不斷發展壯大的中產階級是培育公民社會和公民權力的理想主體，那麼在2006年中產階級還很難把自己放置在低收入群體裡面，可是2009年的蝸居者、蟻族們正好是中等收入群體或準中產階級跌落到低收入群體的社會位置的表徵。所以說，中國的中產階級還處在「千呼萬喚」的繈褓之中就不得不品嘗到了「被消失」的命運。如果說任志強的先見之明說出了房地產市場化的「秘密」，那麼房價飛漲的房地產市場就如同一場不斷有人被甩出去的「馬拉松比賽」。如果把這種不斷把窮人、中產階級放棄在房地產市場之外看成一種馬拉松比賽，那麼任志強在講述這個故事的同時還講述了另外一個與之不同的故事。這就是中國的房地產還處在供不應求的階段，並且短期內很難改變這種現狀。

如果說逐漸增加的房價使得中低收入群體處在「進不來」的狀態，那麼這種以城市化為中心的慾望，正是導致蝸居、蟻族和新生代農民工「回不去」的秘密。鄉村在都市化、城市化的敘述

中成為前現代的他者，成為負面的、落後的、失敗的象徵（在現代性遭遇挫折即金融危機時代，鄉村也可以成為鄉愁之地，正如化身阿凡達來到潘朵拉仙境，一個前現代的世外桃源），這種慾望動力使得擁有土地的新生代農民工無法認同農村的生活及生存價值，即使能回去也不願意回去（農民工擁有土地的唯一好處是有一個可以回去的立錐之地，壞處則是無法成為除了出賣勞動力而一無所有的無產者）。也正是這種城市化的邏輯不斷地吸引著年輕有為的80後走進都市，但另一方面他們相對低廉的收入使得都市如同卡夫卡的「城堡」只能在門外徘徊，而這種居間狀態才能保證那些市場經濟內部的馬拉松比賽中的倖存者獲得更大收益。

三、一個「老」故事

　　在富士康工人自殺事件及其他產業工人的罷工中，提高工資待遇成為勞資雙方博弈的焦點，而如何實現中國製造業的產業轉型也成為社會學家、經濟專家解決此類事件的核心，似乎中國已經處在從原始資本主義積累過度到更為文明發展階段的時刻。而從富士康事件中，也可以看出中國及中國工人在全球資本主義產業鏈中所處的位置：美國等第一世界的跨國企業提供訂單，臺灣提供資金和管理，中國大陸提供勞動力（正如富士康工人在工廠及廠區的原子化生存所喚回的文本是20世紀初期的默片經典《摩登時代》，仿佛中國剛剛「進步」到那個時代的美國）。在這種由高到低的過程中，產業利潤也在逐漸下降（資本的收益遠遠高於勞動力）。許多人認為工人自殺為中國經濟及其製造業進行產業升級提供了契機，正如八九十年代的臺灣在成為世界代工工廠

之後所完成的產業轉移（伴隨著80年代中國內部打開冷戰分界線，吸引台資和外資）。有趣的問題不在於中國能否完成產業升級，而在於這種在空間分佈的世界資本主義生產體系被時間化為不同的進步等級。這種同時存在的空間卻被轉述為一種不同的時間邏輯，或者說這種空間的差異被敘述為一種線性的時間邏輯，仿佛美國、臺灣、中國處在不同的發展階段和歷史時間之中。而這種被時間化空間秩序（美國高於臺灣，臺灣高於中國）恰好遮蔽了正因為中國所提供的低廉勞動力才使得美國及臺灣的中產階級得以享受「全球化」的消費狂歡，跨國資本主義正是借重這種被時間化的空間落差來獲得差額利潤。所以說，中國與其說與美國、臺灣處在不同的時間化的空間秩序中，不如說它們都是這一世界資本主義體系的有機組成部分。被作為進步樣板的美國及臺灣，其得以繁榮和光鮮的前提恰好是建立在對中國勞動力的壓榨與盤剝之上。從這個角度來說，二戰後西方發達國家普遍進入中產階級主體的社會以及藍領工人白領化，其重要的政治經濟事實是國內的製造業大量轉移到東亞，進而在冷戰終結前後（中國80年代的改革開放使其提前進入後冷戰狀態）轉移到中國大陸沿海。也正是作為19世紀資本主義核心象徵的兩極分化資產階級與無產階級的尖銳對立不僅沒有消失，反而在全球化／後冷戰時代愈演愈烈，無國界的「資本」不斷地創造著有國界的無產階級及半無產階級大軍。

　　因此，這種中國產業升級的論述充當著雙重的意識形態效果。第一可以使得工人自殺、黑煤窯以及蝸居的現實困境獲得合理化解釋，因為「我們」還在轉型之中，還處在相對落後的發展階段，所以這種不幸和困難是合理的，總有一天或者早晚，「我

們」會成為臺灣，甚至會成為美國，似乎從臺灣、韓國、日本在戰後所處的位置及其發展模式可以印證這一點。不過，這種「進步」邏輯的普遍性只建立在少有的幾個幸運的國家，除了西歐作為原發現代化國家，在這五百年歷史中，只有美國、日本、亞洲四小龍，或許還有中國沿海地區，有幸擠進資本主義全球體系的「諾亞方舟」。這種美好的發展主義「暢想」還取決於中國能否找到另一個中國來作為「我們」的加工廠，從而「我們」可以有幸從美國主導的這種全球資本主義遊戲中分得一杯羹（儘管世界體系專家沃勒斯坦發出警告[6]，地球上的廉價勞動力總有一天會如廉價的石油一樣枯竭，尤其是在全球化已經沒有外部的今天。當然，也許不用如此悲觀，因為富士康宣佈可以在臺灣建立無人工廠）；第二功能在於分享這些跨國公司產品的全球中產階級消費者可以安心，因為這是發展中國家的「宿命」，「我們」也是從羊吃人以及販賣奴隸的歷史中走過來的，所以這是必須忍受和經歷的發展之痛。這種空間秩序時間化的邏輯是一個資本主義全球擴展和「進步」的老故事，但是這種老故事依然動聽和有效地撫慰著正在遭受痛苦的「中國工人」和正享受全球化成果的中產階級消費者。

但是，在這種產業轉移從而實現產業升級的故事背後，沒有說出的是，伴隨著美國等發達國家產業中空化，這些國家的藍領工人大量失業，臺灣、韓國、日本也是如此，也就是說，即使

1　在美國世界體系理論家伊曼紐爾‧沃勒斯坦在《發展：指路明燈還是海市蜃樓？》中指出，在日益全球化的時代，「在世界經濟日趨竭盡其勞動力儲備」的時代，可以回歸19世紀意義上的工會鬥爭，「原來的『階級』鬥爭戰略目前對付資本家卻很奏效，儘管以前不行，因為世界經濟已經達到了地理的極限」，選自《否思社會科學：19世紀範式的局限》，生活‧讀書‧新知三聯出版社：北京，2008年，143頁。

中國不再成為世界加工廠，中國資本成為投資者（這種情況正在發生），那麼這些中國工人或許面臨著另一種「自殺」，就是大面積的失業。這也是富士康在應對當下危機所試圖採取的雙重路徑：一個是到更為落後的西部去開廠，也讓西部的農民工可以分享到這份全球化的「待遇」；另一個就是回到臺灣開設無人工廠，也就是說用永遠不知疲倦也永遠不會罷工、不會自殺的機器人（暫且不討論這些機器人是否也如當下的農民工如此廉價，沒有說出的故事在於無人工廠的投資恐怕要高於勞動力成本，否則製造業為何要一再向中國等發展中國家轉移呢，暫且不討論中國的勞動力不僅廉價而且素質高），這也就是科幻片（如2008年電影《瓦力》、2009年電影《阿童木》）中所呈現的，人類作為主人（被動的消費者）、機器人成為奴隸的「美好」時代。也正是這些科幻片放大了現代資本主義的美好與醜陋，美好在於建立在科技所帶來巨大進步之上，以至於任何人都不需要勞動，只要無止境地被「餵養」（包括各種形象），與此同時，這種光鮮卻建立在最赤裸裸的不需掩飾的奴隸制的基礎上。當然，那時的人類或許會面臨機器到底算不算「人」的新問題，這同樣也是一個「老問題」，因為在西方殖民者踏進美洲大陸時，土著算不算「人」就是一個重要的問題。

從這裡可以看出，就如同蝸居、蟻族們面對不斷攀升的房價，只有兩條路可以選擇，一條是成為房奴（暫時做穩了房奴的時代），一條是連房奴也做不成（做房奴而不得的時代），只能生活在都市空間的縫隙和半地下、地下空間。而這些中國工人，也將面臨著雙重道路，一條就是繼續做廉價的中國工人，一條就

是像美國工人、臺灣工人那樣被更為廉價的勞動力搶去飯碗。在這樣一個只能二選一，或者兩惡相交只能選其稍惡者的時代，也許更為迫切的議題是需要尋找更多的選項，如果不願意接受宿命般的現實的話。

寫於2010年10月

第七章

舊瓶裝新酒：從「學習雷鋒好榜樣」
到「法治的力量」

　　2010年12月4日晚上中央電視臺一套黃金時間（晚上八點）播出了《法治的力量2010—12.4十年法治人物頒獎盛典》，本節目由全國普法辦、司法部、中央電視臺主辦，中央電視臺綜合頻道《今日說法》欄目承辦。這樣一台配合「12.4全國普法日」的專題晚會從2003年開始已經舉辦了七屆，「其收視率高達4.23%，成為同類專題晚會中收視率最高的節目，成為具有中央電視臺品牌標誌的全國性大型年度盛典」[1]。2010年晚會依然延續其一貫的煽情和苦情路線，如同每年歲末播出的「感動中國十大人物」的頒獎晚會（2002年開始），主持人和領獎嘉賓多次落淚、哭泣（滿場同悲），為什麼在以法治為主題的晚會中要借助這種悲情的道德／倫理力量呢[2]？在「法治／人治」的二元對立中，恰好不是法律制度本身而是這些年度「人物」成為「法治」的體現，這究竟是法治背後「人治」的影子，還是法治內在地需要「人格化」的力量呢？

---

[1]　《中國2010年法治人物評選節目簡介》，http://news.sina.com.cn/c/sd/2010-10-15/144721282997.shtml。

[3]　與這種專題晚會的悲情或苦情不同的是，在都市話劇或小成本電影中，卻充滿了搞笑和顛覆，「笑點」成為召喚中產階級觀眾走進劇院或影院的最為行之有效的商業策略。

本章想從「榜樣的力量是無窮的」這一帶有50-70年代歷史記憶的政治動員方式入手，討論英雄／模範／榜樣敘述在這30年中的變遷及其引起的爭論，如英雄勞模片（主旋律電影）、潘曉來信（1980年）、保爾與蓋茨之爭（2000年）、範跑跑事件（2008年）等，來呈現七八十年代之交的主流意識形態斷裂如何尋求新的合法性資源以獲得社會共識的過程，最後回到《法治的力量2010—12.4十年法治人物頒獎盛典》來分析「法治」作為一種意識形態的崇高客體，如何把反叛者、揭秘者、批評者敘述為一種和諧社會的建設者，又是如何在不同利益主體之間凸顯政府／國家作為仲介者／協調者的角色。從「潘曉來信」中對雷鋒、保爾的拒絕，到「法治人物」重新感動中國，這無疑呈現了主流意識形態話語從失效（無人購買的意識形態宣傳品）到重新獲得認同（在淚水中主動接受和消費這些法治人物）的過程，這種裝上「新酒」的意識形態「舊瓶」，儘管還保持著舊有的品牌和硬殼（日益堅硬的體制的盔甲），卻已然實現了「脫胎換骨」的轉換。

一、「榜樣的力量是無窮的」

　　無論是「12.4十年法治人物頒獎盛典」的舉辦方（政府與央視傳媒），還是晚會中不斷用朗誦的方式所完成的對「法治十年進程」的政論式禮贊（這種表述在《東方紅》、《復興之路》等大型音樂舞蹈史詩中成為歷史的權威敘述人／講述者，在抗震救災、捐款晚會中被作為一種集體朗誦／抒情的表述），都使得這台專題晚會帶有國家／政府的莊重／權威色彩，這些獲獎者也無疑被放置在模範、榜樣的位置上，這顯然很容易喚起關於「榜樣

的力量是無窮的」、「發揮模範帶頭作用」等50-70年代的歷史記憶[3]。作為50-70年代重要的社會文化現象就是對英雄／模範人物的宣傳和塑造（如董存瑞、邱少雲、鐵人、雷鋒等不一而足）以及評定各行各業的勞動模範、先進分子等。這種樹立典型、宣傳英雄事蹟在延安時期已經成為一種行之有效的政治動員的方式，如毛澤東曾經寫過《紀念白求恩》（1939年）、《為人民服務》（1944年）等經典篇章。這種英雄人物、先進分子在建國後更成為一種承載主流意識形態論述的重要仲介，不同的英雄人物也隨著主流意識形態的調整而被凸顯不同的內涵，而且通過不斷地評選先進、模範也成為各行各業、每個單位進行日常管理的基本方式，人們正是在學習英雄和模範的過程中完成一種自我改造和教育。可以說，「榜樣的力量是無窮的」成為50-70年代最為有效和慣常的文化／意識形態生產方式。這些以個人的身份出現的「英雄」，並非個人主義英雄，而是一種在歷史唯物主義的規約下建構的「人民英雄」，具有清晰的政治／階級／工農兵主體的身份。這種英雄作為榜樣、帶頭人的位置（個人的、超越普通人的能力）與人民作為歷史主體的表述（「人民，只有人民

4　筆者作為80後，在80年代後中後期和90年代中期接受小學、中學教育，還有幸在學校教育中體驗學習賴寧、勇鬥歹徒的見義勇為者等英雄事蹟報告會，以及以班會、演講、組織看主旋律電影（《焦裕祿》、《孔繁森》等），而更為常見的是每學期在班級、年級及全校範圍內評選的三好學生、優秀學生幹部等評選爭優活動，這些學生中的「優秀分子」的照片被張貼在學校中心地帶的宣傳欄中。從這種相對滯後的中學教育體制中，可以感受到一種是八九十年代以來在「五講四美」、愛國主義等新道德規範，另一方面就是在以學習／升學率為中心的中學教育中，依靠從學校到班級等各級科層組織（與軍隊、監獄等科層式的管理體制相似）的不斷樹立、命名典型（精神獎勵）的方式來完成一種管理。不過，恰好當代中國社會處在一種內在分裂之中，正如筆者雖然在中小學接受某種社會主義教育，但是其更多的受到電視、流行音樂等大眾文化的影響，不在是這些雷鋒式的英雄，而是港臺歌星、演員更充當一種偶像的功能。

才是推動歷史前進的真正動力」）並非沒有矛盾[4]，如何克服這種英雄（個人）／人民（階級認同）之間的裂隙，是50-70年代革命文藝所要處理的重要議題。其中最為有效的敘述策略就是在故事結尾處，英雄回歸或消失在人民群眾的汪洋大海之中（如《紅旗譜》、《青春之歌》、《小兵張嘎》等）。這涉及到英雄作為個人的特殊性與人民作為歷史主體的普遍性之間的矛盾，或者說，一種人民／階級的普遍性通過壓抑、收編英雄的特殊性／地方性呈現出來。這種敘述在文革文藝中獲得某種解決，就是把個人／英雄上升、抽象為人民／革命／階級的代表，如三突出原則「在所有人物中突出正面人物；在正面人物中突出英雄人物；在主要英雄人物中突出最重要的即中心人物」。這種「高大全」的人物成為社會主義的道德典範、理想鏡像和「非人／完人」。

80年代以來，這種支撐英雄、模範講述的左翼意識形態陷入一種內在危機之中，曾經被官方認定的英雄、模範被認為是一種欺騙和謊言，這些在「三突出」的創作原則下生產的「高大全」式的英雄變成了「假大空」。對這些英雄人物的消解、嘲笑也成為新時期以來清算左翼歷史的重要方式。80年代以來對英雄人物的講述往往採取與50-70年代完全相反的敘述策略。如果說50-70年代是把人物從日常性、地方性中抽象出來，變成一種革命的理念或概念，那麼80年代則是給這些理念、概念重新填充人性的血

---

[5] 「普通人／英雄」的對立是現代性的基本矛盾，在自由、平等的民主原則下，人人都可以成為英雄（「六億神州盡舜堯」），但也恰好是大眾文化中塑造了超越一般人的英雄敘述，這種悖論尤為體現在好萊塢電影中普通人與超人的合二為一（包括舊貴族／佐羅、底層人／蜘蛛人、軍火大亨－科技奇才／鋼鐵人），超人總是在普通人群之中，但又總能在危機時刻「最後一分鐘營救中」力挽狂瀾，而電影結束時，超人又回復常人本色，而這些英雄恰好可以使得法治、民主遭到毀滅性情況下的例外，是「法外執法」，是幫助人間／員警來維護正義。

肉。但是就如同新時期以來主旋律無法獲得市場認可一樣，80年代即使採用人性化、日常化的方式來書寫革命／英雄人物也很難獲得人們的廣泛認同。90年代以來，「英雄勞模片」成為主旋律敘述的重要類型。既有50-70年代的「好幹部」《焦裕祿》（1990年），又有新時期出現的《蔣築英》（1992年）、《孔繁森》（1995年）等「新典型」，這些人物傳記片改變了80年代關於革命歷史人物的傷痕化書寫，採用個人「悲劇／悲情／苦情」來感動人們。這種悲劇英雄既呼應了七八十年之交在傷痕、反思文學中「渡盡劫波」的受難者（「落難書生」）情緒，又受到八九十年代之交在社會創傷中出現的苦情故事（如《媽媽，再愛我一次》、《渴望》等）的影響。但是在90年代真正獲得票房成功的是一部主旋律市場化的小成本影片《離開雷鋒的日子》（1996年）。這部電影把80年代「告別革命」的主流意識形態清晰地書寫為一種「離開雷鋒的日子」（「雷鋒」成了50-70年代的文化標識），講述了新時期以來喬安山處處以雷鋒為榜樣，卻非但沒有獲得表彰，反而處處被誤解、冤枉，正如結尾處他和兒子的車壞在荒野中，無人願意伸出援手。也就是說這部電影恰好呈現了「雷鋒」的死亡和缺席，但是影片以喬安山終究獲得人們的理解來彌合這種雷鋒離開所留下的斷裂。喬安山以做事認真負責、不願意走後門、不討好領導、助人為樂的形象成為雷鋒精神的當代傳人，這與90年代官方意識形態用愛國主義、見義勇為、好人好事、誠信等日常道德來重建市場經濟下基本的社會倫理是契合的。這種新官方意識形態重新借助50-70年代的道德典範（雷鋒、焦裕祿等），一方面是為了接續新時期與50-70年代的歷史斷裂，另一方面也把50-70年代書寫為除了血污與爭鬥之

外的具有高尚道德的、純潔的年代（這也基本上成為90年代以來關於50-70年代的雙重想像：佈滿血污、屈辱與傷害和青春、高尚與純潔的時代）。

這種悲劇式的幹部、模範形象（以好幹部、好人的死亡為悲情的頂點）延續到新世紀以來的主旋律敘述中，如《生死抉擇》（2000年）、《任長霞》（2005年）、《鐵人》（2009年）、《袁隆平》（2009年）、《第一書記》（2010年）等。這些電影（電視劇《任長霞》在2007年獲得某種收視成功）大多無法獲得市場成功，或者說主要由政府或地方政府宣傳、文化部門投資拍攝，以獲得「五個一工程獎」或政府華表獎為目標（這也成為各級文化主管部門的「文化政績」），這種自產自銷的方式已經成為主旋律生產的主導方式。儘管如此，從《焦裕祿》（「毛主席的好學生」）到《任長霞》（警界女神警、「任青天」、「女包公」），一種主旋律敘述的慣常模式已然形成，這是一群大公無私、一心一意、嘔心瀝血「為人民服務」的好幹部，他／她們以「黨／政府的化身」來解決社會矛盾，重新「為民做主」。有趣的變化在於，如果說在90年代初期這種苦情英雄依然需要放置在50-70年代的歷史之中（也只有那個時代才能出現焦裕祿、雷鋒式的人物），那麼《任長霞》則以苦情女性的「性別」優勢，使得作為國家機器的員警／法律再次成為懲惡揚善的道德化身，恰如「十大法治人物」被凸顯或被感動的恰好不是「鐵面無私」、「嚴格執法」、「依法執政」的法律工作者，而是不畏艱難和壓力、突破重圍、揭開迷霧的道德典範。也就是說，無論是任長霞，還是法治人物，法律／法治與一種被重新建構、發明的民間／傳統倫理道德（如好人、青天、良心等）耦合起來。

不過，需要指出的是，自80年代中後期主旋律出現、90年代後期政府進一步資助、扶持主旋律創作（設立專項基金和獎項），這種國家主導下的電影／文化生產只是中國文化市場的一部分，新時期以來更為重要的變化是主旋律之外以市場化方式運作的文化生產。這一方面呈現為作為黨／政府喉舌的新聞宣傳部門依然充當著「喉舌」的功能（堅持正確的輿論導向），另一方面這些附屬於政府的文化事業單位及其這些事業單位的附屬公司卻成為市場化運營的主體（近幾年來文化事業單位開始從體制中剝離出來，走向集團化、市場化運營，但民營及外資早以「公開的秘密」的方式介入諸多文化生產）。如果說政治宣傳、主旋律在80年代以來處在無效的狀態，那麼承擔意識形態功能的則是90年代在市場化進程中日益完善的大眾文化生產。這種官方說法的「外在」灌輸與市場導向的內在需求成為80年代以來主流意識形態分裂的表徵，正如作為一種制度慣性，勞動模範、三八紅旗手等帶有50-70年代印跡的評價、獎勵體系依然在延續，只是很難獲得人們的「欣然接受」（眼睛雪亮的「群眾」一眼就可以指認出這是一種「虛假宣傳」），但在大眾文化或市場經濟的視野中，其他偶像（明星、老闆、財富神話、知本家[5]、權貴等）早已成為深入人心的「榜樣」和「典範」（人們「心甘情願」地主動購買和消費這些偶像）。有趣的是，人們經常把前者指認為一種官方／體制／黨／國家的聲音（因「宣傳」而主動拒絕），而

---

[6]　知本家是指依靠高新知識創造財富的資本家，尤其是互聯網行業的成功人士，如美國的比爾・蓋茨（微軟公司）、馬克・紮克伯格（臉書網站）、大陸的馬雲（阿里巴巴網站）、李彥宏（百度網）等。相比工業時代的產業大亨集一生經歷創造商業帝國（如石油大王洛克菲勒、鋼鐵大王卡內基），這些後工業時代的成功者更加年輕、更有知識，借助新興技術和風險投資在很短的時間裡積累巨額財富。

把後者指認為一種反（非）官方／反（非）體制的代表（因「市場」／中立價值而由衷認同），這顯然是一種意識形態誤認，因為改革開放、市場化、扶持民營經濟本身恰好是新時期以來執政黨轉向「以經濟建設為中心」的主旋律，或者說80年代以來主流意識形態正是以反官方／反體制的吊詭方式運行的。這種自我分裂、內在悖反恰好是新時期以來執政黨的能指延續與其對應的意識形態所指的斷裂造成的。

對於反體制、反官方的、去政治化的公民或市民主體來說，任何超越性的價值、理想都是一種可笑的、不可信的（「躲避崇高」和顛覆經典的後現代犬儒態度）。正如2004年黃建新導演的《求求你，表揚我》中，無論是具有中產階級身份的記者，還是受害人女大學生，都很難理解那個憨厚的「農二代」為什麼非要一次報紙的「表揚信」（「表揚」／精神鼓勵如此重要嗎？）。儘管記者最終被臨死的勞動模範／父親周身牆壁所貼滿的獎狀深深感動（仿佛這個已近中年的中產階級記者從來也不知曉還有這樣的人和這樣的歷史），但是與《離開雷鋒的日子》相似，這種做好事、為失學兒童捐款的道德典範成功地跨域了50-70年代的界限，而成為一種當下可以接受也需要的倫理行為。如果考慮到近幾年來中產階級／「有錢人」的善舉已經成為一種彌合階級斷裂的頗具整合性的論述，這種毫無私心的「社會主義新人」被有效地轉化為市場經濟下的基本倫理道德規範。在這個意義上，能否樹立新的英雄、模範，成為主流意識形態能否獲得認同的關鍵，這也正是「十年法治人物」所標識的作為新的道德典範的意義所在。

二、舊瓶如何裝新酒：意識形態的分裂與整合

七八十年代之交的歷史轉折，作為一種延續（共產黨延續其執政地位，前30年和後30年分享同一個能指）中的內在斷裂（改革開放的合法性建立在對毛時代的內在批判之上），給執政黨造成了巨大的合法性危機。眾所周知，改革開放／新時期的開啟建立在對50-70年代尤其是文革的傷痕式、控訴式書寫（這也曾經是80年代中前期政府／民間的社會共識），只是這種自我否定、自我顛覆（如同1956年蘇聯共產黨第二十次代表大會的秘密報告「自爆家醜」）必然削弱共產黨作為執政黨所曾經擁有的合法地位（在沒有找到新的合法性之前，鋸斷自己所站立的意識形態樹枝是很危險的）。在80年代執政黨一方面逐步推進商品化、雙軌制改革（90年代是更為激進的市場化改革），另一方面又不斷通過反對資產階級自由化的方式來回應對執政合法性的挑戰，這也就形成堅持改革開放與堅持「四項基本原則」的悖論／辯證關係。這就使得80年代以來官方對於50-70年代的左翼實踐處在一種既不能完全否定（「延續性」）又不能完全肯定（「斷裂性」）的狀態，或者說，執政黨始終處在一種自我否定、左右出擊又左右夾擊的狀態。為了回應這種執政危機，80年代中後期主旋律開始出現，主旋律的產生與其說延續了50-70年代作為共產黨執政合法性的論述（相反是建立在對50-70年代的否定與批判之上），不如說更是為了尋找與80年代以來建設有中國特色社會主義市場經濟相匹配的意識形態表述（找到新的可以落腳的意識形態樹枝）。這種意識形態的斷裂，造成了一方面在官方媒

體、作為意識形態國家機器的中小學教育以及無處不在的國家／
體制中看到、感受到執政黨的身影，正如「自由派」所看到的無
處不在的專制、集權（體制、政府、黨、國有企業等）；另一方
面又在逐步深入的商品化、市場化、政企分開（中小國營企業的
破產重組中）、單位制改革、私營經濟發展中感受到以市場經濟
為組織原則的社會、經濟運行方式，正如新左派／老左派所看到
的社會主義舊有體制的消失、工人階級的下崗和農民工以廉價勞
動力的方式成為全球資本主義製造業的底層勞工等。也就是說，
「自由派」看到的是一種體制的內在延續，新左派／老左派看到
的則是體制的內在斷裂，這種兩面性恰好就是新時期以來主流意
識形態的基本特徵或者說尷尬之處（非左非右、即左即右）。
問題的複雜在於，有時候看似舊體制的延續（好像還是「舊
瓶」），實際上卻完成了「脫胎換骨」式的變臉（舊瓶已然裝
上的新酒），正如從國「營」企業到國「有」企業，資產所有
者已經從全民所有變成了國家所有，企業的性質發生了根本變
化。如果說自80年代以來曾經高度意識形態化／政治化的執政
黨始終處在一種去政治化／去意識形態化的狀態，那麼尋找新
的意識形態合法性就成為執政黨的內在要求。在這裡，我想引
入80年代以來在不同歷史時期出現的三次關於人生觀、價值觀
的討論，來呈現這種處在分裂狀態的主流價值觀是如何一步步
從找到合法性來源的（舊瓶在不更換品牌的前提下如何裝上了新
酒）。

　　1980年《中國青年》雜誌刊登了「潘曉來信」《「人生的
路呵，為什麼越走越窄……」》（由雜誌社編輯參與策劃的一封
「讀者來信」），掀起了關於「人生的意義究竟是什麼」的大討

論[6]。在信中敘述者說出了自己的人生困惑：「小學的時候，我就聽人講過，《鋼鐵是怎樣煉成的》和《雷鋒日記》。雖然還不能完全領會，但英雄的事蹟也激動得我一夜一夜睡不著覺」、「我開始形成了自己最初的、也是最美好的對人生的看法：人活著，就是為了使別人生活得更美好；人活著，就應該有一個崇高信念，在黨和人民需要的時候就毫不猶豫地獻出自己的一切。我陶醉在一種獻身的激情中，在日記裡大段大段地寫著光芒四射的語言，甚至一言一行都模仿著英雄的樣子」，但是經歷了「文革」中組織的欺騙、家庭的離散、朋友和愛人的背叛等挫折和傷痛，「我」認識到「人都是自私的，不可能有什麼忘我高尚的人。過去那些宣傳，要麼就是虛偽，要麼就是大大誇大了事實本身」，最終「我體會到這樣一個道理：任何人，不管是生存還是創造，都是主觀為自我，客觀為別人。」這封信基本上吻合於七八十年代之交的傷痕書寫，在追溯中完成「文革」對於「我／個人／青年」來說是一次遭遇創傷和價值觀破產的敘述，或者說「文革」不僅沒有能夠實現「激動不已」的英雄事蹟，反而走向了自身的反面，造成了「相信眼睛」（「眼睛所看到的事實」＝「目睹了這樣的現象」＝「自己高尚的心靈」，忠實於自己內心的掙紮和不安）還是「相信書本」（「頭腦裡所接受的教育」＝「以前看過的書裡所描繪的」＝「師長」，外在的教條化的意識形態宣傳、灌輸）的「迷茫」。值得注意的是，敘述者並沒有敘述自己為何會陷入這種人生困境，在「我」「一言一行都模仿著

---

[7] 最近關於「潘曉來信」的研究被放置在理解七八十年代歷史轉折的重要症候，如賀照田：《從「潘曉討論」看當代中國大陸虛無主義的歷史與觀念成因》（《開放時代》，2010年第7期）、王欽：《「潘曉來信」的敘事與修辭》（《現代中文學刊》2010年第5期）等。

英雄的樣子」的時候就「常常隱隱感到一種痛苦，我眼睛所看到的事實總是和頭腦裡所接受的教育形成尖銳的矛盾」。也就是說，「我」始終無法像「雷鋒、保爾」那樣「陶醉在一種獻身的激情」中。這種外在的宣傳／教育與「眼睛／心靈」的「真實」感受之間的錯位使得「自我／主體」處在內在分裂的狀態。正如這封信開頭「我今年23歲」已經確立了一個「我是為了自我，為了自我個性的需要。我不甘心社會把我看成一個無足輕重的人，我要用我的作品來表明我的存在。我拼命地抓住這唯一得精神支柱，就像在要把我吞沒的大海裡死死抓住一葉小舟」的主體狀態，喜歡「文學」的「我」（文學成為外在於政治／意識形態的自我的表徵）再次回應五四時期／啟蒙主義的經典命題：「我是誰」、「我如何成為我自己」。這恰好呈現了七八十年代之交，舊有的意識形態說教破產，而新的意識形態尚未降臨的尷尬狀態。

「潘曉來信」雖然在1983年清除精神污染的運動受到批判，但是這種英雄事蹟的失效所留下的價值懸置，依然不斷地在80年代以來的社會文化討論中浮現。在2000年因電視劇《鋼鐵是怎樣煉成的》的熱播（這部劇也來拉開了新世紀以來以《激情燃燒的歲月》為代表的新革命歷史劇和紅色經典改編劇熱播的序幕）[7]，《北京青年報》「審時度勢」地發起「保爾·柯察金和

---

[7]　于洪梅在《讀解我們時代的精神症候──對電視連續劇〈鋼鐵是怎樣煉成的〉接受回饋的思考》（《書寫文化英雄──世紀之交的文化研究》，江蘇人民出版社：南京，2000年）中指出90年代以來，這一社會主義時期的經典文本經歷了多次重寫和改寫，如劉小楓的散文《紀戀冬妮婭》、第六代陸學長電影《長大成人》、姜文的粗剪本《陽光燦爛的日子》中馬小軍對蘇聯電影《保爾·柯察金》的戲仿以及不甚成功的話劇《保爾·柯察金》。

比爾‧蓋茨誰是英雄」的討論，一個是前蘇聯時期的無產階級道德典範（大公無私、一心為公、捨己為公、為革命／集體／國家／共產主義犧牲和奉獻終生），一個是當代美國的世界首富／數碼時代的技術精英（知識／技術／財富的完美結合和典範）。顯然，這場爭論的發起者模仿了「潘曉來信」的方式，寫信人「讀者小潘」看了《鋼鐵是怎樣煉成的》之後也陷入潘曉式的困惑：一方面在工作中以比爾‧蓋茨為偶像（「一個以智力博得財富的當代神童」），另一方面又受到電視劇的影響，「被保爾的故事所打動。為此，我特意找來原著，認真地讀了一遍」，但是，「當我脫離書本和螢屏，重回激烈競爭的工作中時，比爾‧蓋茨的形象再次覆蓋眼前的一切，並與保爾‧柯察金的形象產生激烈的衝突」[8]。在這裡，「書本」（在80年代被認為僵化的意識形態教科書）與螢屏（反體制的市場化的大眾傳媒）不僅不是對立的，而被放置在一起，這似乎呈現了主旋律與市場化的大眾文化生產之間的和解。這種討論延續了「潘曉來信」的基本議題，不同的是，經過近20年代的市場化改革，已經出現了取代「保爾‧柯察金」、「雷鋒」的新英雄「比爾‧蓋茨」，只是新偶像的確認似乎還需要一場「早就知道勝負」的與舊英雄的決鬥來完成。人們從《鋼鐵是怎樣煉成的》的電視劇中看到了保爾的純潔、高尚等優秀品質，這種品質並沒有喚起人們關於社會主義是欺騙、荒誕的歷史記憶，反而是一種可以與當下生活相容的倫理道德規範。與「潘曉來信」陷入「大公無私」與「主觀為自我，客觀為別人」的人生選擇不同（潘曉對於無法身心統一而深

---

[9]　《保爾與蓋茨誰是英雄》，《北京青年報》2000年3月11日，http://www.people.com.cn/GB/channel6/33/20000322/20982.html。

深自責和懺悔，以至於向《中國青年》／組織／體制尋求諒解和解答），這場保爾與蓋茨之爭與其說是一次帶有冷戰色彩的大對決（社會主義與資本主義意識形態的對立），不如說更是在中國文化內部把50-70年代的道德、意識形態整合進當下的時代之中，人們從「保爾與蓋茨」身上所看到的不是他們之間的截然對立，而是一種包容和互補。如「保爾是理想主義的化身；蓋茨是實踐的楷模，以保爾精神創造蓋茨奇跡才能成為真正無愧於時代的英雄」、「保爾與蓋茨固然有許多不同，但他們的共同之處在於都試圖通過直觀的個人努力來追求人類社會的進步。如果簡單地問誰是英雄，就犯了絕對化的毛病，兩個人物不應絕對對立」、「一個修鐵路，一個修資訊公路，他們都完成了自己的理想」、「保爾代表了我們這個社會所一貫宣導的主流價值，也代表了自有人類以來超越時代的一種道德英雄。而另一個同樣不能否認的當代天才比爾‧蓋茨，他代表的則是對歷史前進趨勢的準確把握。他運用個人的智慧和才能，借用社會群體功利需求的有力杠杆，從而推動社會進步。這種人物，進步的歷史學家從不以簡單的道德判斷加以否定，而總要以其客觀功效作為衡量是否是英雄的評價尺度」、「這兩種價值在西方時間都是現實共存的。知識經濟把社會分為兩個領域：充滿競爭的市場和充滿溫情的社區。蓋茨是前一個領域的英雄；而後一個領域，則有一大批品德高尚的人在為社會默默奉獻」[9]。在這種爭論中，保爾所代表的社會主義實踐中的血污與蓋茨作為資本家的血淚史都被消隱，出現的是知識／道德典範、知識／技術改變個人／社會／人類命運

---

[10] 摘錄《北京青年報》相關討論觀點。

的英雄。不得不指出的，正如「小潘來信」中的小潘擁有都市白領、IT從業人員的身份，這種中產階級或準中產階級的目光使得保爾與蓋茨被完美地嫁接在一起。在這個意義上，這種爭論與其說放大了保爾與蓋茨之間的意識形態斷裂，不如說消解了他們所負載的意識形態內涵。或者說，人們如此心平氣和地參與「保爾與蓋茨」的PK大賽本身成為後冷戰時代的文化症候。

與「潘曉來信」、「保爾與蓋茨之爭」不同，「範跑跑」以「壞榜樣」的方式引人注目。就在2008年汶川大地震中媒體一次次地報導災區教師不怕犧牲自我保護學生的師德典範之時，都江堰某中學語文老師範美忠卻在天涯博客上公開發表《「那一刻地動山搖——5‧12汶川地震親歷記》的博文（5月22日）[10]，「有理有據地」闡明自己為何要逃跑的合法性，引發網友一片譁然，範跑跑受到網友的狂轟亂炸，幾乎被口水戰所湮沒。在《那一刻地動山搖》的激揚文字中，範跑跑懷著一種被專制強權政治迫害的妄想（「思想烈士」）[11]，對自己為何先跑進行了辯解。其中，最為「鏗鏘有力」的是「我是一個追求自由和公正的人，卻不是先人後己勇於犧牲自我的人」[12]，這句話的有趣之處

---

[11] 範美忠：《那一刻地動山搖——5‧12汶川地震親歷記》，2008年5月22日9:09:00，http://blog.tianya.cn/blogger/post_show.asp?BlogID=332774&PostID=13984999&idWriter=0&Key=0。

[12] 據網上傳言，範美忠已經被教育部及其做在學校取消了教師資格，這更為「政治迫害」增加了一些現實基礎。

[13] 學者黃應全的文章《汶川大地震證明儒家「性善論」了嗎？——「範跑跑」事件的是非及倫理學啟示》（http://www.xschina.org/show.php?id=12455。）對此作了深入的論述，指出「這句話涉及兩種類型的『普世價值』（與左派不同，我堅決相信存在『普世價值』），一是自由、民主、公正等等，二是仁愛、奉獻、犧牲等等」，這樣兩種價值在自由主義內部是不衝突，「據我所知，只有自由主義的對手和敵人斷章取義地攻擊自由主義之時才會炮製出這種論調」，換言之，黃應全認為範跑跑對自由的理解是對自由主義的誤讀，恰恰是自由主義的反面。

在於一個「卻」字，為什麼在範跑跑這裡，「自由和公正」與「先人後己勇於犧牲自我」就是相悖的或者說不相容的呢？範跑跑為何會有這樣的邏輯，恐怕與冷戰歷史以及社會主義、資本主義的意識形態之爭有關。在這種振振有詞的說辭背後，是前者代表著「自由、公正、民主」的西方世界的「普世價值」，後者代表著「犧牲自我，匯入人民」的或許帶有禁慾色彩的共產主義道德精神[13]。在後冷戰的時代，自由、民主、人權早已成為時代主流，而諸如國際主義等帶有超越性價值的社會主義或者說共產主義的道德價值早已經被汙名化（或者轉換成人道主義話語），這樣兩種價值的對立或者說水火不容正是冷戰時代西方陣營的邏輯在後冷戰時代的延伸。范跑跑的「自信」來自於80年代以來官方說法對於50-70年代倫理道德的批判，這種逃跑的行為與其說是思想異端，不如說是另一種主流邏輯的產物。同樣的話，「潘曉來信」中也出現過「我不是一個高尚的人，但我是一個合理的人」。不同的是，潘曉的話獲得了喝彩，30年後範跑跑的話卻受到網友（處在反體制、反官方的主體位置上）的指責[14]。因為在2008年汶川大地震的時刻，志願者精神、公民責任已經成為

---

[13] 黃應全的文章由範跑跑的「性惡論」引出「汶川大地震證明儒家「性善論」的了嗎」追問，進而指出無論是性善論還是性惡論都是本質主義的結果，對於論述範跑跑的倫理學基礎來說，這恐怕有跑題之嫌（作者也意識到這一點），與範跑跑更切近的歷史語境，還是80年代被清算的社會主義道德。

[14] 有趣的轉折發生在，範美忠參加鳳凰台的「一虎一席談」欄目之後（6月7日），與「思想烈士」范跑跑的冷靜、理性相比，「道德衛士」郭松民「暴跳如雷」地辱罵式的道德審判更顯「滑稽」（事後，網友稱之為郭跳跳），經歷這場「現場」辯論，範跑跑被主持人定位為「我們這個社會應該包容的異端，因為包容異端代表著我們這個社會的進步」，於是，經歷了郭跳跳與範跑跑的辯論之後（兩人的論辯基本上複製了80年代的文化邏輯，用個人權利來對抗壓抑個人的社會主義道德），範跑跑獲得了更多同情票（也在網上被譽為自由民主之神），有了更多範粉或範絲。

新的道德準則。在這一點上，範跑跑確實冒了「新主流」之大不韙。這種網友們對於範跑跑的批判恰好不是階級仇恨式的、社會主義政治的實踐邏輯，而是「自發地」在危機時刻對公民社會的道德規範的認同，或許這種「負面」教材比那些第一時間捐款、捐血、奔赴災區以及把生的希望留給學生的教師們等正面形象更為有力、有效地確立公民社會以及公民身份的行為規範及道德自律。

從這樣三個改革開放30年裡不同時間點發生的社會文化事件，可以看出主流意識形態已經從80年代對於潘曉事件的猶疑，轉變為保爾與蓋茨的意識形態對立的消解，再轉變為網友主動承擔其公民道德的自覺衛士。如果說「潘曉來信」在宣告雷鋒、保爾等英雄敘述的無效、說教和欺騙的同時，呈現的依然是無法趕上時代潮流的焦慮（「有人說，時代在前進，可我觸不到它有力的臂膀；也有人說世上有一種寬廣的、偉大的事業，可我不知它在哪裡」），那麼這種落後於時代的惶恐在保爾與蓋茨之爭中並沒有出現，相反人們開始重新肯定保爾的正面價值（與當下世俗的、市場經濟時代截然不同的「激情燃燒的歲月」，那個時代人們具有高尚而純潔的道德），與此同時把保爾與蓋茨都看成是「人類的英雄」、「任何時代都需要的英雄」。而「範跑跑事件」一方面呈現了範跑跑式的邏輯建立在對50-70年代倫理道德的負面認同之上，另一方面這種公民責任、道德、志願者精神已經開始成為官方與民間共用的新的倫理規範。也正是在這個意義，新世紀以來法治精神也成為新主流的重要表徵，充當著與公民責任相似的文化功能。

三、以法治的名義：「法治人物」的「除魔術」

　　回到這次紀念「法治人物頒獎盛典」十周年晚會，主持人一開始就進行了破題工作，自2001年把「12.4」確定為「全國法制宣傳日」已經過去了十周年，之所以選擇「12.4」是因為「1982年12月4號中華人民共和國現行《憲法》頒佈」。也就是說，「12.4」的特殊意義在於1982年版《憲法》的頒佈，這部《憲法》的修訂直接聯繫著法律／法制在七八十年代歷史轉折時期的特殊功能。儘管「文革」結束於「四人幫」的被捕，但確立改革開放的合法性卻是通過對「四人幫」的公開審判、宣判來最終完成的。這種以法律的名義進行的「特殊審判」本身已經擺脫了文革時期路線鬥爭、文化／意識形態論戰的方式，而對於「十年浩劫」的總結也在於一種現代法律制度的缺席造成的，用「法治」的秩序來對抗人治的惡果成為劫後餘生的人們的一種社會共識。因此，「撥亂反正」的重要工作之一就是重新恢復被文革打亂公檢法系統，法律的回歸意味著「大鳴、大放、大字報、大辯論」等「人民民主」方式的終結，法治取代「以階級鬥爭為綱」成為意識形態轉折的重要標識。正是在這種背景下，法律／法治成為80年代制度崇拜的核心。另外，法律／法治被作為一種執政黨的執政基礎和合法性來源與新世紀前後執政黨的自我定位和調整有關。1997年「十五大」報告中提出「依法治國，建設社會主義法治國家」，2002年「十六大」報告中明確「依法治國是黨領導人民治理國家的基本方略」，並不斷提出「提高依法執政的能力」、「社會主義法治理念」、「弘揚法治精神」等論述，把

「依法執政、執政為民」作為執政黨獲得合法統治的來源。從這裡可以看出法治已經成為一種和諧社會的和諧理念。重要的不在於中國究竟是不是一個法治國家，而在於政府與央視使得人們相信「法治的力量」。也正是在這種意識形態轉型背景下，對法治人物的評選「應運而生」。

自2003年起央視每年12月4號舉辦年度法治人物評選，每年評選十位法治人物，這些平凡而普通的獲獎嘉賓作為「法治精神」的體現者，是被政府職能部門認定、通過社會評選並最終由央視「廣而告之」的「榜樣」、「英雄」和「模範」。與往年的「年度」法治人物不同，這次評選的是「十年」法治人物。獲獎者有：討工錢的進城農民工、犧牲的駐海地維和員警、法律援助律師、「寶貝回家尋子網」志願者、「打虎網友」、糾正冤假錯案的檢察官、普通人民調解員、揭露三鹿奶粉的醫生、環境污染法律援助機構發起人、67年的償還父親債務的老人。從獲獎名單中可以看出與時下各行各業的頒獎典禮和名目繁多的獲獎稱號不同，這台主題明確的晚會卻格外具有包容性，獲得「法治人物」命名的獲獎者主要不是法律工作者（公、檢、法的從業者），而是農民工、醫生、志願者、網友、好心人等多重階層、職業身份（如其他經濟年度人物、「感動中國十大人物」等欄目也是如此），正如欄目宗旨「這些人物既有個人，也有集體，來自於社會的各個層面，具有不同的職業背景，年齡層次，教育程度，他們的故事也呈現出豐富的內容與形態，他們的共性就是用實際行動推動著中國的法治進程，彰顯法治的力量」[15]。在這個權威媒

---

[15]　《中國2010年法治人物評選節目簡介》，http://news.sina.com.cn/c/sd/2010-10-15/144721282997.shtml。

體和黃金收視時間所搭建的「大眾」螢屏上（在中國恐怕很少有比中央一套晚八點更為「黃金的」收視時段了，如果考慮到中國遠非「北、上、廣」等特大都市區域的話），上演了一出「法治」降妖除魔的情景劇。正如主持人送給「打虎網友」的「三個代表」（「小魚啵啵啵」、「祖輩是農民」和「小兔釣魚」）每人一個孫悟空面具，讓演員六小齡童給這些「火眼金睛」的美猴王頒獎。於是，這些不斷走上舞臺的「法治人物」成了當代美猴王，揮舞著「法律」的金箍棒，打倒一切「害人蟲」（三鹿奶粉、環境污染等），使當下中國／中國社會的妖魔鬼怪都「顯了原形」。「法治」為何具有如此「神力」呢？政府與央視又是如何聯手建構或詢喚出「法治」的魔影呢？

如同2004年以來每年元旦後發佈的「中央一號檔」都是以「三農」為主題的，這次法治人物第一個登場的也是「農民工」[16]。2003年500名被拖欠工資的農民工通過法律手段討回了公道，解說詞說他們「主動拿起法律的武器，引發了一次公益維權的接力。法治讓他們有尊嚴地勞動，感受勞動者的光榮」。在「法律的武器」幫助農民工獲得「尊嚴地勞動」背後，沒有說出的事實是2003年新一屆政府一上臺，溫家寶總理就為農民工討工錢，從而使得拖欠農民工工資的問題成為一種社會關注議題（十年之後，農民工欠薪依然是一個懸而未決的問題）。當人們為農民工討回工錢而喝彩時，也呈現了農民工經常處在被拖欠和無法拿到工資的境遇。更為重要的是，這種通過合法／法律手段

---

1   最近幾年，農民工開始在一些帶有國家色彩的重大文化活動中「露臉」，2008年
　　中央春節晚會由農民工出身的明星王寶強（成為明星的幸運兒）演唱了「為了一
　　個夢，進城闖天下」的《農民工之歌》；2009年建國60周年大型舞蹈史詩《復興之
　　路》中有一首「民工之謠」，農民工成為整場演出中唯一被指認出來的社會群體。

討回工資的「例證」成為緩和勞資矛盾的修辭，似乎只要按時領取工資，就可以換得「有尊嚴地勞動」，就可以「感受勞動者的光榮」。農民工自80年代末期出現以來，始終無法獲得「工人階級」／無產階級的身份和命名的狀態（被稱為「盲流」、「外來妹」、「打工仔」等），直到最近溫家寶總理在一些場合承認「農民工」是「現代產業工人隊伍的主體」[17]。有趣的是，就在農民工「榮登」產業工人「寶座」之時，也是國有大中型企業完成破產重組、大量工人已然下崗的時刻。也就是說，舊有的社會主義體制內部的工人階級退出歷史舞臺和更為廉價的農民工登上歷史舞臺是同一個歷史進程的產物，他們失之交臂，儘管可以分享同一個能指（產業工人、勞動者），卻無法分享彼此的傷痛與歷史。

如果說法律可以使處在弱勢地位的農民工獲得在市場／契約中的合法收入，那麼法治的功能更多的體現在一種公民行動上。正如這些法治人物中最多的一類人物就是體制的懷疑者、批判者或揭秘者，也就是一種反體制的代表。如「打虎網友」質疑的是陝西省林業廳公佈發現華南虎的消息；檢察官蔣漢生用七年時間，使得冤屈的胥敬祥重獲自由；醫生馮東川揭露三鹿奶粉危害兒童健康；環境污染法律援助機構發起人王燦發「為地球代言，為環境說話」等。在這裡，法治成為恢復真相、回歸正義、保護健康、留住綠色的「萬能膠」。還如法律援助律師、人民調解員和「寶貝回家尋子網志願者」，他們充當著協調者／仲介者的角

2　2004年中央一號文件指出：「農民工作為工人階級隊伍的新成員，已經成為我國產業工人的重要組成部分」；2009年溫家寶總理在五一勞動節看望北京地鐵建築工人時，承認農民工「已經成為我國工人隊伍中的一支主力軍」；2010年兩會前夕溫家寶總理回答網友問題時再次提到「農民已經是現代產業工人隊伍的主體」。

色，維繫著社會和諧和家庭的和睦。這台晚會特意邀請這些法治人物的救助物件來上臺為其頒獎，使得典禮更像一場感恩晚會。在被救助的孩子感謝醫生、獲得自由的囚犯感謝檢察官時，整場晚會籠罩在一種苦盡甘來、撥雲見日、大團圓的氛圍中。法治使得這些體制的反叛者變成了新體制的守護神，主持人（央視）／政府（體制）則提供一個和諧的舞臺。

最後一個出場的獲獎者是一位85歲的老人鄭宜棟，他的感人事蹟是替1942年去世的父親償還債務。因為其作為歷史老人的身份，使得其歷史敘述超過了「十年法治人物」的時間，跨越了67年的歷史，從父親1942年因戰亂去世，鄭宜棟就走上了替父還債之路。他的還債之路在建國後被打斷，其宣傳短片中並沒有留下空白，而用他個人的照片（結婚、生子）來標識，並且說鄭宜棟積極參與農村工作，領導群眾搞土改、合作社、人民公社等。在那個「沒有還債」的年代裡，鄭宜棟「算得是鄉親們的大賬，顧不了家裡的小帳了」。直到1996年，鄭宜棟才開始重新接續建國前未完的還債承諾。1949年的歷史斷裂，通過1996年的還債行為而重新接續。這種歷史剪輯策略來自於80年代以來把50-70年代作為異質段落減去的歷史敘述方式。在80年代出現了兩種歷史敘述，一種就是把80年代直接對接到五四（從而宣佈50-70年代為前現代），另一種就是強調20世紀歷史整體論，重建被左翼文藝壓抑的現代性脈絡（如把80年代的上海對接上30年代或晚清民初的華洋雜處的老上海，或者把80年代以來在現代性邏輯下的自我／文化自覺接續到1949年民國的脈絡之上）。不過，在這裡，這種歷史敘述法發生了一種變奏，就是把曾經被剪掉或有意忽視的50-70年代歷史重新填補上，而且使用一種正

面的敘述方式。在這個意義上，50-70年代以某種方式被接續到1942年到1996年的歷史之中。

這樣一台「賺人眼淚」的主題晚會，與其說是進行一種主題式的宣傳，不如說更是一種整合不同主體、表述、立場的舞臺。僅從獲獎成員就可以看出，法治、法律在這裡成為一種超級能指或崇高客體，入選的人員中更多的是普通公民、環保人事、助人為樂者等，可謂無所不包、方方面面。也就是說法治把這些差異性主體統一起來。在這個意義上，霸權建構的過程就是一種把差異性耦合起來的過程。「法治的力量」如同一粒「萬靈丹」，不僅「包治百病」——醫治、彌合、協調、償還諸種社會／歷史的傷口、矛盾、縫隙和債務，而且完成了主流意識形態的說服工作——冤屈得到昭雪、環境得到保護、丟失寶貝得以回家的「人間正道」或「人間奇跡」是在政府／央視的舞臺上完成的，從而使得這些充滿戲劇衝突或鬥爭的摺子戲，有著「大團圓」的結局，因為在傷口、矛盾獲得彰顯的時刻，政府／國家／媒體的頒獎、認可和命名已經可以充當「破鏡重圓」、「匡扶正義」或者至少「獲得精神／物質的雙重賠償」的撫慰功能。這不僅涉及到主流意識形態在經歷七八十年代的歷史創傷以及八九十年代的多次嘗試、重新獲得社會認同的問題，而且關乎執政黨借重「法治」的話語完成從革命黨到執政黨的轉換，並在「依法治國」（十五大提出）、「依法執政」（十六大提出）的論述中重新確立執政的合法性，這也正是「法治」在當代／當下中國具有格外重要的功能。

可以說，新世紀以來作為官方說法的執政理念已經逐漸從50-70年代的意識形態窠臼中擺脫出來，耦合了多重文化資源

（傳統文化、民間倫理、法治理念、個人奮鬥、公民權利、社會責任等）。這裝上了新酒的舊瓶，是舊瓶，還是新酒呢？

寫於2011年1月

第八章

「見證奇跡的時刻」：草根達人的顯形術與屌絲的逆襲

　　隨著旭日陽剛、西單女孩等草根明星登上2010年春節晚會的大舞臺，他們也被認為是這個時代最大的成功神話，春節聯歡晚會過後，許多電視欄目把他們作為訪談嘉賓，讓其現身說法講述夢想成真的故事，但沒過多久，這些草根明星的娛樂潛能似乎就被耗盡了（大眾文化沒有「不老的傳奇」，「速朽」正是常態）。不過，近幾年來《星光大道》、《中華達人》、《中國達人秀》、《我是大明星》、《你最有才》、《我要上春晚》、《中國夢想秀》、《天下達人秀》等電視欄目紛紛以草根選秀或草根達人為主角。如果說「超女快男」作為草根階層走的是青春靚麗的帥男美女路線，那麼這些被獵奇化的草根明星、草根達人為什麼也會分享「草根」這個命名，並成為時下電視螢屏的「寵兒」呢？或許，值得追問的不是草根是誰或者草根包括哪些群體，重要的是草根被定義的方式以及草根作為社會修辭的文化功能。

一、「我是草根，我怕誰」：草根的「顯形」

　　儘管「草根」早在上世紀80年代就進入中國，但其成為一種社會流行語，是2005年前後才出現的文化現象。在此之前即

使那些以草根為主角的娛樂節目，也很少使用草根，而用老百姓、平民、普通人等詞彙，這些表述往往與人民、黨、幹部、基層、群眾等命名方式聯繫在一起，成為一種延續至今的毛時代遺留下來的社會政治實踐方式（在空洞的官方新聞報導中，這些詞彙依然被使用，只是其特定的政治性已經很少被提及）。改革開放以來，個人、個人主義被作為個性解放、人道主義的政治實踐逐漸深入人心，再加上90年代中後期以來公民、公民社會、中產階級社會的討論，公民／「審慎而理性的中產階級」取代了人民成為新的社會想像的基礎，與此同時，底層也取代了基層成為弱勢群體的代名詞。而90年代隨著商品經濟所催生出的「大眾文化」也被認為與官方／政治文化、精英／知識份子文化不同的樣態（「人文精神論爭」某種程度上是人文知識份子被大眾文化邊緣化的微弱反抗）。不管是80年代的個人主義（人性論），還是90年代的公民社會、大眾文化的討論，都建立在對官方／體制及其相關的政治經濟實踐的反抗和批判之上（這種非體制／非官方的想像是80年代以來自由主義論述的基本姿態，在經濟上推崇自由放任、在政治上主張憲政民主、在文化上支援市場邏輯下的大眾文化）。可以說，「草根」的出現延續了個人、公民、大眾等社會修辭方式關於「非體制」、「民間」的文化想像。

在中國傳統的文化想像中，「草」本身是一種輕微的、低賤的身份表述，如草民（一介草民）、草寇（落草為寇）、草芥（草芥人生），是一種與官、士紳相對立的社會階級。草根某種程度上延續了「草」出身底層的身份（正如富二代、官二代很難被指認為草根），但已經被賦予了現代民主政治的想像。草根來自於對英文「grass roots」的直譯，在美國的語境中，多指「基

層民眾」的含義，被認為是政治學詞彙如草根政治運動。草根作為中文詞彙最先在港臺地區使用，如草根性、草根階層、草根民眾、草根議員等，而80年代末期臺灣民主化運動，草根政治也被作為一種紮根基層的民主實踐。顯然，草根從80年代傳入大陸，這種「政治實踐」的意味被抹去，變成了一種個人／人人都可以獲得成功的「草根夢／美國夢」。這種有選擇性的文化誤讀與草根在大陸獲得流行的契機有關。2005年湖南衛視舉行真人秀節目《超級女聲》（第二屆）大獲成功，這場「全民造星運動」被描述為「一場草根階層的狂歡」[1]，諸如李宇春等平民歌手「一夜成名」的事蹟被認為是草根階層成功的典範。

　　「超級女聲」借助手機短信這種新的媒介平臺來實現觀眾與選手的互動，這種通過電視選秀來製造大眾明星的方式，改變了90年代以來依靠演藝公司、演藝學校來推廣、打造明星偶像的路線，是對《美國偶像》欄目的成功借鑒。就在2005年，一名「非著名相聲演員」郭德綱成為最著名的草根相聲演員，郭德綱及其德雲社名噪京城，民營相聲劇團等劇場藝術開始活躍京城夜生活。相對相聲演員多依附於中國廣播藝術團說唱團、中國鐵路文工團等體制內演出機構，郭德綱被認為是體制外、民間藝術、傳統相聲的代表。無獨有偶，在新世紀以來的影視演員中，群眾演員／草根王寶強成為名副其實的「大明星」，草根王寶強以其相對固定化的形象（多演純潔、善良、傻氣的農民工或具有奇異並創造奇跡的普通士兵），「穿越」、整合或者適用於獨立電影、中產階級賀歲劇和紅色題材影視劇等不同類型的劇種。如果

---

[1]　《「超級女聲」：一場草根階層的狂歡？》，http://news.sina.com.cn/o/2005-07-01/10406321045s.shtml。

說超級女聲、草根達人主要依靠手機、網路、電視選秀節目等新媒體形式來「夢想成真」，那麼郭德綱作為「民間」藝人／民營劇團的成功則與文化生產機制的轉變有關（與50年代相聲演員成為人民藝術家以及80年代以來相聲演員最先成為大眾明星不同），而王寶強的意義在於日漸成熟的主流文化依然內在地需要草根式的人物來建構完成。

在「草根」借助「超級女聲」的媒體效應成為社會流行語之時，有一首網路歌曲《我是草根我怕誰》應時而出，這首模仿周杰倫RAP風格的歌曲講述了「草根」的心路歷程：「你是大牌 你是權威／你是媒體追捧的對象／我是草根 我是網蟲／我是小角色 我無人問津／你有聲望 你很富有／你有腰纏萬貫的投資商／我沒有背景也沒人知道／可這些如今看來並不重要／比的就是創意 拼的就是想法／小人物也可以譽滿天下／你是大人物可以批評我差／但卻不能阻止我的步伐／我是草根我怕誰／大家喜歡我的另類／網路時代我和你平等PK／百姓才是真正的評委／天天我都在努力／希望有一天可以出人頭地／其實也沒有關係／只要秀出自己就可以／天天我都在努力／希望有一天可以出人頭地／其實也沒有關係／只要秀出自己就可以」。這首歌在「你＝成功者＝權威＝投資商＝大人物」與「我＝小人物＝網蟲＝草根」的二元對照中，把草根界定為無權無勢的小人物，敘述了「天天我都在努力，希望有一天可以出人頭地」的奮鬥成功的夢想。而得以成功的社會機制在於曾經被作為「背景、後臺」的「名聲」和「權力」如今「並不重要」了，因為「網路時代我和你平等PK」，並且「百姓才是真正的評委」。可以說，這個首歌很準確地闡釋了《超級女聲》的示範效應，通過「平

等PK」和「百姓」的短信投票，就可以成為「超級大明星」，「網路時代」被賦予了平等參與、機會均等的民主想像（短信、博客、微博等新媒體技術都被認為推動了社會民主化）。更為有趣的是，在「你－我」的對比中，「我是草根」是一種張顯主體性的表述。與底層、弱勢群體作為他者不同，草根被塑造成或建構為一種成為主體的路徑，就是「只要秀出自己就可以」。在這個意義上，草根延續了80年代個人、個人主義的文化想像，也成為「美國夢」最為生動的山寨版本。

從這首歌中可以清晰地看出，草根的浮現與新世紀以來網路等媒體的發展有著密切關係。草根與其說是與體制、官方、主流、精英相對立的概念，不如說是網路、電視媒體重組時代的產物，或者說草根的「被發現」始終聯繫著不斷推出的新媒體（如博客、微博）可以給人們／草根帶來更多成功機會的想像。首先是網路媒體，不管是作為草根「前身」的芙蓉姐姐、後舍男生（當時被稱為「網路紅人」），還是當下的草根明星旭日陽剛，都依賴於BBS、博客、視頻網站等網路平臺的出現。「因為這是一個草根的時代，任何人都可能通過網路在一夜間為廣大線民所知，不再有門檻，只要你夠個性，夠大膽」[2]，草根文化被認為是網路文化的基本特點，儘管「不再有門檻」依然可以看出網路使用者中年齡、學歷的界限，但相比報紙、電視等非互動式媒介，網路具有參與度高的媒介優勢。另外，在以點擊率和註冊人數為基礎的網站運營模式中，也不乏網路推手製造網路紅人來積累人氣。其次是電視媒體，新世紀以來也是電視媒體逐漸走向產

---

[2] 劉丁丁：《從芙蓉姐姐、木子美來談網路的草根性》，http://www.comment-cn.net/society/problem/2006/0711/article_23336.html。

業化、集團化的過程，在製播分離的改革中，收視率成為決定欄目存活的重要尺規，在這種背景下，《超級女聲》、《星光大道》、《中國達人秀》等真人秀節目成為近些年最受歡迎的電視欄目之一。

也正是借助網路及電視媒體的互動中，郭德綱這個名不見經傳的草根藝人在2005年成為最為有名的相聲演員，旭日陽剛、西單女孩也憑藉著網路視頻而從地下通道的流浪歌手「搖身一變」為草根達人，就連他們的藝名也來自網友的命名。在這個意義上，草根的「顯形」與其說來自於技術上不斷降低的媒體門檻，不如說更是這個媒體整合的時代製造出來的「新噱頭」，正如在「個人」式的成功越來越艱難的時代（種種壟斷性資源及社會體制的固化使得市場經濟內部的機會平等越來越少），草根式的成功或幸運最大限度地支撐著「人人都有機會成功」的神話，只是這並非一個新鮮的故事。不過，有趣的是，儘管博客、微博被認為是草根「出人頭地」的舞臺，但是真正使這些新「玩意」具有轟動效應的依然是「名人博客」（如徐靜蕾、韓寒等）、「名人微博」（如微博達人姚晨等），那些作為草根對立面的「大牌」、「權威」、「大人物」可以憑藉著固有的「象徵資本」在新媒體中也佔據耀眼位置。在這個意義上，「網路時代我和你平等PK」或許只是一種「又傻又天真」的美好願望。當然，從另外的角度看，當下主流意識形態更顯示其文化霸權的意味，恰恰是那些比網友、手機拍客、短信參與者以及電視觀眾更為弱勢、底層的草根，「扮演」著這個時代最為重要的意識形態幻想，讓人們仍然相信，這是一個草根也能成功、成名的時代。正如王寶強這樣一個小人物／普通人、草根的「成功」演繹著比

「沒有奮鬥的《奮鬥》[3]」更具有霸權效應的美國夢的故事。

　　下面我以五個不同的個案來呈現草根在當下大眾文化生產中所充當的意識形態功能。第一是通過分析網路紅人芙蓉姐姐的成名之路，來反思賦予網路文化多元、自由、民主想像的文化功能；第二是通過郭德綱及其草根相聲的「成功」，來呈現一種民營、民間文化的「復興」得以產生的文化機制；第三是通過王寶強及其扮演的「工、農、兵」形象來呈現草根在當下主流意識形態建構中所發揮的重要作用；第四就是依託電視選秀節目出現的草根明星、草根達人，尤其是農民工歌手、農民歌手是如何滿足當下觀眾的觀看慾望的；第五是屌絲逆襲和腹黑術成為新的成功夢。

一、網路紅人的迷思：芙蓉姐姐成名記

　　芙蓉姐姐（簡稱frjj）是一個網名[4]，一個來北京考研的外地女青年，通過不斷地在校園網上發表文章和張貼「玉照」而聞名。2005年，芙蓉姐姐從北大、清華的校園內部BBS上「浮出水面」，迅速跳過校園網的防火牆「流入」社會上的公共論壇，

5　《奮鬥》是2007年趙寶剛執導的一部流行電視劇，講述幾個都市青年奮鬥、勵志的愛情故事，其中主角並非一無所有的窮小子，而是同時擁有官爸爸（養父）和富爸爸（生父）的公子哥。

6　根據許多資料顯示，芙蓉姐姐原名史恒俠，而芙蓉姐姐也並非她在網上的ID，她本人多採取「火冰可兒」、「水媚妖姬」、「黑桃皇后」、「清水芙蓉」等名字（芙蓉姐姐的博客命名是「清水芙蓉＋黑桃皇后＋水媚妖姬＝火冰可兒」），按照她接受海南記者的採訪中的說法「芙蓉就是一個普通的網名，好多大學生網友覺得他們比我小，就叫姐姐」，但是，「姐姐」的暱稱恐怕不是年齡使然，而更多地來自於周星馳的《大話西遊》中對於「觀音姐姐」的模仿，這一網友的命名也成為芙蓉姐姐的自我指認。

一時間，芙蓉姐姐成為大眾傳媒的「偶像」或者「紅人」，在這「每個人都可以出名五分鐘」的時代裡或許不值得大驚小怪，但是，芙蓉姐姐的成名之路以及掀起的爭論無疑成為窺探當下大眾文化的徵候之一。

芙蓉姐姐從一個普通人變成「紅人」本身說明網路這一新興媒體在大眾文化的塑造中發揮著越來越大的作用。芙蓉姐姐在不同時期分別借重了校園BBS、主題論壇和博客三種網路形式，前兩個是以「發貼-跟貼」的形式來完成網友的交流，而後者則是中國新出現的網路形式。校園BBS與公共論壇的不同之處是，在以各個「學校」為命名的論壇上，諸如北京大學的未名BBS和清華大學的水木清華是以單位或某種集體身份而形成的網路空間，公共論壇則往往以主題為分類原則形成不同的論壇。這些論壇改變了傳媒媒體的發表機制，也是網路媒介的優勢所在。早在網路剛剛興起不久，就出現了以在論壇上發佈作品獲得網友的認可並最終出版的網路文學，成為文學青年嶄露頭角的捷徑。網路這種相對比較低的准入機制（儘管進入網路空間依然需要比較高的文化和技術知識），為芙蓉姐姐作為一個普通人能夠引起人們關注提供了技術或制度上的保障。在芙蓉姐姐的成名過程中，博客公司無疑扮演了重要的角色。2005年，以發表個人日誌為主的博客開始興起。作為芙蓉姐姐的「前車之鑒」木子美就是依靠博客而「名聲大震」，博客公司主動為已經獲得人氣的芙蓉姐姐建立個人博客，使其成為博客文化的代言人，以打造博客可以使普通人「成名」的神話。有趣的是，芙蓉姐姐的博客並沒有引起轟動效應，而博客公司也找到一種比芙蓉姐姐、流氓燕、木子美等草根名人更吸引眼球的促銷方式，這就是引進演藝明星、文化名人

和商業名流來建立個人博客，徐靜蕾、韓寒等都是博客時代的文化英雄。

芙蓉姐姐在以考研生的身份進入「北京大學的未名BBS」與其說是為了知識的需要，不如說更想獲得一個「北大」的虛擬身份，以分享在現實邏輯中北京大學所具有的象徵資本。從芙蓉姐姐的「網路自白」中可以看出一個出生在70年代末期並成長於八九十年代的小城鎮青年的「情感結構」。芙蓉姐姐敘述了自己如何自強不息、艱苦奮鬥，自己的悲喜歡樂如何建立在成績和教師的評價之上，「那時我覺得我真的沒用極了，我真無法做到讓人滿意嗎？……我已經豁出去了，有點誓與學習共存亡的意思」，而一旦成績提高，「這時的我已經和初中時代的醜小鴨告別了，芙蓉花開了」，在這些簡單的邏輯和敘述中，綁縛在中學考試戰車上的芙蓉姐姐並沒有升入理想的大學，正如她說「我像是一個金髮碧眼的美國麗人，本該在哈佛展開的理想的翅膀，卻被悶殺在鄉鎮的教堂裡」[5]，這裡的哈佛指是北大、鄉鎮教堂是陝西工學院，這就是芙蓉姐姐的「北大情結」。顯然，芙蓉姐姐的「北大夢」完全可以替換成北大、清華學子的「哈佛夢」或者說「美國夢」，這些似乎已經成為社會常識的「夢想」，卻分享了相似的欲望動力，儘管陝西工學院與北大、清華的地域區別和中國與美國的落差具有質的不同，但是在全球化的時代，這種質的區別似乎在經濟的量上又具有了可以度量的地緣差異。在「陝西工程學院＜北大（清華）＜哈佛（美國）」的縱向中，芙蓉姐姐的夢想就不僅僅是一個特例，而是全球化時代「種」在每一個人心裡的成功夢。

---

[5]　史恒俠：《芙蓉姐姐網路自白》，《天涯》，2005年第5期，第85-94頁。

伴隨著芙蓉姐姐的成功，關於這種現象的爭論也接踵而至，芙蓉姐姐被逐漸蔓延為一個文化事件。朱大可寫作的《從芙蓉姐姐看丑角哄客與文化轉型》一文認為2005年是文化丑角大量湧現的一年，「流氓燕、上流美、中產蘭、芙蓉姐姐、程菊花以及『超級女生』們接踵而至。從文化偶像到文化嘔像，2005年的中國社會，正在經歷一場不可思議的價值轉型」[6]。這些「互聯網上的丑角」如同「中世紀的女巫」「卻比中世紀更加囂張地冒犯主流價值」，所以，在作者看來，芙蓉姐姐使以「國家主義和精英主義」為代表的主流價值陷入了失敗。芙蓉姐姐的意義在於幫助大眾文化衝垮了官方文化和精英文化，作者把芙蓉姐姐作為多元化聲音的「人性真切自然的展示」，絲毫不提資本／媒體才是這些「女巫」得以登場的真正力量。

這種「丑角」的勝利更多地被作為一種文化「反智主義」的代表。在《芙蓉姐姐是當代中國反智主義先驅》一文中指出「所謂反智主義，來源於社會普羅大眾對於精英控制話語權的反抗，大眾不希望被精英壟斷一切話語權，試圖擺脫控制，建立一套自娛自樂的遊戲規則」[7]。借助精英與大眾的二元對立，把芙蓉姐姐和超級女聲的勝利作為大眾反抗精英的勝利，「最簡單的辦法就是反著來：精英要美，我偏要醜；精英要崇高，我偏要低俗；精英要正確，我偏要錯誤……回想一下，很多大眾文化活動不都是按照這樣一種邏輯出道的嗎，比如相聲」[8]。這種論述者

---

[6] 朱大可：《從芙蓉姐姐看丑角哄客與文化轉型》，《東方早報》，2005年7月5日。

[7] 李方：《芙蓉姐姐是當代中國反智主義先驅》，《中國青年報》，2005年6月30日。

[8] 暫且不管把相聲作為一種醜的、低俗、錯誤的大眾文化是否恰當，這種「相聲＝大眾文化」的邏輯本身已經抹去了相聲等民間曲藝曾經在20世紀50-70年代的中國歷史中獲得了國家的高度重視（曲藝表演者成為體制內的藝術家，而不再是街頭藝

所使用的精英與大眾的截然對立並非是不證自明的概念[9]，為什麼大眾要成為對抗精英的力量呢？作者認為不僅僅是娛樂層面的原因，還有更深的社會根源，「現在社會上普遍瀰漫著一股對精英們的不信任情緒。而我認為，正是這種基於利益分配不公產生的不信任情緒，可能構成了我們社會未來走向反智主義的大眾心理基礎。社會分野越大，反智主義傾向就可能越強烈。甚至直到有一天，雙方完全無法對話。」進而，作者警告說「芙蓉姐姐只是個開始或者說先驅。接下來還會有什麼，我們等著瞧——但是我不敢預言也不敢猜想」。問題不在於是否「一切都是精英惹的禍」，也不在於芙蓉姐姐的「反著來」是否具有抵抗意味，而在於作者認為大眾是無聲的、精英是掌握話語權的。在這個意義上，網路成名的芙蓉姐姐代表著「多元化的聲音」。

同樣的文化邏輯在其他文章中反覆出現：「今天大眾文化中的『反智主義』，則作為對抗主流和精英的一種『亞文化』，搭上網路的快車，成為解構一切的重要武器」[10]、「至少在局部的文化領域，由精英與國家的評審與批准制度所設置的 '發表資格門檻' 被徹底顛覆，悠久的文化等級失去了制度守護而瀕臨

人，這種「藝術家」的身份一直到今天都成為著名相聲演員的自我想像），而相聲作為一種 "藝術" 又如何變成了一種大眾文化，這本身是值得思考的問題。

9　自五四時代，胡適、陳獨秀等人用平民／俗文化來反對貴族／精英文化開始，就挪用了西方在貴族與平民／人民的二元結構中描述世俗化的歷史進程也就是資本主義進程的概念，而中國社會很難找到相對應的社會結構，當宣導平民文化或文學的時候，貴族就是一個需要被建構的能指，進而平民／人民／大眾就成為對貴族／精英的反身建構的產物，在不同的歷史時期，這種二元對立又具有不同的含義，比如在90年代的話語空間中，大眾／平民往往作為民間／公共空間，而精英又成為官方／國家。從某種程度上來說，90年代的「精英」概念來自於對「大眾」的反身構造。

12　彭興庭：《「芙蓉姐姐」與泛偶像時代的審美疲勞》，《中國青年報》，2005年7月4日。

坍塌。新技術文化的時代是一個‘發表權極端民主化’的時代，這為平庸的慶典打造了前所未有的舞臺」[11]、「我們生在網路時代，一個文化、價值多元的時代，這個時代前所未有地呈現出繽紛多彩」[12]。還有從女性的角度進一步「夯實」芙蓉姐姐的「榜樣」意義，「女性生活在相當的邊緣狀態，她們獲取話語權力最少的，她們接觸精英機會是最少的，所以她們本身是邊緣、是世俗，她們出來一點不奇怪，沒有心理負擔，我就愛這麼說，因為網路給了空間和機會。比方說我能在報紙上發嗎？報紙不會讓你發，為什麼？那是精英所掌握的陣地，我在網路愛發就發出來了，沒有空間，網路本身就為這些邊緣化的東西提供更多的空間和機會。他們出來以後一定引起很多的爭論，因為網路本身也被競爭的，精英和權力一定不會放棄對這個東西關心和掌控，另一方面又掌控不了那麼多，所以通過這個資源本身競爭、交鋒，呈現這樣一種非常有意思的話語現象」[13]。網路空間成為「邊緣」獲得「發聲」的庇護所，是精英無法掌控的邊塞之地，於是，網路空間是自由的，而如報紙等傳統媒體則是被精英／權力所禁錮的。有趣的是，作為反抗精英急先鋒的芙蓉姐姐為何有能夠在「精英所掌控的陣地」上遍地開花呢？

從這些論述中，有兩個「標籤」被突顯出現，這就是大眾文化和網路。一方面賦予大眾文化反抗精英文化／官方文化的位置，另一方面又把網路新媒體作為多元民主和自由的代表。因此，建構了兩種彼此對立的文化想像，一是「芙蓉姐姐＝俗文化

---

[13] 劉擎：《讓芙蓉姐姐的狂歡來得更猛烈些吧》，《新京報》，2005年8月15日。

[14] 廖保平：《從「芙蓉姐姐」竄紅看網路的喧嘩與騷動》，紅網，2005年7月2日。

[13] 荒林：《芙蓉姐姐——另類「瘋癲者」》，http://wshna.bokee.com/2548458.html。

＝大眾文化＝反智力主義＝民間文化＝網路文化」，二是「主流文化＝官方文化＝精英文化＝傳統媒介文化」，前者構成對於後來的顛覆和衝擊。這種對芙蓉姐姐的修辭策略，在對超級女聲的爭論中也屢見不鮮。這種對於大眾／精英的本質化想像來自於80年代以來形成的個體（知識份子）／官方（權力機器）的文化結構，在這種結構中個體或知識份子的主體位置就是反抗官方或權力機器的權威，這又與七八十年代之交所建構出來的知識份子反抗暴力強權的意識形態實踐來闡釋文革歷史有關[14]。這種80年代達成的文化共識在90年代更加市場化的環境中發生了微妙的變奏或者說改寫。如果說在80年代知識份子參與建構的精英文化本身是一種與官方／主流意識形態相對抗的文化運動，那麼90年代則把這種精英文化宣佈為一種與官方的合謀（正如對80年代的清算之一就是反思知識份子的精英式的啟蒙姿態）。在這種背景下，這些反精英的大眾文化被建構為反官方的、民間的指稱，用以瓦解一體化的國家權力。其中，最重要的文化修辭是對公民社會、公共空間的詢喚和渴望。不過，悖論在於，這種大眾文化或者說商業文化本身恰好是90年代南巡講話之後官方全力推動的主流意識形態。在這個意義上，一種反官方、反體制、反精英的文化共識或霸權形成了。在這種意識形態圖景中，可見的是負面的官方、精英之手，隱形的則是市場、資本之手，正如這些批評者絕少提及商業、資本在芙蓉姐姐、超級女聲等現象中所起到的推手作用。

---

[14] 戴錦華：《疑竇叢生的「當代」》，山東友誼出版社：濟南，2006年1月，第115頁。

新東方教育公司著名諮詢師徐小平專門給芙蓉姐姐做了新的人生規劃，認為芙蓉姐姐不該走上考研的「不歸路」，「這個價值觀，即崇拜學歷而漠視市場機會的價值觀，還在繼續毀害當代青年，奪走他們的錢財，謀殺他們的幸福。芙蓉姐姐多舛的命運，就是這個陳舊觀念的犧牲品」。這位人生設計師給芙蓉姐姐開出的「金玉良言」是「芙蓉姐姐，回來吧，找回你人生的北——這個北，就是市場經濟時代的中國機會，就是中國機會時代的市場機會，就是新東方、新西方、新北方、新南方等這些代表先進生產力的新興企業裡對人才發出的強烈需求、為人才提供的無限機會。」[15]也就是說，取代芙蓉姐姐魂牽夢縈「北大夢」的是個人成功的夢想。值得追問的是，從70年代末期恢復高考到90年代自主擇業的高等教育改革難道不也是「市場經濟時代」的產物嗎？「北大夢」難道不也是一種個人成功的指標嗎？芙蓉姐姐的「北大夢」與新東方這一出國培訓機構所兜售的「哈佛夢」或「美國夢」又有多少本質的區別呢？當為「北大夢」尋找一個廉價的五四以來對於科舉制度（傳統）的批判的來源，就掩蓋了「北大夢」自身也深刻地分享著諮詢師所心儀的「市場經濟時代」的「北」。無需著名諮詢師「指點迷津」，芙蓉姐姐因意外的成名已經找到了人生的「康莊大道」。伴隨著芙蓉姐姐引起越來越多的關注度，她已經放棄了漫漫考研之路，而轉型成為電視臺的欄目主持人或節目嘉賓，這比「北大夢」更能直接改變她的北漂窘境，在這一點上，芙蓉姐姐作為「成功者」的文化意義也許比「自由」的迷思更能深入人心。

---

[17]　徐小平：《我為芙蓉姐姐設計人生》，來自徐小平博客，http://blog.sina.com.cn/s/blog_46cf3d450100027i.html。

三、草根與體制：從「人民藝術家」到「草根藝人」

　　2005年郭德綱的相聲引起媒體的關注，其演出段子風靡網路。郭德綱不僅「一夜之間」成為最著名的「非著名相聲演員」，而且被認為是「喚回相聲之魂」、拯救「傳統相聲」的文化英雄。德雲社等民營演出團體也帶動京城相聲劇場的火爆，改變了相聲藝術尤其電視相聲自上世紀90年代以來的衰落狀態。儘管時下的郭德綱越來越像一位成功的文化商人，不僅僅是相聲藝人，更是影視劇演員、電視節目主持人等多棲明星。本節關注的重點並非郭德綱的相聲藝術，而是郭德綱及其相聲劇場的興起得以產生的文化機制，這與相聲這一民間／傳統曲藝在當代中國文化史中的位置有關。

　　與那些通過各級相聲曲藝大獎賽成名，或進入地方、中央曲藝團體從事專業演出不同，郭德綱及德雲社是一家依靠市場演出來生存的公司。有趣的是，德雲社劇場就在北京南城的天橋附近，這個地方解放前就是包括相聲在內的民間曲藝的聚集地，而郭德綱被媒體津津樂道的也是復興了「傳統相聲」。這種敘述把郭德綱、德雲社與解放前的老天橋的相聲藝術聯繫起來，仿佛被50-70年代所中斷的相聲傳統——被體制化的相聲藝術——終於被郭德綱復活了。這種論述不僅忽視了郭德綱與體制內的相聲藝術之間的複雜勾連（如2004年郭德綱拜侯寶林之子侯躍文為師，2006年又加盟鐵路文工團，這被看成「『草根』郭德綱被主流『招安』」[16]），

---

[16]　《即將加盟鐵路文工團「草根」郭德綱被主流「招安」》，http://news.sohu.com/20060313/n242271787.shtml。

而且把依附於專業演出團體的相聲藝術作為體制的犧牲品，只有郭德綱所代表的市場化的劇場相聲才是自由的、歷史的、傳統的相聲藝術。從這裡可以清晰地看出草根立足於民間、市場，與主流、體制、官方形成相對立的概念。

這種站在體制對立面或者說非體制的想像孕育於80年代，是新時期把社會主義體制（共產黨-黨團群眾組織）他者化的結果，而90年代非體制又成為論述大眾文化、市場合法性的基本修辭，體制之外被認為一種反體制、獨立、自由的姿態或生活方式，如「自由／獨立撰稿人」（如90年代依靠市場期刊、寫作的作家王小波等）。這種反體制或者用民間／市場／資本來對抗官方／體制的想像，是新時期以來支撐改革開放的基本意識形態，以至於形成「一切都是體制惹的禍」、體制只能帶來壓抑、只有非體制才能獲得自由的情感結構。這種情感結構為政府強有力地推進市場化、不斷地瓦解或打破原有的社會主義體制提供了意識形態支撐（如國有企業以及各種單位制，包括依附於各地方文化宣傳部門的演出團體都走向市場化），從而有效地遮蔽了這幕資源重組、權力整合過程中的受害者（如下崗工人、農民工[17]）所遭遇的體制放逐，而得以分享這份非體制或體制之外的「自由」的則是中產及新富階層。正如德雲社的出現顯然與80年代中後期各級地方演出團體的解體和90年代市場化的演出團體的出現有著密切的關係。在這個意義上，德雲社成為民營演出公司和新時期以來逐漸壯大的私營企業一樣是市場化的產物。

---

[17] 這種打破鐵飯碗獲得自由或通過自主創業富起來的故事，顯然遮蔽了90年代中後期在以解決社會就業為主的中小國有企業大面積破產重組過程中下崗工人被作為社會包袱所拋棄的命運。這種對工人階級為主體的社會制度的打破，使得進城打

儘管相聲是一種源遠流長的民間藝術，但其獲得新生來自於新中國對於民間曲藝的改造，這種改造不僅把相聲從一種街頭賣唱變成「人民」喜聞樂見的藝術形式，而且把曾經三教九流的相聲藝人變成了受人尊敬的「人民藝術家」。正如政府成立廣播文工團說唱團，使得在天橋酒館茶棚說相聲的侯寶林、劉寶瑞、郭全寶等藝人成為專業相聲演員。和其他藝術形式一樣，經過革命文藝的改造，舊的相聲段子也適應新社會的意識形態需要。在這裡，僅以知名相聲演員馬季從學徒工走向專業化的相聲之路來說明50-70年代相聲演員的成長史。從馬季的自傳和口述中可以瞭解到，解放後，馬季考入新華書店的學徒工，是工人舞會、群眾聯歡活動的積極分子。1956年北京市舉行業餘曲藝觀摩會演，馬季的相聲獲得一等獎，同一年參加全國職工業餘曲藝會演，被相聲大師侯寶林和劉寶瑞相中，成為說唱團的一員。之所以選中馬季，除了其個人才華之外，更重要的是，說唱團也需要新人來創作適合新社會的相聲段子。馬季從一名相聲藝術的愛好者（一個普通工人或草根），借助業餘工人或群眾曲藝會演，最終成為職業化的相聲演員，所依靠的制度基礎是各單位的群眾性文藝團體及其各種藝術會演。不得不說的是，馬季被調到說唱團工作，與侯寶林並非傳統的師徒關係，老一輩的相聲藝術家也紛紛打破門派之見，把各自的絕活傳授給馬季。這種制度化的選拔機制及其新型的師徒關係顯然與「體制外」的郭德綱及其電視選秀節目產生的草根達人有著完全不同的文化生產機制。暫且不討論相聲藝術與50-70年代主流意識形態之間的呼應關係，毋庸置疑的事

工的農民工雖然成為新工人階級的主體，卻再也無從分享或想像工人階級主體的制度保護，反而在國家與資本的密切結合中，成為廉價勞動力的供應者。

實是相聲從解放前主要在京津兩地流行的地方藝術，成為全國人民都熟知、喜愛的民間表演藝術。

相聲藝術在80年代借助電視媒體達到輝煌的時代，尤其是通過春節晚會，包括馬季、姜昆在內的相聲演員不僅成為以曲藝表演為主的春節晚會的主角（他們也是春節晚會最初的主持人），而且也成為家喻戶曉的大眾明星。80年代出現了一批如《宇宙牌香煙》、《如此照相》、《虎口遐想》、《小偷公司》、《巧立名目》等與時代轉型密切相關的段子，人們從相聲藝術的嬉笑怒罵中體驗著80年代的文化氛圍。這種藝術與時代、現實密切互動的狀態，同樣發生在文學、電影、美術等其他藝術形式中，其制度基礎在於一方面借助於尚未瓦解的社會主義文化體制，另一方面又借助於整體文化思想氛圍的開放心態，也就是說，80年代的文化生產既享受著某種體制化的庇護，又享受著在體制內批判體制、反思體制的自由。隨著八九十年代的轉折尤其是90年代初期極速推進的商品化進程，相聲在90年代經歷著迅速衰落的過程，其原因恐怕與整體文化環境的變化有關。一方面相聲在電視媒體中被更為生活化、日常化和娛樂化的小品所取代（趙本山取代了姜昆、馬季和陳佩斯、朱時茂的小品），另一方面90年代大眾文化的娛樂環境使得相聲這種與現實生活密切互動或者說對現實有所諷刺和批評的藝術形式迅速失去了表演的空間。更為重要的是，在市場化及各種單位的體制改革中，除了中央級的演出團體，各省市縣等地方院團面臨著解散和自謀出路的問題（從賈樟柯電影《月臺》和吳文光的紀錄片《江湖》中可以看出這些走穴的文藝團體），也就是說體制內的演出團體以及工人、群眾俱樂部等都市演出空間處在一種瓦解的狀態中。

在這種背景之下，相聲藝術面臨著重新尋找生存空間和聽眾的問題，90年代中後期包括郭德綱在內的許多相聲演員嘗試進行劇場演出，但直到2005年郭德綱的德雲社才名聲大振。這種沉潛十年的、「遲到的」成功，除了郭德綱編排更為貼近社會生活變化的段子之外，不得不指出的是，這十年恰好也是都市中產階層迅速湧現的時期（如小資文化出現），僅從幾百元的普通票到上千元的貴賓票就可以直觀看出這些新生的中產階層成為相聲劇場演出的主流觀眾，而郭德綱最初從網路上名聲鵲起也依賴於以都市白領、小資、中產為主體的網友的追捧。正如研究者所指出「郭德綱的成功只是個人的成功，而不是相聲的成功；相聲『回歸劇場』不是草根階層的勝利，而是憤青和有閑階層的勝利。」[18]

峰迴路轉，當下的相聲藝術又回到「街頭賣藝」的「自由」、民營的狀態，相聲演員也由體制內的「人民藝術家」轉身為「相聲藝人」。與相聲劇場的興起幾乎同時發生的是，在東北出現了趙本山的劉老根大舞臺（背後是民營文化公司本山傳媒集團），在上海則出現以周立波為代表的海派清口（周立波雖然是上海滑稽劇演員出身，但其海派清口卻依賴於新世紀以來都市劇場藝術的復興），這些帶有地域特色的劇場藝術，連同新世紀以來蓬勃發展的小劇場話劇（八九十年代被作為先鋒戲劇），成為大都市中產及新富階層所熱衷的文化消費時尚。從這個角度來說，以郭德綱為代表的「民間」、草根藝術的一點也不「草根」，其體制外的「草根」身份不過是小資或中產文化的假面。

---

[18] 施愛東：《郭德綱及其傳統相聲的「真」與「善」》，《清華大學學報（哲學社會科學版）》，2007年02期。

四、草根的文化功能：從「傻根」到「許三多」

在新世紀以來的影視文化中，很難找到像王寶強如此「幸運」的群眾演員。這樣一位沒有接受過任何表演訓練，才貌也並不出眾的「北漂」，憑著「偶然」的機緣「本色」出演了一個青年農民工的角色，不僅沒有曇花一現，反而成為諸多熱播影視劇中最引人注目的角色。從「獨立電影」《盲井》（2002年）中的年輕礦工鳳鳴，到馮氏賀歲劇《天下無賊》（2004年）中的農民工傻根，到熱播反特片《暗算》（2006年）裡的瞎子阿炳，再到引起極大反響的軍旅劇《士兵突擊》（2008年）中的普通士兵許三多，以及熱播革命歷史劇《我的兄弟叫順溜》（2009年）中的狙擊手順溜。可以說，無論是小眾的獨立電影，還是中產階級賀歲劇，還是當代軍事題材和革命歷史題材電視劇，王寶強所扮演的普通農民工或農村兵的形象都獲得了成功。為什麼這些不同敘述樣式和生產背景的作品都需要王寶強式的人物呢？王寶強所扮演的高度類型化的角色又充當著什麼樣的文化功能呢？

在獨立製片或地下電影（體制外製作）《盲井》中，王寶強出演了一個尋找父親的初中生鳳鳴，被兩個礦工騙到礦場，這兩個礦工專門以介紹工作為幌子，通過製造礦難來騙取高額賠償金，而這兩個礦工正是謀害鳳鳴父親的兇手。這種呈現中國社會轉型時期的底層故事，是90年代中後期獨立電影及獨立紀錄片所偏愛的主題，如獨立電影賈樟柯的《小武》（1997年）、王超的《安陽嬰兒》（2001年）、劉浩的《陳默與美

婷》（2002年）等以及紀錄片朱傳明的《北京彈匠》（1999
年）、杜海濱的《鐵路沿線》（2000年）、寧瀛的《希望之
旅》（2001年）等等都以農民工、妓女、城市邊緣人為主角。
這些體制外製作，很難獲得公映（或者並不謀求「地上」放
映），往往以參加海外電影節並獲獎為唯一的訴求。這種體制
外的製作方式連同其講述的主流景觀之外的底層故事，在海外
的語境中被指認或誤讀為對社會主義中國的批判，而在國內對
現實持有批判態度的知識份子看來，這些影片恰好呈現了中國市
場化進程中對弱勢群體的剝奪和壓制。《盲井》把王寶強處理為
一個不黯時事的、對於背後的算計和死亡陷阱完全沒有感知的、
純潔天真的農民工，而這份善良淳樸又意外地使得其中一個罪犯
動了惻隱之心，最終鳳鳴反而獲得一筆意外「橫財」（劇外的王
寶強也跟著這部「地下電影」獲得臺灣金馬獎最佳新人獎），他
對此卻完全不知道是怎麼回事。王寶強的「伯樂」《盲井》導演
李楊說：「我看到他的時候，他還是個流浪北京的小孩子，大約
十五六歲，農村來的。我當時電影裡正好需要一個非專業演員來
來自農村的角色。……他身上質樸的東西代表了中華民族的傳統
美德。他質樸，還有感恩的心」[19]，王寶強就如同未被雕飾的、
等待被發現的璞玉，這種「又傻又天真」的性格成為他此後所扮
演人物的基本特徵。

在《天下無賊》中，王寶強扮演了返鄉農民工傻根。在這列
行進中的春運火車中，為了圓傻根一個「天下無賊」的夢，賊公
賊婆與葛優扮演的火車慣犯展開了鬥智鬥勇，甚至劉德華扮演的

---

[19] 王寶強：《向前進——一個青春時代的奮鬥史》，作家出版社：北京，2008年，第
165頁。

賊公為此付出了生命的代價。而傻根卻因暈血倒在車廂中昏睡，全然不知道、也無從知曉、更無從參與這場激烈的道德搏鬥。傻根是一個讓賊公賊婆幡然醒悟、金盆洗手的淨化劑，是一個需要被保護和呵護的純潔客體。如果把這列火車作為某種中國社會的隱喻，那麼傻根作為底層在這出「浪子回頭金不換」的故事中所充當的角色就是一種中產階級道德自律的他者。在這幕「天下無賊」的童話劇中，傻根佔據一個「又傻又天真」的兒童的位置。從「地下電影」《盲井》到票房過億的賀歲大片《天下無賊》（也是馮小剛首部突破億元大關的賀歲片），王寶強扮演了同樣是底層的農民工，卻帶來不同的意識形態效果。如果說在《盲井》中王寶強及其礦工群體是支撐中國經濟發展的底層和犧牲者，那麼在《天下無賊》中傻根所代表的鄉村／廣闊的西部／西藏則是一處純淨的、無污染的「精神家園」（馮小剛的電影《手機》同樣通過建構一個前現代的鄉村他者來參照充滿謊言與欺騙的中產階級生活）。馮小剛「敏銳地」發現了「王寶強」對於以中產階級為主體的主流文化的積極價值。

《盲井》的成功，也使得諜戰劇《暗算》劇組相中王寶強，讓其在第一部中扮演具有聽力特長的瞎子阿炳。這部諜戰劇產生了重要影響，成為新世紀以來從《激情燃燒的歲月》（2002年）、《歷史的天空》（2004年）、《亮劍》（2005年）為代表的新革命歷史劇到另一種熱播紅色題材諜戰劇的轉捩點。自《暗算》以來，諜戰劇中的無名英雄安在天、余則成取代了石光榮、姜大牙、李雲龍等「泥腿子將軍」而成為電視螢幕上最有魅力的英雄。相比安在天／父親作為意識形態的崇高客體（無名英雄作為中產階級的理想自我），阿炳／兒子的位置更像一種意識

形態的剩餘物（一種他者的位置）。阿炳是一個弱智、偏執、善良、癲狂的瞎子，憑藉著其出奇的聽力才能幫助安保部門破譯了敵人隱藏的所有電臺。這樣一個具有特異或特殊能力的天才，同樣是一個長不大的孩子，卻非常恰當地完成一種意識形態詢喚，即個人天才與國家利益之間的有效結合，從而改寫了80年代以來關於國家／政黨政治對於個人自由的剝脫、強制、壓制的敘述。與此同時，從農民工傻根到無名英雄阿炳，一種被作為中產階級他者的形象同樣適用於呈現50-70年代的社會主義新人，那種大公無私、無怨無悔地為無產階級／勞苦大眾奉獻終身的精神被改寫為一個智障的奇人阿炳的故事，而阿炳式的人物也成為當下大眾文化對於50-70年代的一種特定想像。諸如《求求你，表揚我》（2005年）、《鐵人》（2009年）等影片中，這些背負著50-70年代父輩精神的人物往往呈現一種與當下的時代格格不入或病人的狀態。這種病態正好滿足了當下主流意識形態對於50-70年代雙重想像：既是病態的、非正常的（「那個時代的人真傻」），又是善良的、單純的（「那個時代的人真單純」）。

王寶強的神話並沒有就此止步，當代軍事勵志片《士兵突擊》讓他不僅成為男一號，而且其「不拋棄，不放棄」的精神更成為青年人的人生格言。《士兵突擊》作為一部小製作，最先在網路上流行，然後獲得熱播。與傻根、阿炳相似，許三多也是一個有點傻、有點木的農民孩子，但正是憑著對「好好活就是幹有意義的事，有意義的事就是好好活」（一種無意義的循環論證）的信念，在經歷了新兵連、場站訓練場、鋼七連、特種大隊等一系列考驗中最終獲得了勝利，成為「兵工」特種兵，這種勝利被歸結為一種「不拋棄理想，不放棄戰友」的精神。與傻根、阿炳

作為被動的客體和他者不同，許三多是堅持理想，並奮鬥成功的榜樣。這部電視劇就如同電視臺中的PK節目一樣充當著相似的意識形態功能（自從超級女聲所開啟的PK比賽，各種PK賽式的電視欄目成為電視臺最熱播的欄目），就是在比賽或遊戲中，明白勝利與失敗的道理，而不去質疑比賽或遊戲本身的合法性。這些一次又一次的晉級比賽，就如同「杜拉拉升職記」中的職務晉級，讓許三多成為在市場經濟中奮鬥拼搏的都市白領的職場楷模。

王寶強在近期出演的兩部革命歷史題材電視劇《我的兄弟是順溜》（2009年）和《我的父親是板凳》（2011年）中同樣扮演小人物，前者是和阿炳相似的具有特殊才能的新四軍戰士，後者則是借雜耍藝人「板凳」的視角來講述共產黨人面對國民黨反動派迫害而臨危不懼的故事。除此之外，走出影視劇的王寶強在春節晚會上「扮演」事業有成的農民工代表。可以說，這樣一個幸運的群眾演員，在主流文化的舞臺中成為農民工、農民等弱勢群體的指稱。與大眾傳媒中通常把弱勢群體講述為被救助者或討薪者的形象不同，王寶強式的底層／草根具有更為積極的文化功能，一方面如傻根、阿炳，充當著中產階級所不具備的純潔、善良的前現代品質，另一方面如許三多，是從笨小孩奮鬥成功的故事。不僅僅如此，劇外的王寶強同樣被作為從底層成長為大明星／成功者的故事，成為現實版的許三多故事。而裂隙正好在於，王寶強式的成功至今「後繼無人」，現實生活中幾乎沒有複製的可能。但是，這並不影響網友分享許三多從底層到成為兵王的故事，這也正是草根故事的魅力所在。這樣一個小人物、普通人、草根的「成功」演繹著比「沒有奮鬥的《奮鬥》」更具有霸權效應的美國夢的故事。而王寶強的符號意義在於，作為底層的

農民、農民工、普通士兵等弱勢群體，在主流意識形態建構並非缺席的在場，而是一種在場的缺席，或者說在主流意識形態景觀中，草根／底層／弱勢群體並非看不見，而是被中產階級派定為特定的主體位置和定型化想像中。

五、「見證奇跡的時刻」：被凝視的草根達人

上面提到的「超級女聲」、郭德綱、王寶強等借助大眾文化（電視、網路、手機等不同媒介）這隻「神奇的手（舞臺）」從草根一躍成為萬人矚目的大明星，而製造「明星」、生產「偶像」本身是大眾文化（美國流行文化）的基本功能，正如《美國偶像》、《英國達人》（包括其在第三世界的山寨版本《印度偶像》、《阿富汗之星》等）成為「美國夢」最為直接也最為赤裸的體現。2011年春晚舞臺上一曲翻唱版本的《春天裡》讓兩位農民工歌手旭日陽剛迅速紅遍大江南北。從2010年8月份兩人的視頻被傳上網路，到參加央視的《星光大道》、《我要上春晚》等節目，經過短短幾個月的時間，他們已經成為當下最為知名的草根明星。除此之外，近幾年來，在《星光大道》、《中國達人秀》等電視欄目的推動下，湧現了一批身懷絕技、才藝的草根明星，如李玉剛、阿寶、鳳凰傳奇、楊光、劉大成、朱之文、「鬼步女孩」周露、鴨脖子夫婦、甜菜大媽、「孔雀哥哥」、斷臂鋼琴家等。這些其貌不揚、沒有接受過正規教育、依靠視頻網站、電視選秀節目「一夜走紅」的明星，如同中了彩票或者「貧民窟的百萬富翁」般成為這個時代的「幸運兒」。除了李玉剛、阿寶、鳳凰傳奇等似乎走向了職業歌手的道路（他們的「傳奇」故

事／個人奮鬥也被人們所津津樂道），其他草根達人則更多地憑藉著身殘志堅的故事、奇異的才能以及煽情／苦情的表演而「曇花一現」（「苦情第一，才藝第二」）。

在這裡，關於草根的想像也發生了重要的偏移，從網路、網蟲、白領、青年人（如超女李宇春、快男陳楚生），變成了更為底層的旭日陽剛、西單女孩、農民歌手劉大成、大衣哥朱之文等。90年代末期以三農、下崗為代表的底層群體的顯影使得以中產階級為主體的社會想像出現了裂隙，但是在大眾傳媒中，他們往往出現在自殺、討薪、搶劫等社會新聞中（在官方媒體中是致富成功的帶頭人），也就是說他們是公民社會之外的法外之民、秩序的破壞者。從近期的草根達人中則可以看出，底層以「草根化」的方式在大眾傳媒中變得「可見」，或者說底層以某種正面、積極的形象／面孔出現在本不屬於他們的舞臺上。如果說旭日陽剛是農民工，西單女孩是北漂，那麼從他們被命名為草根就可以看出，草根耦合了新世紀之初出現的兩種身份想像，一種是農民工／弱勢群體／社會邊緣人（儘管農民工早就成為城市工人階級的主體，但在社會表述上依然是弱勢的、邊緣的）和北漂／「飄一代」（沒有戶籍的畢業大學生、白領、蟻族等）。隨著城市房地產價格的攀升，這樣兩個本應屬於不同階級的群體卻經常「同命相憐」、相遇在一起，如在城鄉結合部出現蟻族村。這種「相遇」還有著更為重要的文化基礎。正如旭日陽剛憑藉翻唱搖滾歌手汪峰的《春天裡》而走紅，把《春天裡》這首帶有小資情調的青春勵志歌曲挪用為農民工／都市打工者從底層往上爬或者「出人頭地」的故事，也就是說，只有借助他人的話才能講述自己的故事。

翻唱和模仿成為草根歌手最為重要的看點和技能，如農村歌手劉大成對男高音和朱之文對《三國演義》主題曲的模仿。這種對流行歌曲或高雅藝術的「高超」模仿與其農民、農民工、流浪歌手的「底層」出身之間的錯位，給電視機前的觀眾帶來了「見證奇跡的時刻」（恰如劉謙的近景魔術，電視達人們也具有魔幻效應）。這一方面可以看出從網友紅人到電視真人／模仿秀的越來越嫻熟的文化生產機制，以至於旭日陽剛的「終南捷徑」使得全國各地的流浪歌手紛紛湧進北京的地下通道；另一方面也改變或建構著人們關於電視機之外的世界／生活的「傳奇性」和「奇觀化」想像，仿佛這是一個不斷發現「達人」和創造「奇跡」的時代。這些出身底層的草根明星的「出場」並沒有讓以網路、電視機為消費主體的中產及市民觀眾更多地關注和瞭解城市「地下」通道和城市之外的農村空間，反而這些在消費主義景觀中鮮有呈現的空間被進一步定型化為盛產「奇人異事」的化外之地。他們的載歌載舞、高超藝能與其「真實」的生活／生存狀態之間沒有任何關係。無論是專門訪談、還是現場講述，這些草根明星的故事都被講述為懷揣著夢想、並夢想成真的故事，而觀眾也絲毫意識不到這些草根明星的「成功」很大程度上來自於發現他們的「眼睛」（網友的圍觀及攝像機）及其網路、電視媒體的生產機制，仿佛他們「從天而降」、來自於「烏有之鄉」。或許，在這樣一個社會階層越來越固化、就連蟻族、蝸居都要「逃離北上廣」、中產及準中產階級倍感都市生活之艱的時代，人們不僅僅需要白領杜拉拉升職／升值記的「奮鬥」故事，更需要底層草根的「一夜成名」的「成功記」或者說「變形記」的故事。因為觀眾可以從這些草根達人／弱者（身體、性別、年齡和社會意義

上）身上看到「身殘志堅」、「生活雖貧困卻擁有美好心靈、才藝」的想像，他們被賦予純潔的、沒有被污染的「有機／綠色」人生。可以說，這些「達人秀」在把草根變成「草根達人」的同時，更實現了一種消費「底層」、把「底層」傳奇化、他者化的意識形態效果（與圍觀「犀利哥」、「鳳姐」等相似）。

草根之所以會成為一種有效的社會命名，與新世紀以來社會階層的分化有關。伴隨著90年代急速推進的市場化改革以及國有企業攻堅戰造成的下崗陣痛使得新世紀之初底層、弱勢群體已然形成（下崗工人創業及三農問題成為當時的社會議題），與此同時，在大眾文化的都市景觀中小資、中產、新富也開始「浮出水面」（小資「趣味」、中產「格調」、新富階層的「富而知禮」等成為消費、時尚話題）。新世紀以來這樣兩種搭上經濟高速起飛的群體和被放逐在外的群體不僅沒有走向彌合，反而形成彼此相對穩固的社會區隔。一方面中國經濟的高速列車急速催生出人口比例甚小、卻數量眾多的都市中產階級（在都市空間中呈現為具有消費能力的消費者），另一方面以農民、農民工、下崗工人為代表的弱勢群體依然被排斥在城市化／工業化之外（無法成為消費者，只能以生產者的身份參與其中）。這種階級分化從建立在都市化、城市化基礎上的大眾文化中可以清晰看出，那些能夠在「公共領域」或媒體上發言的群體及其討論的議題基本上與作為消費者的中產階級有關，如文化領域的國產大片、社會領域的房價問題、綠色環保的生活理念（如少開一天車）等。而弱勢群體在新世紀以來的大眾媒體中基本上以需要被救助的方式出現。於是，新富階層的慈善精神、中產階級的大愛精神、小資的志願者精神成為粘合社會斷裂的「和諧劑」。

2005年前後「草根」的流行就試圖整合小資、中產與底層、弱勢群體之間的裂隙，不僅使得曾經在大眾文化中隱而未見的底層、弱勢群體以草根的方式「登場」，更為重要的是出身「底層」的草根精神（奮鬥、夢想、純樸、善良）成為小資、中產階層的榜樣或理想他者。在這個意義上，一方面草根吸收了90年代以來作為與非體制、非官方象徵的「民間」想像，草根的成功被指認為一種民間社會／公民社會的勝利；另一方面草根取代、收編或改寫了底層、弱勢群體、人民、群眾、百姓等偏左翼或集體性的描述概念，去除了底層、弱勢群體所帶有的批評、不和諧的政治色彩。草根作為一種社會指認方式，在突顯體制外、底層、普通人等涵義的同時（相比富二代、官二代，草根是弱者的代表），又有效地成為突破這些社會區隔的成功者（草根式的成功代表著個人奮鬥、勤奮等美好的價值觀），從而被賦予一種弱者變成強者／成功者的迷思，其意識形態功能在於使得作為底層、弱勢群體的農民、農民工被轉述／再現為一種可以「實現個人夢想」、成為令人羨慕的「大明星」的故事。

六、屌絲逆襲：誰是「幸運」之星

　　2012年初，「屌絲」在網路上一經被發明就迅速成為流行語，這種帶有自我嘲諷的命名方式是都市小資們新的自我指認。嗅覺敏銳的小資讀物《新週刊》「順勢」推出《屌絲傳：從精神勝利到自我矮化》的封面文章[20]，圖片採用一個兩手抱頭、身材

---

[20]　《屌絲傳：從精神勝利到自我矮化》，《新週刊》，2012年6月15日。

矮小、面孔醜陋的粗糙石雕作為（男）屌絲的自畫像，正好吻合於屌絲的「題中之意」：相對於「高富帥」的「窮矮矬」。從「窮矮矬」到「高富帥」不再是「不拋棄、不放棄」的康莊大道，而是「見證奇跡」、「相信夢想」的獨木橋。於是，曾經被反覆「灌輸」的陽光下的奮鬥、勵志、成功的「心靈雞湯」變成了黑夜中刮起的血雨腥風的逆襲之旅。如果說2011年是草根達人「見證奇跡的時刻」，那麼2012年則是屌絲上演逆襲（抑或是無法逆襲）大戲的舞臺。「逆襲」這一網遊中相對於「正面進攻」的奇襲行動，成為屌絲念茲在茲的「口頭」專利，只因屌絲都是「無力改變現狀而內心充滿黑色幽默感的社會邊緣人群」，所以逆襲也只能在意念中過過嘴癮。

《新週刊》一方面把這種自我矮化的屌絲精神「追溯」為阿Q的精神勝利法，另一方面也「清醒地」指出這種阿Q式的精神自慰與「中產階層逐漸消失，上升管道堵塞」有關。換句話說，都市白領、上班族只有在「上行通道受阻」的特殊日子裡，才會想起文化記憶中的阿Q這一魯迅筆下的庸眾和貧苦農民。不過，確實與阿Q喜歡做夢相似，《新週刊》詳述了屌絲的五大夢想：幻想從「窮忙族」逆襲為老闆（工作）、身居陋室幻想「女神」牽手（愛情）、在沙縣小吃、蘭州拉麵中幻想必勝客（吃飯）、寄居在斗室幻想在虛擬世界中尋找認同（遊戲）、夢想環遊世界（旅遊）。可以說，這些涉及屌絲「衣食住行」的並不奢侈的夢想經常被描述為一種「中產階級」式的日常生活景觀，恰如廣告中習以為常的劇情：年富力強的青年人創業成功、收獲甜美愛情、擁有房子和孩子、開車帶著家人一起去遠方旅行或自己徒步攀登高峰以尋找人生的新高度等。這些對於2012年的「屌

絲」來說，都變成了「黃粱一夢」。儘管如此，屌絲們並不想遭遇「夢醒時分」，反而越來越「躲到網路構建的小世界裡去玩」、沉迷於遊戲中成為開疆擴土的英雄或富甲一方的金主，他們選擇「退回到內部世界，自娛自樂，用各種方式治癒自己：裝宅，裝萌，裝小清新，然後就是自甘墮落地裝屌絲」。

如果說「裝屌絲」是一種姿態和文化符號的標識，那麼從《新週刊》所羅列的屌絲「日行錄」中毫不掩飾地「暴露」了屌絲們實際的「身價」。在《屌絲一枚》一文中如此描述屌絲形狀：「他最常做的事是蹲著，蹲著吃泡麵，蹲著想人生，蹲著打魔獸，蹲著抽阿詩瑪，……懂養生的屌絲愛喝營養快線，有果汁，有牛奶，又有營養，最重要的是比任何果汁、牛奶都便宜；極客屌絲愛『水果Phone』，上面有個橘了或是香蕉，又營養，又尖端；Fashion屌絲愛立領衫，20塊錢一件的『Puma』正合適，既可豎著領子，又可翻著領子，打造多變造型」。而隨後《高富帥留學地圖》一文被凸顯的則是海外留學生高額的學費和生活費。在這裡，無需多言，這些用消費主義的符號「打腫臉充胖子」的屌絲最大的身份焦慮就是不願意從華麗完美的中產夢中醒來，儘管在物質層面、在居住環境，「爬不上去」的蟻族與都市打工者處在相似的階層位置上。只是相比沒有話語權的新工人階層，屌絲們還需要保有一份自輕自賤的文化／符號面具或說辭：「在一個自己無論怎樣努力也無法改動分毫的冷酷世界上，如何對自己遭受的一切創傷保持漠然的態度，並且轉化為黑色笑話，這是每個屌絲的終極哲學思考」。在這一點上，屌絲確實與阿Q有著跨越近一個世紀的「心有靈犀」。

《新週刊》用一種金融危機背景下日本、美國等發達國家的

中產階級都在「下流社會」的全球視野指出，屌絲與其說是中國特色，不如說更是一種「屌絲全球化」。不過，伴隨著中國經濟起飛而浮現出來的中產夢從誕生到破滅僅僅十餘年。僅以《新週刊》、《三聯生活週刊》這些「密切」關注都市小資「安危」的雜誌為例，不知不覺地勾畫了一幅屌絲的「卜行路線圖」：新世紀之初是「小資」格調、「忽然中產」，2005年前後是「超女快男」、「賤客來了」，2008年前後是許三多精神、杜拉拉升職記、「窮忙族」，2010年前後則是公民力量、蟻族、蝸居，到了2012年最終蛻變為「屌絲傳」與「後宮有戲」。在這種從小資到「忽然屌絲」的過山車或者說穿越劇中，屌絲雖然依舊保持喋喋不休地調侃、無厘頭和自嘲自賤的「本色」，但卻現出了「原形」──少了些許洋洋得意的犬儒主義，多了幾分苦澀的自怨自艾。

面對如此「囧」境的屌絲，《新週刊》並沒有用廣告語言講述逆襲案例來鼓勵「千萬屌絲們站起來」，反而降下身段挪用阿Q的精神勝利法以尋求一種「自我治療」，勸解屌絲用「付之一笑」的淡定來欣賞這分外「慘澹的人生」。這份少有的「現實主義」態度說出了「『高帥富』永遠是『高帥富』，『屌絲』終將是『屌絲』」的箴言或讖語。就在屌絲「大行其道」之時，一部熱播電視劇《後宮・甄嬛傳》再次精準地「刺痛」了時代的神經。《後宮・甄嬛傳》改編自80後網路女作家流瀲紫的同名小說，這部小說被譽為「後宮小說的巔峰之作」。選秀入宮的甄嬛被解讀為女屌絲逆襲白富美的榜樣（暫且不討論出身名門的甄嬛們都是「官」女子，或許她們是白富美中的屌絲），對於甄嬛來說，後宮是一場永無止境的權力鬥爭，保護自己的最好方式就是置競爭者及潛在的競爭者於死地。為了獲得皇帝寵幸，每個妃子

用盡伎倆、算計和厚黑學，愛情神話、姐妹情誼和善良純真等作為大眾文化「心靈雞湯」的超越性價值蕩然無存。在這裡，沒有正義與邪惡，只有高明和愚蠢。不管是勝利者，還是失敗者，本質上都是一樣的人。正如每一位打入冷宮的妃子都有一把辛酸淚，都曾經受盡屈辱，或者說每個人都被甄嬛化，就連皇帝也得經歷皇子的「死亡遊戲」（弒父或手足相殘）。所以說，即便是成功者、勝利者也並不意味著擁有正義或高尚的理由，只不過是比失敗者更蛇蠍、更惡毒、更陰險。這與其說是人倫綱常的後宮，不如說更是赤裸裸的叢林法則。

在這個意義上，《後宮・甄嬛傳》延續了80年代所形成的個人與權力、個人與體制、個人與秩序的二元圖景（個人取代了人民、階級等集體身份），這種把個人作為想像歷史／社會起點的方式是消費主義時代中產階級或小資自我寓言的邊界。如果說80年代作為歷史的人質和犧牲品的個人籠罩著一種自由與解放的夢幻，那麼在「深似海」的後宮中個人所能做出的選擇只能是「臣服」和順從，不可能、也拒絕對「壓抑而封閉」的權力秩序進行任何批判和反思。在甄嬛看來，沒有後宮之外的世界，不管是後宮，還是發配到寺廟修行，後宮式的「贏家通吃，輸家皆失」的秩序永存，除了再次回到後宮繼續「戰鬥」，別無他途。伴隨著新皇帝即位、甄嬛成為皇太后，這與其說是歷史的終結，不如說是新一輪後宮大戲的開幕。甄嬛的幸福不僅僅是她有著相對顯赫的出身、被選入宮的「姿色」以及討得皇帝歡心的「機智」，其「得意」之處還在於她被廢趕出宮外之後依然可以絕地反擊、重獲皇帝的寵幸，並玩弄雍正於股掌，最終貴為皇太后。也就是說，不管甄嬛變得多麼壞，她仍舊支撐著這個時代小資產階級、

白領或屌絲最大的「夢幻」。這種「一將功成萬骨枯」式的甄嬛之路與其說為屌絲們指明了人生的方向，不如說提供了YY（意淫）的新場景。相比美國電影《饑餓遊戲》畢竟在結尾處保留下一份愛情，後宮的「饑餓遊戲」則使甄嬛徹底變成了冷酷無情的孤家寡人，一個深諳後宮規則的「腹黑女」（此詞來自日本動漫，指外表善良、溫柔，而內心惡毒、有心計的女人）。

2012年夏秋之際紅透大江南北的電視欄目《中國好聲音》演繹了現實版的逆襲之旅。這檔浙江衛視花鉅資購買海外版權傾力打造的電視節目，讓湖南衛視的娛樂綜藝之王《快樂大本營》和江蘇衛視的婚戀經典《非常勿擾》黯然失色。《中國好聲音》再現了2005年《超級女聲》的「盛況」，從參賽學員、嘉賓導師到幕後製作、市場行銷，都成為人們津津樂道的「微博」話題。這檔節目的最大噱頭尋找無名歌者的「好聲音」確實有殺傷力，不僅僅讓觀眾大飽「耳」福，而且華麗的舞臺、大牌嘉賓的給力表現、細緻入微地多機位拍攝以及選手感人至深的「個人」音樂情感故事，都讓炎炎夏日中的觀眾享受了一把「視覺霜淇淋」。

儘管這檔節目是少有的真正製播分離的成功案例，但其所傳遞的文化價值觀卻與之前熱播的電視欄目《中國達人秀》、《中國夢想秀》並沒有本質差別。2010年東方衛視播出的《中國達人秀》推動真人秀節目由「超女快男」轉向身懷絕技的「草根」達人，而其原版《英國達人》被中國觀眾所熟知，則是因為2009年4月成功「製造」出蘇珊大媽的「奇跡」，一個體態發胖、衣著寒酸的小鎮大媽卻擁有「天籟」一樣的聲音。於是，在「全球」觀眾的見證之下，一隻「醜小鴨」瞬間變成了「白天鵝」。《中國達人秀》也秉承這樣的宗旨，把電視螢幕

變成「見證奇跡的時刻」，斷臂鋼琴師、菜花甜媽等草根達人紛紛登場，「相信夢想，相信奇跡」也隨之成為當下電視節目竭力營造的「文化氛圍」。2011年播出的《中國夢想秀》同樣是讓「身殘志堅」的殘障人士或擁有超級才藝的普通人「圓夢」的節目。

在《中國好聲音》「盲選」階段，除了一個又一個「好聲音」登場之外，最具有戲劇效果的就是嘉賓對選手的「爭奪戰」，這種成功者將留在聚光燈下、失敗者只能黯然離去的「競技場」非常恰當地言說著這個時代的生存規則。而在「淘汰賽」中，舞臺被「適時」地佈置成了「拳擊場」，選手「隨機」挑選對手，最揪心的瞬間就是導師含淚宣佈誰將留下的時刻，因為競技遊戲的規則就是必須有一個贏家。可以說，這些被進口節目所強化的「夢想總會從天而降」、「奇跡總會發生」以及「成者為王、敗者為寇」的競技邏輯，無疑成為自由競爭、適者生存的現代職場的翻版，只是看似命運掌握在自己手中，其實卻是成為「既定遊戲規則」下的幸運兒。

也許在這個社會結構越來越固化、現實生活越難遭遇奇跡的時代裡（正如人人都可以機會平等地購買彩票，而獲獎的卻只有一個），這些寂寂無名的音樂青年更渴望、也更相信幸運之星的降臨。在這些更加底層的幸運兒逆襲成功的「奇跡」背後是都市中產、白領日益屌絲化的事實，這使得新世紀以來以中產階級為主體的社會所支撐的「中國夢」越來越呈現白日夢的色彩。在這個意義上，構築新的「中國夢」與其說是給年輕人創造更多參加「饑餓遊戲」的機會，不如說更重要的是反思這種只有在「聚光燈下」才意味著幸福和成功的單一價值觀，恰如昔日的英雄雷鋒

並不是「逆天」的超人，而是普通人也能做到的螺絲釘。除了逆襲，真的就沒有其他出路，或者選擇了嗎？

寫於2011-2012年

第九章

與「孔夫子」和解：主流文化的重建與裂隙

一、「孔夫子」的文化「軟著陸」

　　2011年上半年，「孔子像」在國家博物館前的「短暫」停留，引起了不大不小的爭議。這種與「孔夫子」有關的論爭在近幾年的大眾文化中不斷浮現。如2006年圍繞著「學術超女」于丹的《論語》解讀所引發的爭論、2010年初上映的國片《孔子》與好萊塢大片《阿凡達》之爭、2010年底在孔子故里曲阜能否修建教堂之爭。而新世紀以來在學術（精英）思想界則出現了一股份外強勁和略顯龐雜的「文化保守主義」思潮，具體體現在曾經作為二元對立的儒學（傳統）／西學（現代化）、儒學／馬克思主義（毛澤東思想、革命）之間的融合，或者說文化和解。從這裡可以看出，儘管不乏爭議，但「孔夫子」在新世紀的文化舞臺上卻成為名副其實的「寵兒」。在這個過程中，既有官方／國家意識形態的「重拳出擊」（如「孔子像」與「新國博」的出現），又有大眾／民間／新中產把其作為文化「香餑餑」（如于丹版的《論語》），還有精英思想界的「學術蒙太奇」（如儒家社會主義、儒家憲政主義等高難度的剪輯術）。可謂「多方角力」、「眾聲喧嘩」、「成果豐碩」，「孔夫子」總算

在某種意義上實現了文化「軟著陸」，又重新降臨「告別（20世紀）革命」的中國。

如果說「五四」以來中國現代／革命最為重要的文化象徵行為就是「打倒孔家店」、「批林批孔」，直到80年代「第二次啟蒙」依然把「反傳統」作為開啟「現代化」、現代文明的前提條件，那麼80年代中期在反思激進主義／革命文化的背景下也出現了傳統文化／中華文化「復興」的思潮，尤其是海外新儒家對於東亞現代性的討論使得「傳統與現代」的水火不容轉變為一種彼此「相容」。90年代初期在冷戰終結／全球化的背景中，國學、儒學、傳統等不再是「封建殘餘」、也不是「現代化」的羈絆，而是遭遇／加入全球化過程中形塑民族國家／中華民族「文化身份」的重要組成部分。相比80年代「傳統文化」與「現代文明」的衝突和90年代「國學熱」的浮現，新世紀以來，對孔夫子與儒家最為重要的改寫，就是實現了曾經與現代中國／革命中國激烈對抗的「封建遺毒」（以儒家為代表的傳統思想），同官方／國家、民間／（作為消費者的）新中產和（以反傳統為底色的）現代知識份子之間的全面「和解」。

這次「孔夫子」的「強勢」回歸或者說「從被放逐被打倒到被尋找被推崇」的「回歸之旅」，似乎跨越了20世紀文化思想政治的基本邏輯（激烈的反傳統恰是現代中國／革命中國的基本底色），而這十年來也正好是中國加入WTO、經濟高速騰飛的時代。2010年中國已經成為全球第二大經濟體，在金融危機的背景中「戲劇性」地佔據著格外重要的位置。在這種背景下，傳統／儒學不僅成為中國對外宣講的「文化／國家軟實力」（「孔子學院」），而且也是對內形塑中華民族文化認同的重要媒介

（重新確立一套倫理及道德規範），以至於實現「中華民族的偉大復興」成為當下中國最為重要和有效的主流意識形態表述。與80年代中國渴望走向世界／西方、與西方文明「親密」接軌／出軌不同，當下的中國在取得了令人羨慕的現代化成就之後，沒有「坦然地」把這份「成功」歸結於「西化」的結果，反而迫切地需要找到一件「中國的」、「復古的」外衣，或者說一種文化禮儀之邦、一種扭轉了近代以來「落後挨打」命運的「強勢中國」的想像成為新世紀以來當代中國的自我寓言。這種「古典中國／盛世中國」的文化重構成功改寫了作為現代／啟蒙發端伊始的五四運動對於古老中國的經典論斷「禮教吃人的中國」和「封建壓迫的中國」。如果說80年代以來中國的主體狀態是掏空、否定自我以追求一種「現代化／西化」的新主體，那麼新世紀以來實現了經濟崛起的中國則試圖從斑駁的傳統／儒家文化中找回／重建一種具有自我主體性的表述。

　　這種被重新組裝／發明出來的「傳統」是一種比新儒家還要「新」的儒家（不管是于丹的《論語》心得，還是大陸新的儒學政治想像），卻充當著格外重要的意識形態「說服」功能。對於經歷七八十年代之交以及八九十年代歷史轉折的中國執政黨來說，主流價值觀始終處在一種自我悖論和撕裂狀態，這體現在堅持四項基本原則（政治上延續共產黨執政的基本制度）和堅持改革開放（經濟上以市場經濟為主）的內在衝突上，一方面要維繫共產黨領導下的社會主義制度，另一方面要創建適應市場經濟的文化價值觀。這種內在分裂使得一種反官方／反體制的文化想像成為推動市場化改革的情感動力，也使得80年代末期出現扶持「主旋律」創作和90年代推廣、界定「紅色文化」很難獲得由

衷認同。新世紀以來，新領導人陸續提出構建社會主義「和諧社會」、全面建設「小康社會」等帶有儒家倫理色彩的治國理念，提倡「八榮八恥」、「扶老攜幼」、「扶危濟困」、「孝道和感恩文化」等「中華民族傳統美德」來改善社會風氣（甚至有些地區把孝道作為公務員考核的重要組成部分）。另外，官方／主管文化和宣傳的意識形態部門全力推動、扶持國家文化／國家軟實力建設，尤其是逐步確立發展「文化產業」的訴求，某種程度上扭轉了80年代中後期以來直到90年代對於地方／傳統／民間文化的市場化政策，傳統文化資源成為不同地區打造文化名片、申請非物質文化遺產以及推動旅遊業的重要素材。更為重要的是，這種文化上的復興建立在對中國古代、近現代歷史的重寫之上（尤其是通過《大國崛起》／《復興之路》的雙重論述），傳統中國與現代中國的歷史斷裂被彌合，執政黨的執政合法性最終確立為實現「中華民族的偉大復興」。這在某種程度上克服了80年代以來主流價值觀自身的敘述困境。而與新世紀十年經濟的高速起飛相伴隨的是階級分化、區域發展不平衡等嚴峻的社會問題，面對如此巨變的現代生活，對於處在意識形態和價值觀混亂、懸置或真空狀態中的人們來說，某種通俗版本的儒學等傳統文化也許可以提供一種「安身立命」的說法（按照于丹的闡釋就是「發現你的心靈」以「心安理得」地接受其在社會中的位置）。如果說傳統／孔夫子的禮儀文化在官方／國家傾力打造的文化工程中作為「盛世中國」的文化符號以及讓在「叢林法則、適者生存」的市場環境中倍感疲憊的弄潮兒獲得心靈慰藉，那麼新世紀以來一些精英知識份子則試圖通過對儒學政治的重新闡釋，調整80年代以來與體制、官方相對抗的主體位置，無論是儒家社會主義，

還是儒家憲政主義，儒家都是中國作為連續的文明體的內在傳統。以至於在關於中國模式／中國經驗／中國道路的討論中，獨特的儒家文化也成為集權的政治體制與經濟的高速增長的重要推動力量。

可以說，儒家／傳統如同「萬金油」般可以滿足如此多元化的訴求（從官方到民間、從普通人到精英知識份子）。儒家／孔夫子這一被中斷的文化秘笈終於「千呼萬喚始出來」，在新世紀以來的中國文化舞臺上「粉墨登場」。不過，這種「復興」或者說「傳統／儒家」與現代／工業化／有中國特色社會主義的中國之間的嫁接工程並非沒有裂隙，正如「孔子像」的悄然登場、又悄然離去，其間也充滿了些許曖昧與尷尬。

二、「新國博」的重修

新世紀以來伴隨著經濟崛起，儒學／國學被官方重新「徵用」為國家形象、文化軟實力的代表，成為官方／國家主流意識形態的有機組成部分。一方面各大高校紛紛成立國學院（與此同時，馬克思主義學院也在高校出現），另一方面受到政府資助的「孔子學院」也在全球遍地開花（2004年第一所孔子學院在韓國首爾掛牌，至2010年10月全球已建成322所孔子學院）。孔夫子不僅被作為中華民族傳統文化的象徵，而且也是實現中華民族復興的文化標識。正如「中華民族的偉大復興」所呈現的當下中國與古代／盛世中國之間的隱喻關係，這種因西方衝擊而走向近／現代化之路的中國開始與1840年之前的中國建立一種「連續」的關係。在這個意義上，以「有朋自遠方來不亦說乎」為開

篇語的奧運會開幕式把古代／盛世中國作為當下崛起／復興中的中國的自我鏡像。而支撐「孔夫子」重新登臨歷史文化舞臺的則是近幾年來關於中國古代及近現代歷史的大規模重寫工作。

「孔子像」之所以引起爭議，很大程度上在於其放置在天安門廣場附近。天安門作為20世紀中國政治／文化的核心／象徵地帶，不僅是許多歷史事件的發生地（如五四運動、開國大典），而且重新改造的天安門廣場群落成為新中國毋庸置疑的政治／文化中心（正如那首膾炙人口的兒歌「我愛北京天安門，天安門上太陽升，偉大領袖毛主席，指引我們向前進」）。有趣的是，很少有人關心「孔子像」身後的中國國家博物館本身所發生的「脫胎換骨」的變化。在門前放置「孔子像」不過是這次國家博物館改造擴建工程的專案之一，這次改造工程開始於2007年，歷時四年共花費25億元人民幣。如此大規模的改建並非只是簡單地擴大建築面積及完善內部裝飾，更重要的是把2003年由中國歷史博物館和中國革命博物館合併而成「新國博」在建築結構上實現完全融合，成為名副其實的「國家」博物館，使曾經比鄰而居的「歷史博物館」和「革命博物館」完成「無縫對接」。

這兩個位於天安門東側的博物館有著各自不同的出身，中國歷史博物館的前身是中央博物院北平歷史博物館（籌建於辛亥革命之後），而中國革命博物館的前身是1950年成立的國立革命博物館籌備處。「博物館」的興起本身與近代西方殖民主義歷史有著密切聯繫，在英國、法國等帝國博物館中陳列著從殖民地「考古」、掠奪來的文物，而博物館的陳列方式也以西方（歐洲）／現代為中心來書寫、展示世界文明史。隨著民族國家作為世界秩序的基本單位，國家博物館在形塑民族身份和建構國家記

憶方面發揮著重要的功能。顯然，在中華民國剛剛成立之初就已經開始用「歷史博物館」的形式來再現中國古代歷史。而新中國成立之後，這兩個博物館又承擔著論述中華人民共和國合法性的功能，歷史博物館以「中國通史陳列」為主，按照經典馬克思主義的「人類」發展／進化論：「原始社會、奴隸社會、封建社會」的方式來敘述中國歷史的演進，主要以農民起義來聯接整個展覽。而革命博物館則是在毛澤東《新民主義論》的論述中再現1840年到1949年新中國成立的歷史，突顯共產黨領導下的人民群眾反帝、反封建的鬥爭歷史。這兩個如同連體嬰兒般的博物館在1959年被作為慶祝建國十周年的「北京十大建築」之一，成為天安門廣場的重要標識。文革期間（1969年9月），歷史博物館和革命博物館因為新的意識形態需要而被合併為中國革命歷史博物館，「中國通史陳列」也隨著意識形態鬥爭而被多次修改，如歷史下限從1840年延至「五四」運動，這既說明那句經常被引證的克羅齊名言「一切歷史都是當代史」，又說明對歷史／文化的重寫在50-70年代佔據著格外重要的位置。1983年中國革命歷史博物館再次被拆分，「恢復」到文革之前的狀態，直到2003年兩個博物館再次合併為中國國家博物館。

　　如果說60年代的「合併」借重的是「革命」的名義，那麼這次「合館」則是用「國家」的修辭來代替、統合「中國歷史」與「中國革命」的分疏。這既呼應著80年代以來去革命化的論述（包括在歷史研究中反思經典馬克思主義歷史觀的僵化認識論），又呼應著90年代以來尤其是新世紀之後隨著中國經濟崛起而日益凸顯的「國家」認同，或者說一種國家文化的重建。2012年，國家博物館舉行了建館100周年的紀念活動，把國家博

物館的前身追溯為1912年成立的「國立歷史博物館籌備處」，這就把現代中國與當代中國的歷史合二為一體。如果說80年代關於20世紀中國歷史一體化的論述把50-70年代作為異質性的段落排除在外，那麼新世紀以來這種從辛亥貫徹到當代的現代中國歷史則把包括50-70年代在內的20世紀中國歷史變成同質化的國家敘述。與中國國家博物館同時期出現的是中國國家話劇院（2001年由中國青年藝術劇院和中央實驗話劇院合併組建）、中國國家大劇院等一系列「國」字頭文化機構的重組和成立。新國博館長在接受採訪時說：「改建後的國家博物館建築面積將達19.2萬平方米，超過了美國大都會博物館、大英博物館等世界著名的博物館建築面積，為世界最大的博物館。今天，國家能拿出25億元用來擴建國家博物館，是一個國家軟實力的象徵，是一個國家的形象和視窗」[1]。從這裡可以看出，國家博物館的去革命化／去意識形態化與政黨／執政黨的國家化是一致的，在這個過程中，中國文化／傳統文化的浮現本身是為了更好地服務於國家軟實力和國家主流文化的重建。

如果說新國博通過這次大規模改建使得舊有的兩個館在「建築學」的意義上完成「聯姻」，那麼其內部陳列及其陳列方式則使其真正實現「舊貌換新顏」的歷史任務。新國博依然保留兩個常設陳列，以1840年為界，區分為「古代中國」和「復興之路」。這似乎延續了歷史博物館和革命博物館的陳列方式，但是從「中國通史陳列」到「古代中國陳列」已經發生了「變臉」，不再採用原始社會、奴隸社會、封建社會等社會演化形態來結構

---

[1] 廖翊：《館長呂章申描述改擴建中的中國國家博物館》，新華網2009年5月18日，http://news.xinhuanet.com/newscenter/2009-05/18/content_11397345.htm。

展覽，而是以王朝更替為主要線索，分為遠古時期、夏商西周時期、春秋戰國時期、秦漢時期、三國兩晉南北朝時期、隋唐五代時期、遼宋夏金元時期和明清時期等八個部分，其中古代珍貴文物成為展覽的核心。與此同時，「古代中國」還包括一些精品展覽，如《中國古代青銅藝術》、《中國古代佛造像藝術》、《中國古代瓷器藝術》等。可見，當下的「古代中國」通過把文物放置歷史前臺而實現一種對歷史的去歷史化敘述。在這種以珍貴文物為標識的輝煌的古代文明的前提下，「復興之路」成為重寫中國近現代革命歷史的基本策略。也就是說曾經光彩奪目的「古代中國」正是近代中國所要「復興」／「懷情」所在。在這個意義上，新國博完成了對「古代中國」和「復興之路」之間的內在融合。新國博標誌著80年代以來去革命化的歷史書寫終於實現了作為民族國家歷史記憶的重構。從這裡也可以看出，孔子像所象徵的傳統文化／中華文明與國家博物館所表徵的新的國家意識形態之間的裂隙並沒有想像得那麼大。

三、「發現你的心靈」

「發現你的心靈」是當下著名文化名人于丹在某地演講的題目，被收入同名圖書中，該書的其他作者也是近幾年來憑藉著電視節目《百家講壇》而天下聞名的學者／媒體人，如閻崇年、紀連海、孫雲曉等。如果說90年代余秋雨的《文化苦旅》某種程度上分享著80年代以來對於中國／傳統文化的內在批判，與此同時又開啟了一種旅行消費式的文化／地理想像，那麼以于丹為代表的「百家講壇」則試圖完成經典文本、傳統文化與當下生活的嫁

接，讓「經典」的雨露來滋潤乾涸的現代「靈魂」。與那些從傳統經典、民間智慧中「領悟」出商道、「成功」之道不同（如易中天的「三國權術」、王立群的「史記謀略」以及紀連海的「和珅之道」等有中國特色的職場厚黑學／關係學／潛規則），于丹把《論語》、《莊子》釀成一杯杯「酸酸甜甜就是我」的優酸乳，讓在市場大潮中身心俱疲的觀眾找到了「真的我」。「在現代生活中，我們該如何把握為人處事的分寸，當遇到不公正的待遇時，我們該保持什麼樣的心態，面對自己親近的人我們又該掌握什麼樣的原則，在紛繁複雜的社會環境中，我們怎樣才能保持一個良好的人際關係」，于丹的「靈丹妙藥」就是通過閱讀傳統來「發現你的心靈」，這樣就可以讓碌碌無為、失去理想和信念只為「稻粱謀」的當下中國人找到心靈快樂的源泉。

相比80年代激烈反傳統、批判中國文化的「文化熱」——如1985年前後「尋根」思潮的文化結果不是找到了失落的文化之根，而是重新發現了中華文化的病根和劣根性，需要用西方／現代文化來改造，中／西文化的對抗／比較背後是傳統與現代的根本衝突。而新世紀以來傳統文化的復興正好是為了醫治、補充現代生活的不足和空虛，傳統與現代不僅不是非此即彼的對立關係，反而是彼此相容的「和諧動車組」，正如于丹把《論語》解讀為人生之道、處世之道、理想之道、交友之道、心靈之道等人生哲學。這種《論語》版「心靈瑜伽」讓那些失意者、失敗者、失去信心的人們通過提升「心靈」修養就可以心安理得地獲得繼續生活下去的價值和勇氣。與這種火爆的「電視文化評書」相伴隨的是針對少年兒童的國學班、私塾班、誦經班的興起，以及民間／官方（尤其是地方政府）發起的「祭孔熱、孔誕熱、漢服

熱、祭祖熱、古禮熱、傳統節日熱、文化遺產熱」等文化活動
（2004年被認為是「傳統文化復興年」）。可以說，「傳統文
化熱」成為新世紀以來文化市場中最具商業價值的類型，如國學
讀物、《百家講壇》等都獲得了巨大的市場成功，于丹的《〈論
語〉心得》更是在不到三個月的時間裡就創造了230多萬的銷量
奇觀，高額的版稅也讓「學術超女」于丹一躍成為最有錢的中國
作家之一。

　　在八九十年代之交，面對亞洲四小龍的經濟崛起，海外新
儒家延續韋伯的問題意識（「新教倫理」／文化、宗教、制度等
軟實力與資本主義／工業化／經濟基礎等硬實力之間存在著內在
關係），提出儒家社會與東亞模式的命題，試圖用獨特的文化模
式（諸如忠誠、集體主義、勤勞節儉、鼓勵儲蓄等儒家的傳統理
念）來解釋韓國、臺灣、香港、新加坡的經濟崛起。這與20世
紀新儒家在遭遇西方現代性（尤其是民主與科學兩大西方／啟蒙
的支柱理念）過程中把儒家闡釋為心性之學／哲學相關（而擱置
儒家政治理念與皇權／王權之間的內在關係）。在東亞模式的論
題中，這種心性之學與現代化並不衝突，以儒家為代表的傳統文
化不僅不是如五四或左翼革命所認為的那樣是「現代化」的絆腳
石，而且還有利於資本主義／工業化的「落地生根」，恰如余英
時所述「傳統文化是塑造現代文明的基石」。在這個意義上，于
丹的「心得」有效地解決了80年代新儒家等文化保守主義者的
文化難題「中國傳統的創造性轉化」，把中國傳統經典作為現代
人在現代生活中找尋自我的文化仲介，這某種程度上也是新儒家
「內聖／心性」之學的通俗或大眾版本。與新儒家對「亞洲四小
龍」的韋伯式解讀相似，讓于丹得以實現這種傳統與現代「無縫

對接」的歷史語境同樣是中國經濟高速崛起的時代。也就是說，把這些傳統經典從歷史語境中抽離出來，套上「真空包裝袋」變成可以永不變質的「文化速食」，以供現代人可以健康、方便的品嚐。在這個意義上，這種看似對傳統文化的尊重其實分享著80年代對於現代化的基本信念，只是80年代現代生活還是遠方的海市蜃樓，而如今一部分中國人已經登上了高速飛馳的列車。

如果說傳統禮儀、文化修養為急速飛馳的列車提供一抹多姿多彩的「中國紅」（不是「紅色的革命中國」，而是喜慶的「中國結」），那麼得以登臨這趟高鐵的「乘客」卻是伴隨經濟起飛的「幸運兒」——新生都市中產者，他們用自己的文化消費支撐著大眾文化的景觀。如果由「傳統文化熱」進一步聯想到近幾年來同樣火熱的收藏熱（如電視中的鑒寶、藏寶欄目層出不窮）以及對古董、器物等物品所負載的歷史文化符號的津津樂道，可以看出文化的功能發生了巨大的變化，文化、歷史記憶已經成為有產者家庭內景的私藏，成為品味、格調、教養的象徵資本。于丹的橋樑作用在於，即使無法像收藏家那樣把負載文化價值的「藏品」變成家居擺設，也可以通過「發現你的心靈」的個人修為而變成「脫離低級趣味」的人。

這種具有「仁義禮智信」的儒家「五常」品德的人格魅力也成為新世紀以來諸多熱播影視劇中英雄／成功人物的道德風範。如《大宅門》（2001年）、《龍票》（2003年）、《大染坊》（2006年）、《喬家大院》（2006年）、《闖關東》（2008年）等民國家族商業傳奇劇，紛紛講述中國近代商業奇才的經營之道，這些「成功」的中國商人（民族資產者的楷模）被賦予一種儒商的文化外衣，從而把白手起家的「美國夢」的故事有效

地轉化為有中國特色的成功學。這樣一種「仁義」、「以德服人」、「以和為貴」的儒商精神，恰好是通過重建父權制的封建大家庭來完成的，不再是魯迅、巴金等「五四」一代筆下的「吃人」、窒息的《家》，而是大丈夫開創家族輝煌史的豪邁（這種家族發展史又往往借助抗日戰爭而實現與民族國家認同的對接）。同樣的敘事邏輯也被用在了2011年歲末熱播的現實題材電視劇《下海》中，大哥陳志平如父親般帶領著一幫兄弟姐妹經歷90年代到2000年十年的改革／「下海」劇變，這種「下海」（南下廣州發財）的故事也如同「闖關東」（北上東北墾荒／墾殖）般經歷各種酸甜苦辣，最終陳志平在堅持「不能損害國家和不能損害他人」雙重底線下獲得事業成功，對他的「歷史」評價是一個具有「仁義禮智信」（好朋友）和「有道德、有底線」（市委書記）的「好人」。從這裡可以看出傳統文化及其民間倫理的「靈丹妙用」，就是維繫陳志平在「下海」過程中所遭遇的一系列創業失敗、妻離子散等家庭及人生變故之後的基本倫理規範和道德秩序。從這個角度來說，儒家文化的「現代功效」就是「緩衝」、「削弱」從「東亞四小龍」到「中國崛起」過程中現代化／工業化／資本主義化對於舊有社會秩序的衝擊，為其間的成功者與失敗者都提供心靈撫慰。

四、與「孔夫子」的政治和解

如果說于丹的《論語》解讀實現了通俗版的儒家文化與市場經濟中的現實邏輯之間的對接，孔子像、新國博等則代表著國家意識形態對於儒學／傳統的「重新定位」，那麼新世紀以來在學

術思想界則出現了與儒學的「大和解」。相比八九十年代儒學／傳統被作為文化保守主義，近幾年來最為有趣的文化現像是，儒家與社會主義（新左派）、儒家與憲政主義（「自由派」）試圖完成高難度的「太空對接」，這種與中國傳統儒家／精英文化「接軌」的內在訴求是，通過反思西方普世價值尤其是西方中心主義的文化心態來確立一種中國文化的自覺與自主，而在這裡被指認、命名為「中國文化」的是以儒家為代表的傳統價值觀。

　　與20世紀以來新儒家尤其是建國後流落海外的新儒家把儒學改造為心性之學不同，新世紀之初大陸首先出現了以蔣慶為代表的政治儒學，試圖把內聖之學轉換為「外王之道」，接續被現代／革命／西方所中斷／阻斷的儒學政治傳統，顯然這種「文化蒙太奇」無法安置百餘年中國遭遇現代並「追求現代」的歷史（包括追求國家獨立、民族富強、個人平等基本的現代理念）。相比這些更為本質化的儒家／儒教學派，更為引人注目的則是一批以研究西學／西哲為基礎的學者從政治哲學的角度重新闡釋「通三統」，即打通傳統（儒家）、革命（毛時代）與現代（改革開放）之間的內在壁壘，建立一種中華文明連續體的論述。如80年代知名人物甘陽在2005年提出「孔夫子的傳統，毛澤東的傳統，鄧小平的傳統，是同一個中國歷史文明連續統」的說法，隨後又提出「用中國的方法研究中國的問題」、「用中國概念解釋中國」等研究思路。暫且不討論與國內思想文化界有密切關係的美國漢學界用「在中國發現歷史」取代「西方衝擊／中國反應」研究範式以及日本學者溝口雄三用「以中國為方法」來批判日本中國學研究中的西方問題意識，這種對西方中心主義的批判和對中華文明的自覺，恰好不是80年代以來文化保守主義者的延

續，而是80年代激烈反傳統和90年代新左派知識份子的學術轉型。如果聯繫到官方關於20世紀「三次革命」與「中華民族偉大復興」的論述，這種「通三統」的設想與之具有異曲同工之處，都把實現「中華民族偉大復興」的改革開放放置在更大的中國歷史傳統中來獲得合法性。與之相關的文化語境是2004年以來伴隨著中國經濟崛起而出現的中國模式、中國道路或中國經驗的討論。昔日曾經作為批判知識份子的竊竊私語（如80末期費孝通在全盤西化的背景下提出文化自覺以及90年代面對國家支持的市場自由化新左派提出重新認識中國社會主義傳統的問題），如今在大國崛起的背景下匯合成朝野共用的關於中國文化自覺的大合唱。

如果說甘陽式儒家社會主義實現了新左派與儒家的「和解」，那麼2008年以來一批90年代堅持新自由主義立場的學者則提出「儒家憲政主義」的「微言大義」，如秋風從儒家經典中發掘出中國歷史中早就存在的憲政主義傳統，「在孔子以來的中國歷史上，具有道德理想主義精神的儒家士大夫群體是抗衡專制的憲政主義力量」。這種「創造性」解讀／誤讀本身的症候在於通過把自我（80年代以來批判體制、反體制者）與體制的關係投射／影射為「以封建的自由抗衡正在到來的王權的專制」，從而實現一種以自由、民主為基本理念的現代主體與堅持天道人倫的儒生主體的轉換。這既延續了80年代以來以身抗暴的反體制的自由／啟蒙知識份子的主體位置，又借助儒家憲政傳統找到一種曾經缺失的中國身份和中國認同（而不是否定中國文化的西方認同），在這個意義上，這些自由派知識份子通過山寨／中國版的儒家憲政找到了某種可以依憑的中國文化的樹枝。

不過，這樣兩種看似南轅北轍的「學術蒙太奇」卻分享著相似的文化邏輯，或者說實現了相似的意識形態效果，就是在對西方中心主義的批判中完成對以儒家為代表的中國傳統文化的認同。正如秋風同樣講述了一個「通三統」的故事，「從時間的維度上說，『通三統』就是通當下中華人民共和國之統，此謂新王；『二王』則為中華民國及古代之統」、「從治理架構的角度看，古代之統為儒家士大夫與皇權共治體制，中華民國之統就是三民主義。從結構上說，在當代中國，『通三統』就是通儒家、憲政主義和民主主義（也即社會主義）這三統」。這種認同改變了20世紀初以來一直到80年代所蘊含了激烈的反傳統思潮，也調整了知識份子與體制的內在裂隙。只是在突顯儒家政治的當代價值或者說與民主、憲政、社會主義等理念的相容的過程中，閉口不談儒家「政治」自身所攜帶的封建性和壓抑性（如等級制、奴隸道德、皇權思想等），或者說這樣一種被純淨化的儒家政治恰好可以與當下社會結構實現某種契合。

　　如果說80年代的文化邏輯是一個發現和建構斷裂的歷史（傳統／現代、中國／西方、革命／現代、50-70年代／80年代等處在內在衝突的狀態），這種狀態導致中國主體處在一種懸浮（如先鋒派文學所提供的是一種「沒有地點和空間」的世界主義想像）和悖論狀態（如尋根文學處在「尋根」與「掘根」之間），那麼這種曖昧的主體位置在新世紀以來的歷史敘述中獲得了改變。無論是「大國崛起」、「復興之路」等官方關於中國／世界近現代史的重寫，還是從大眾文化市場中浮現的傳統文化熱以及精英思想界對儒家政治的再闡釋，都可以看出中國開始呈現為一種作為民族國家的「現代主體」的位置，一個擁有悠久歷史和傳統、並在

近代遭遇現代化的歷史中逐漸實現了現代化的新主體。在這個意義上，80年代並沒有在八九十年代之交落幕，仿佛直到新世紀第一個十年終結之處，那份籠罩在80年代的現代化／新啟蒙論述才「開花結果」。如果說80年代是一個強調歷史斷裂的時代，那麼新世紀以來的邏輯則是把斷裂的歷史重新縫合起來，把曾經激烈對立的傳統／現代、革命／現代、中國／西方等彌合起來。

五、孔夫子的幽靈

新世紀以來，「孔夫子」的強勢回歸是多重力量／立場耦合的結果。對於執政者來說，克服後三十年與前三十年的內在衝突，建構新的執政合法性是主流意識形態的內在訴求，而領導「中華民族走向復興之路」的執政理念，這就需要重新回收、倚重傳統文化／文明作為形塑「中華民族」的文化身份或國家軟實力；對於市場經濟內部的人群來說，傳統文化被建構為一種撫慰靈魂的「心靈雞湯」，一種階級區隔的文化教養和品味；對於傳統儀式的回歸或再造（祭孔大典和儀式）則聯繫著旅遊／文化經濟學；對於精英知識份子來說，與儒家的和解，使其不僅找到了「中國」身份，而且重寫確認了與執政黨的認同關係。可以說，官方（地方政府）、市場（民間）、知識份子（左右兩派）等面對中國崛起的事實「不約而同」地在孔夫子這個「重新歸來的陌生人」身上找到了文化公約數，試圖建立一種中國自主、自覺的文化價值共識。正如剛剛閉幕的十七屆六中全會把包括傳統文化在內的國家軟實力、文化產業化作為建設社會主義文化強國的重要途徑。

「孔夫子」顯然是一個伴隨著現代中國製造出來的文化幽靈，一方面「孔夫子」及其儒家正統被現代／革命宣判為糟粕，這種深刻的自我批判導致「中國主體」的被放逐、被懸置；另一方面「孔夫子」又不斷地被召喚回來，作為「中國文化」的正統和主流。也就是說，「孔夫子」是試圖告別但又無法告別的幽靈化存在。新世紀以來，孔夫子及其傳統文化之所以具有如此強大的「和解／和諧」功能，恐怕還與當下對於「文化」的重新理解和定位有關。從五四到80年代，文化一直充當著格外重要的功能（五四運動、「文革」本身就是以文化的名義開啟的），文化是政治活動的表徵，甚至文學／藝術本身就是政治（文學家參與政治運動是包括中國在內的第三世界反抗運動的常態）。而90年代以來或者說「20世紀終結」的標識之一就是文化實現了去政治化，文化開始與政治脫鉤（當然，這本身也是新自由主義的產物）。也正是這個時候，文化變成了文化產業、創意經濟學。在這種背景之下，傳統文化／現代文化、中國文化／西方文化都可以「握手言和」，組成一個多元化的文化拼盤（孔夫子、孫悟空、雷鋒都可以成為吸引旅遊的地方文化資源，而非物質文化遺產、紅色旅遊、民間宗教儀式可以並行不悖）。這本身呈現了後現代「文化政治」的包容性和虛偽性。一方面包容差異的多元主義文化是90年代全球化時代的主旋律；另一方面曾經佈滿政治裂痕、歷史汙漬的異質／他者的文化符號被「培育」成了無公害的、綠色的健康食品。正如穿著「民族」服裝出席「國際」活動，並非要凸顯一種另類的、差異性身份，恰好相反這是融入全球化大家庭的標識。在這個意義上，「文化」似乎從來沒有像今天這樣重要過（「文化」無處不在），也從來沒有像今天

這樣無足輕重過（「文化」是一件可以隨時穿起、更換和拋棄的遮羞布）。

值得強調的是，這種分外強勁的文化自主、文化自覺的論述出現在中國加入WTO、全面融入以美國為中心的全球資本主義體系的時期，這十年中國「主動」承擔起世界加工廠的「職責」，以廉價勞動力的後發優勢成為全球化一體化體系中的「優質生」，並且憑藉著以製造業為基礎的實體經濟在金融危機的大潮中再次佔據「後發優勢」。在這種社會轉型和劇變中，「孔夫子」成為被官方、市場和知識份子多重認同的文化記憶，作為一種不同立場的粘合劑，其實彼此之間並非沒有裂隙，但是文化霸權的意義在於一種動態平衡，或者說傳統文化／孔夫子成為一種「空洞的能指」／崇高客體，可以收編、整合這些彼此衝突的論述。

寫於2011-2012年

第十章

「舌尖」上的視覺「鄉愁」

一、「文化中國」的想像

近兩年，英國戰後知名的社會人類學家傑克・古迪（Jack Goody）的書被相繼翻譯成中文，一本是1982年出版的老書《烹飪、菜肴與階級》，一本是2006年出版的近作《偷竊歷史》[1]，兩本書都呈現了傑克・古迪對西方現代性歷史的自省。如果說《烹飪、菜肴與階級》通過對以列維・斯特勞斯為代表的結構主義人類學的反思，把歷史／階級的視野「烹飪」到對不同區域食物模式的分析，那麼《偷竊歷史》則是對近代以來西方中心主義的認識論進行了毫不留情地批判，認為作為普遍敘述的「時空觀」、「民主」、「文明」、「資本主義」、「個人主義」、「愛情」等觀念是對非西方（空間）／非現代（時間）價值觀的「偷竊」和壓抑。這種對西方／歐洲／現代中心主義的內在批判成為上世紀70年代以來西方人文社會學科的重要思潮，諸如《東方學》、《白銀資本：重視經濟全球化中的東方》、《亞當・斯密在北京：21世紀的譜系》、《大分流：歐洲、中國及現代世界經

---

[1] [英]傑克・古迪著：《烹飪、菜肴與階級》，浙江大學出版社：杭州，2010年；《偷竊歷史》，浙江大學出版社：杭州，2009年。

濟的發展》、《黑色雅典娜：古典文明的亞非之根》[2]等不同領域的學術著作都在近十年內翻譯到中國，這些西方學院（尤其是美國學院）內部的批判性論述對於打破中國80年代以來特定情勢下形成的「新啟蒙」話語具有啟示意義。

不過，有趣的文化錯位在於這些著作被翻譯到中國之時，也是中國經濟高速騰飛成為全球第二大經濟體的時代，這些批判性作品中所「解放」出來的中國故事（不再是愚昧、專制、停滯的帝國／古代中國）很容易被「一廂情願」地挪用到對中國崛起的合法性論述中，即當下的「崛起」不過是一種中國歷史內部的「復興之路」、一種悠久的「文明國家」的歷史延續。這種當代／當下中國與前現代中國的「完美嫁接」使得這20年經歷高速工業化／金融化的中國找到了「連續性」的外衣，一種「文化中國」的想像再度穿越過「異常激烈的20世紀革命／現代中國」而被建構為新的中國共識或中國主體。比如重新啟用「傳統中國」的文化符號，不管是至聖先師孔夫子的《論語》，還是老人們晨練的太極拳，都被展示為北京奧運會開幕式上的「中國元素」，再加上精英文化領域的儒學復興、民間社會中的讀經活動以及作為地方經濟增長點的文化旅遊熱（人文、歷史「資源」也成為一種文化遺產）。文化（傳統文化）再次被「發明」為民族身份、國家軟實力、差異性的多元標識。

---

[2]　[美]愛德華・W・薩伊德著：《東方學》，生活・讀書・新知三聯書店：北京，1999年；[德]貢德・弗蘭克著：《白銀資本：重視經濟全球化中的東方》，中央編譯出版社：北京，2005年；[意]喬萬尼・阿里吉著：《亞當・斯密在北京：21世紀的譜系》，社會科學文獻出版社：北京，2009年；[美]彭慕蘭著：《大分流：歐洲、中國及現代世界經濟的發展》，江蘇人民出版社：南京，2010年；[美]馬丁・貝爾納著：《黑色雅典娜：古典文明的亞非之根》，吉林出版集團有限責任公司：長春，2011年。

如果說80年代的文化運動（以人文學科為主）作為負載個人、人性、自由、民主等現代／啟蒙價值觀的媒介而成為社會關注的中心，彼時的社會經濟改革還處在醞釀和調整階段（換一種說法就是社會主義體制最後的「黃金十年」），那麼90年代以來這種市場自由化的改革就借助強有力的國家力量而全面推動，隨之文化被立即放逐到社會經濟生活的邊緣。而新世紀之交中國在成為世界製造業工廠的基礎上依賴以房地產為中心的城市化向產業金融化／虛擬化轉型，在此過程中文化軟實力、文化產業成為國家與市場重新「青睞」的空間（驀然回首，原來「文化」還有許多「用途」），一批大型文化工程如國家大劇院、國家博物館被組建完成，而文化產業／文化創意經濟學／城市運營也成為都市發展的新目標。經過十年的城市拆遷與改造，以「北、上、廣」為代表的特大城市變成了去工業化的消費主義國際大都市，與此同時也是文化產業中心。此時浮現出來的文化熱潮不再是那些負載現代價值觀的文化樣式（如純文學、藝術電影等），反而「徵用」相對於現代（時間）／城市（空間）之外的傳統文化、地方文化、原生態文化等。與80年代、90年代對於高樓林立的都市空間的欲望渴求不同（這正是中國90年代中後期拋棄中小城市走向國際化大都市發展的「升級」之路），這些年只有那些被「復原」的老街、老建築才被有選擇地作為承載城市歷史與記憶的文化象徵，如北京前門大街、上海城隍廟、廣州西關老街等，以及北京四合院、上海石庫門、天津五大道洋樓等被指認為代表地方特色和文化身份的建築符號。

可以說，這些「精心呵護」的懷舊空間成為填充劇烈現代化過程中的中國人情感主體的文化「佐料」。作為現代／城市中

國人，津津樂道的不是「密密麻麻的高樓大廈」，而是前現代或非現代的「文化鄉愁」——對各種文化／自然「遺跡」、「殘留物」的無限「熱戀」，這也說明一種新的「現代中國」（不是革命中國，也不是傳統中國）的主體已然建構完成。

二、舌尖上的「秘密」

不僅僅如此，近期還「意外」出現了一部呈現中國飲食文化的紀錄片《舌尖上的中國》，這部七集紀錄片在央視綜合頻道《魅力記錄》欄目一經播出就在微博上引起巨大「圍觀」，成為近些年難得一見的製作與口碑俱佳的國產原創紀錄片。據統計，該節目平均收視率為0.48%，比同時段電視劇高出30%。《新聞聯播》專門報導這部紀錄片是由相對年輕的團隊在資金和時間都不充裕的情況下製作完成，並已經被翻譯成各種語言，有可能成為中國紀錄片行銷全球的範例，這也正是推廣文化軟實力的題中之義。這部並非有意拍給外國觀眾看的「中國美食手冊」，其成功之處與其說是選擇有中國特色的飲食文化，不如說中國創意工作者也擁有了一種把「中國元素」風景化的講述能力。從這個角度可以說，《舌尖上的中國》確實有自己的「烹飪秘笈」，恰如片頭是一雙筷子夾著一塊／一張水墨畫般的豬肉（或豬肉石），一種只可意會不可言傳的「味覺」被調製為一檔濃濃的視覺「大餐」。這部紀錄片從全國各地（涉及22個省及港澳臺地區）採集「自然食材」，並把它們「轉化」（拍攝、剪輯）為沁人心脾的視覺形象，讓觀眾通過「眼睛」來感知這些「熟視無睹」的埋藏在心靈深處（胃部）的「味道」，深得「口福／味覺」與

「眼福／視覺」的辯證法。其實，在電視螢幕上從來不缺乏飲食類的節目或專題片，甚至這種「廚房裡的秘密」早就被電視機這個客廳／臥室中的視窗據為己有，「美女私房菜」、「廚藝大比拼」、「地方菜大舞臺」等等不一而足。為何《舌尖上的中國》會「恰逢其時」又「與眾不同」呢？

　　如果借用傑克・古迪在《偷竊歷史》一書中開篇就討論「時間與空間」的問題，指出作為近代歐洲支配性敘述的「時間」（文明的現代）與「空間」（具有比較優勢的歐洲）都「偷竊」於非西方地區，那麼時間與空間也是現代性的兩個基本維度。《舌尖上的中國》也正是在這樣兩個「卷軸」上呈現中國博大精深的飲食風景畫的。從空間來說，這部「美食圖」沒有過多地留戀於大都市的喧囂和高檔餐飲的奢華，而是走進窮鄉僻壤、邊陲之地，如香格里拉原始森林裡的松茸、藏族人保持了3000年的黑陶工藝、雲南大理諾鄧山區的火腿、廣西柳州盛夏的竹海、吉林查幹湖寒冬中的捕魚者等。那些在少數民族聚集區（相比漢族中心的異域風光）、鄉野之間存在的「鄉村盛宴」，以及特定的民間習俗、傳統節日（如春節、端午節、重陽節）與飲食之間的「心心相惜」都成為不可或缺的「食材」，即使已經消逝、變成民俗旅遊項目的高蹺淺海捕魚等也是不可或缺的菜肴，在這裡，自然、老傳統、手工藝、老味道都成為釀制「鄉愁」之酒的酵母菌和酒麴。如果說這種對於邊緣、異鄉的「空間」想像本身包含著一種「時間的味道」（第四集標題），那麼「小時候」、童年、家鄉的食物則成為一種時間上的懷舊，如北京、上海、香港、長沙等都市空間開始浮現，這些普通人家的廚房記載著返鄉／歸國的80後、90後們那份無法忘懷的媽媽菜或家鄉菜的味

道，於是朝鮮族姑娘金順姬「從小在呼蘭河邊長大，她現在生活在北京。對她來說，故鄉，就是這種讓她魂牽夢繫的泡菜的味道」。在故鄉／北京的空間分割中，作為民族／個人記憶的泡菜成為了那一抹濃濃的鄉愁之物。

　　當然，北京人也有自己的「鄉愁」。這部紀錄片最後一集《我們的田野》的最後一個故事講述的是「屋頂上的菜園」。住在胡同裡的老北京人張貴春在自家屋頂上精心培育了一個「自己的」菜園。鏡頭從蕭瑟的北京春天拍起，到了夏天，屋頂菜園已是一番「花鳥蟲魚」的豐收景象，立秋時節，鄰居們聚在「空中菜園」中一起包餃子，餃子餡就是菜園中收穫的大角瓜，真是「采菊東籬下，悠然見南山」。片中畫外音說「貴春種的番茄酸甜清新，正是令人懷念的幾十年前的老味道」，這種「老味道」、都市種菜人的辛苦以及鄰裏之間分享豐收的果實的畫面，就是「舌尖上的秘密」。這種「秘密」在於，在這個高樓大廈的都市叢林中「意外」出現的「空中菜園」，就如同沙漠之海中的一片綠洲，或者說這個勤勞的北京人，「復原」了一種對於早就離開「土地」的城裡人相當「奢侈」的農家生活。片中特意強調，「當都市中的人們湧向菜場，將遠道而來的蔬菜帶回家，貴春卻像個自在的農夫，就地取材，自給自足」。這種自己種自己吃的「幸福感」還不夠，相比一般的都市人，貴春不僅可以吃到「最放心的」、最健康的綠色有機水果和蔬菜，更重要的是在這座都市沙漠的「空中樓閣」中貴春和鄰裏之間「短暫地」體驗了一把熟人的、親情的、帶有些許集體感的生活狀態，這在個人主義／孤獨／原子化／「陌生人」的都市叢林中是多麼珍貴的溫馨時刻。

不管在現實生活中，還是紀錄片裡張貴春的故事都是個案中個案。對於已然過著現代生活的都市人來說，食品的工業化早就深入到從種植到銷售的各個環節。也許，正因為對「食品的生產」的絕對「匱乏」，這種農家的、鄉村的詩意與浪漫才會成為現代人「屢試不爽」的、「難以自拔」的欲望的「幻象」。這些足以勾起胃酸／欲望的視覺畫面也恰好宣告了這種自給自足的「農夫」生活的死亡或滅絕。張貴春的這種個人創造性地「複現」現代人的「菜園」，既是一種烏托邦式的「海市蜃樓」，又是一次對於前現代農耕文明的「戲仿」。

三、「美食家」的登場

相比一般國產紀錄片，《舌尖上的中國》拍攝更為考究，多個機位、兩級鏡頭，微距拍攝應有盡有，尤其是對「烹飪」細節的特寫以及「物視點」（攝影機放在食品上），讓觀眾看得「垂涎三尺」。這部獲得熱映／熱議的國產紀錄片比那些試圖呈現「中國元素」的古裝武俠大片（如《英雄》、《無極》、《夜宴》、《滿城盡帶黃金甲》等）更加賞心悅目，不僅沒有賣弄、糾結和矯情之感，反而以小見大實現「潤物細無聲」的文化功效。如果說古裝武俠大片存在著對權力中心的認同與被閹割的主體之間的文化悖論（如《英雄》中刺客被迫而又主動地投降秦王）[3]，那麼《舌尖上的中國》則有意識地建構了一種柄谷行人所論述的「外在的風景」與「內在的心靈」之間的觀看關係。正

---

[3] 賀桂梅：《看「中國」——中國大片的國際化運作與國族敘事》，參見2009年6月《「華語電影與國族敘述」國際學術研討會》的會議論文。

如《鄉村的盛宴》中「在王小整的村寨裡，一些年輕人已經脫離種植糯稻的生活，定居在城市。伴隨著糯稻種植圈的不斷萎縮，傳統農耕所維繫的集體生活方式也日漸隱退」，可以說，那些即將消逝的、隱秘在山間鄉野中的美食與味道就是「外在的風景」，而「看風景的人」則是充裕著童年懷舊的現代主體／新興都市中產階級，只有他們能夠實現「才下舌頭，又上心頭」的「轉化的靈感」（第三集標題）。而這種主體位置的形成來自於並不遙遠的80年代。

很多評論者在說到這部紀錄片時都會提到1983年發表的作家陸文夫創作的經典小說《美食家》，現在看來，這部作品無疑成為記載著七八十年代之交歷史／文化轉型「密碼」的重要文本。也正是借助這部作品，「美食家」從「好吃懶做」的帶有資產階級情調的寄生蟲變身為有文化、有品位的「吃貨」。小說並沒有以美食家的口吻來描述，而是以文革中遭受迫害曾經發表「反吃喝宣言」的餐廳經理「我」的視野來展開，講述了「我」與「好吃成精」的資本家／美食家朱自冶從建國前到改革開放之初四十年的恩怨。按照「我」的說法，「硬是有那麼一個因好吃而成家的人，像怪影似的在我的身邊晃蕩了四十年」[4]。朱自冶之所以是「怪影」，是因為在「我」這個解放前參加革命的幹部眼中，靠收房租過日子的朱自冶就是一個沒有一技之長的酒囊飯袋和「貪圖享樂的寄生蟲」，是「朱門酒肉臭，路有凍死骨」的舊社會剝削制度的代理人，朱自冶代表著一種腐朽的資產階級習氣。於是，解放後「翻身做了主人」的「我」想盡各種辦法來改

---

[4]　陸文夫著：《美食家》，人民文學出版社：北京，2006年1月，第1頁。

造生活糜爛的「美食家」。不過，80年代「我」複出之後，才恍然發現這種「文化改造」不僅沒有改掉朱自冶「好吃」的惡習，而且新時期以來更加發揚光大，「轉身」成為「美食專家」和烹飪協會的會長。

這種僵化的、保守的「老左派」與寒酸、有特殊癖好的「吃貨」之間的二元對立是80年代之初保守與改革兩條道路之爭的漫畫化書寫，有趣的問題在於作者依然讓「我」佔據敘事主體的位置，「美食家」是「我」眼中的另類和他者，這無疑延續了50-70年代革命者作為歷史敘述主體的位置。小說的結尾處，「我」中途逃離了朱自冶「奢靡」的家宴，心裡淤積著怒火：「四十年來他是一個吃的化身，像妖魔似的纏著我，決定了我一生的道路，還在無意之中決定了我的職業。我厭惡他，反對他，想離他遠點，可是反也反不掉，揮也揮不走……」。在這裡，不管是「怪影」，還是「妖魔」都是50-70年代試圖壓抑、斬草除根的資產階級墮落文化，而這種讓「我」感到厭惡的代表著享受、享樂的「美食」卻在80年代「浴火重生」。雖然「我」毅然選擇去赴工人階級之家的喜宴，「一直走到阿二家，我心中的怨氣才稍稍平息」，但是似乎沒有誰還記得這個沒有留下名字的「我」，反而對那個「只會吃，不會做」的「空頭」美食家流連忘返（暫且不討論小說中「我」的失敗與其說是朱自冶的復活，不如說更是60年代出現的社會主義文化內部如何處理消費與勞動的悖論）。

如果說小說中用解放前朱自冶品嘗過的蘇州名菜與建國後「我」提倡的「大眾菜」作為「資產階級味覺」與「無產階級味覺」的對抗，那麼這種「吃的政治學」在80年代被作為新的意

識形態重建的修辭，味覺與階級沒有關係。在這個意義上，這種「去階級化」的味覺政治依然處在一種文化鬥爭的氛圍中。而30年之後播出的《舌尖上的中國》中的「美食」文化則再次抹平或遮蔽了文化的政治性，變成了一種消費主義文化、一種在旅遊中展覽的「菜肴」。正如許多餐館的後廚用透明的玻璃櫥窗來讓食客「看見」，或者直接在食客面前展示做菜的過程（新聞直播間也讓觀眾看到主持人背後的調控室，仿佛這新聞不是幕後製作完成的，而是帶著新鮮的「現場感」）。這種讓烹飪變得「可見」正是為了滿足文化消費的心理，這也就是為何紀錄片會如此關注食材、選料，會如此津津有味地呈現製作美食的每一個環節和細節，包括挖藕人、辛勤的勞作也可以變成一處美麗的風景。這種「風景化」有效地回避了《美食家》中所存在的勞動代表著自力更生、自食其力的階級美德以及「不勞而獲」則是吸血鬼和社會寄生蟲的代名詞。也正因為文化被消費化，那種在《美食家》中存在的「名貴」菜肴與便宜的「大眾菜」之間的階級／等級之別也被小心地抹除了，「美食家」所不屑一顧的「大眾菜」卻成了《舌尖上的中國》念茲在茲的美食。

四、「幻象」的功能

如果有好事者把《舌尖上的中國》「穿越」到80年代放映，恐怕當時的人們很難理解，為何30年之後中國人依然背負著「傳統」的「封建專制」的包袱。正如片中把「傳統」與「食物的記憶」耦合起來：「中國人的傳統家庭觀念代代相承，他們傳承給下一輩的東西，下一輩也會繼續傳承下去。就像餃子，這就是

中國人一輩子代代相傳的一種記憶，一種食物的記憶。」在80年代所建構的「現代化」敘述中，城市與鄉村成為了文明／愚昧、開放／封閉、自由／囚禁的二元對立的空間。問題不在於重新使用這種「現代化」的邏輯來批判這種鄉土的浪漫想像的虛幻，而在於不管是對現代化的高歌，還是對鄉土文化的挽歌，農村／鄉土都成為了徹徹底底的他者之地。現代人不願意承認，正是現代化／工業化／城市化的生活，不僅抹除了鄉土生存的主體空間，而且把鄉土淪落為城市化的補給站和垃圾填埋場。也就是說，在農村、鄉土已然被捲入工業化之後，它們被一種浪漫主義的反現代性的情懷再次「徵用」為一處現代性的鄉愁。在這個意義上，這些對鄉土詩意的符號化所實現的是對鄉土生活的再次剝奪和抹平。

就在這部紀錄片熱播之時，一種質疑的聲音也隨之產生。面對近些年中國食品安全接二連三地出現重大問題（如「毒奶粉」、「地溝油」、「瘦肉精」等），這部甜膩的紀錄片有「粉飾現實」之嫌，也有人寫出「舌尖上的兩個中國」、「毒舌中國」的文章。這無疑呈現了都市中產階級的雙重主體狀態，一方面是無限認同、分享休閒節假之餘把飲食文化作為旅行者的風景和記憶，另一方面又對經濟高速發展過程出現的食品安全、環境危機保持高度敏感。這種主體仿佛「穿越」在不同的時空之中，這也是當下全球中產階級的普遍狀態。正如齊澤克在解讀《阿凡達》時指出，對於觀看好萊塢的觀眾來說，一方面去影院觀看土著大敗武裝到牙齒的敵人（嚮往潘朵拉星球綠色、環保、生物多樣主義的理念），另一方面走出影院支援美國用高科技武器發動阿富汗、伊拉克戰爭（恐怕不會同情那些遭受無人飛機轟炸的恐怖分子或平民）。

在這裡，如《阿凡達》、《舌尖上的中國》等文本充當著一種意識形態幻象的功能。幻象不是虛幻、謊言和欺騙，更不是對當下主流意識形態（現代資本主義的生活方式）的批判和拒絕，而是一種對現代性邏輯的再次確認和精心維繫，使得現代人更加坦然、自然地生活在「異化」的空間中。或者說，這是對不夠安全、不夠完美的現代化生活秩序的有益補充。這也正是城裡人週末去農家樂、去郊區體驗大自然，或者到租借的農場「親自」種地的樂趣所在，這種旅遊休閒的「樂此不疲」是為了緩解週一到週五在污染的、異化的、非自然的都市叢林中工作的壓力和不快，以便「疏鬆筋骨」之後可以「鼓足幹勁」繼續回到城裡過「正常」的生活。在這個意義上，《舌尖上的中國》就是一座有機的、無公害的視覺「氧吧」，讓人們（尤其善於操作微博的都市白領）可以足不出戶、宅在個人／私密空間中補充綠色的精神食糧。

寫於2012年7月

結　語

　　本書用文化研究的方法來反思大眾文化、主體再現與主流意識形態之間的關係。隨著中國90年代轉向更加激進化的市場化改革，大眾媒體越來越發揮著主流意識形態的功能，大眾文化成為政府／國家、市場／資本等多重力量彙聚之地。有感於2008年「5.12汶川大地震」中瞬間凝聚的「愛的奉獻」以及個人對國家的重新認同，我開始有意識地寫作一些對當下大眾文化現象的研究。收入本書的文章大部分完成於2008年至2012年，可以說是2012年初在秀威出版的《墓碑與記憶：革命歷史故事的償還與重建》一書的姊妹篇，只是與後者聚焦於新世紀以來熱播影視劇不同，本書則主要以電視欄目、報刊、雜誌等大眾傳媒中浮現出來的文化文本為主。不過，兩本書分享相似的問題意識，就是以金融危機和中國崛起為背景，分析主流意識形態重構與社會主體形塑的歷史過程。

　　在一種回望的視野中，2008年成為中國新世紀歷史的轉折之年。從年初南方遭遇特大冰凍雨雪災害開始，就拉開了2008年多災多難之年的序幕，如五月份遭受建國以來震級最高的地震「5.12汶川特大地震」、六月份是華南、中南地區發生嚴重洪澇災害、九月份是山西襄汾縣「9.8」潰壩事件。不僅如此，2008年還是多事之秋，如三月份有西藏「3.14」事件、四月份是奧運

火炬海外傳遞受阻，可以說，這一年充裕著一種少有的悲情色彩。與此同時，2008年還是奧林匹克運動會在北京成功舉辦、神舟七號載人航太飛船成功飛行並實現中國宇航員首次太空行走以及紀念改革開放30周年的重要時刻，所以說，這一年又是彰顯「盛世中國」、「中國崛起」的年份，僅兩年之後，中國經濟就在金融危機的背景下「戲劇性」地超過日本成為全球第二大經濟體。從這個角度看，2008年可謂「悲情中國」與「盛世中國」相互交織的年代。就在這種愛恨交錯中，一種關於中國的國家認同和某種社會共識開始浮現出來，自然災害（如大地震）與政治危機（如藏獨破壞奧運聖火）反而激發、培育了中國民眾尤其是青年一代的國家認同和愛國精神。在這個意義上，2008年具有重要的標識意義，是80年代後毛澤東時代國家認同／主流價值觀獲得重建的轉捩點。

2001年中國加入WTO，這是中國經濟與世界真正接軌的時刻，也是中國被深深捲入新自由主義全球化秩序的時刻。加入WTO不僅繼續鞏固了90年代以來中國以廉價勞動力的方式吸引海外資本並進而成為世界加工廠的位置，而且加快了中國社會的金融資本化的進程。從90年代到新世紀，中國在完成工業化成為世界工業大國的同時也處在從工業產業資本（實體經濟）向金融服務業資本（虛擬經濟）轉型的時期。按照大陸經濟學家溫鐵軍的描述，90年代末期中國的產能和資本出現雙重過剩，加入WTO實際上是為過剩的中國商品和資本尋求出路[1]。2003年前後國內開始討論「走出去」的問題，這十年來中國企業、中國資本

---

[1] 溫鐵軍等著：《八次危機：中國的真實經驗1949～2009》，東方出版社：北京，2013年，第153-217頁；

確實以驚人的速度深入非洲、拉美及歐美地區，中國也「突然」擁有了海外利益的問題。當然，更為重要的是過剩的資本以及海外資本被吸引到這十年來增長最快的房地產行業中（土地背後是金融資本），房地產帶動中國大規模的城市化，也就是以北上廣為核心的後工業城市完成去工業化。如果說金融危機沉重打擊著新自由主義／全球化的信心，那麼中國崛起則日益成為一種可見的事實。與這種經濟高速增長相伴隨的主旋律是「大國崛起」、「中華民族復興」和「中國模式」，其高潮段落就是2008年絢麗璀璨的北京奧運開幕式。就在奧運會開幕式／中國崛起的大幕拉開之際，蟻族、蝸居、屌絲等準中產階級開始遭遇社會危機，新世紀以來所形成的中產夢面臨「夢醒時分」，危機時代的主流意識形態轉變為草根達人的成功夢和屌絲們的逆襲之旅。

在大眾文化的書寫中，新中產和農民工作為雙重主體在中國崛起的景觀中顯影出來，前者是被詢喚為橄欖型社會（如美國等發達國家）的中堅力量以及民主化的推動者，後者是在社會想像中佔據邊緣位置的弱勢群體、差異性存在。如果說新中產是中國經濟崛起過程中的獲益階層，那麼農民工／新工人則是90年代以來支撐中國成為世界加工廠的廉價勞動力，前者以消費者的身份成為消費社會的「主人」，後者則是隱藏在消費主義舞臺背後不可見的全球化時代的生產者，兩個社會群體都是中國社會轉型和經濟改革中出現的「新人」。之所以為「新」，與中國近30年的發展以及二戰之後世界產業格局的變化有著密切的關係。中產階級成為美國及發達國家的社會主體，基本上是二戰後在福利國家和產業轉移的背景下出現的新現象。按照英國馬克思主義歷史學家霍布斯鮑姆在《極端的年代》中的描述，上世紀50-70年代是

資本主義的「黃金時代」，這是一個藍領工人白領化、知識精英成為職業經理人、製造業工人開始從事第三產業的時代。隨著中產階級的崛起，原有的勞動力密集型的第二產業並沒有消失，先是轉移到日本（五六十年代），隨後是韓國、臺灣、香港等亞洲四小龍地區（六七十年代），最後轉移到中國最先對外開放的沿海地區（80年代開始）。

這種新的全球產業分工在冷戰終結之後以全球化／新自由主義的名義下被再次強化，直到新世紀之交中國成為名副其實的「世界工廠」，中國過度生產、歐美過度消費的全球資本主義空間地理學形成。2012年有一部好萊塢科幻重拍片《全面記憶》[2]（Total Recall），這部影片把未來世界呈現為由兩個空間組成，一個是機器保安、戒備森嚴的後現代大都市空間英聯邦，一個是人聲嘈雜、擁擠不堪的唐人街式空間殖民地，技術工人居住在殖民地，每天乘坐穿越地心的高速地鐵到英聯邦工作。這樣兩極化的空間想像（如2012年另一部好萊塢電影《逆世界》[3]）與其說是對19世紀貧富分化的社會圖景的回歸，不如說更表徵著金融危機時代美國消費與中國生產之間的空間斷裂。在後工業社會，中產階級取代了19世紀資產階級／無產階級的二分法成為新的社會主體，尤其是以消費者的身份成為大眾文化景觀中可見的主角。隨著產業轉移而製造出來的以中國為代表的新型產業工人大軍則成為不可見的他者。那些基於西方消費社會的批判理論也由建立在以生產者／無產階級為核心的經典馬克思主義變成對消費社會、符號經濟的批判（如鮑德里亞的《消費社會》、《符號

---

[2] 台灣譯為《攔截記憶碼》。
[3] 台灣譯為《顛倒世界》。

政治經濟學批判》等），這種以消費者為中心的批評視野同樣看不見全球化時代裡的雙重生產者，分別是產業轉移到第三世界所製造出來的新勞動力大軍以及隱匿在第一世界內部的多由非法勞工組成的體力勞動者。

這種歐美消費者與第三世界生產者的主體分裂，一方面使得都市中產階級所從事的旅遊經濟、文化產業、高科技術、資訊產業、金融產業等第三產業成為後工業社會的主體產業類型，另一方面工業化時代的無產階級、工業廠房在消費空間主導的都市景觀中變成消失的主體和廢墟化的空間。這種全球產業的「乾坤大挪移」造成歐美發達國家的產業中空化和以中國為代表的發展中國家的工業化，與發達國家的中產階級化相伴隨的是如中國等新興經濟體的無產階級化。同樣的產業及社會結構在中國社會內部被複製再生產。90年代中後期隨著中國城市化加速以及新世紀以來的經濟崛起，在中國沿海地區成為對外出口的世界加工廠的同時，中國都市尤其是大都市開始向後工業社會轉型，消費社會及其消費主義的邏輯成為90年代以來大眾文化的主旋律。這種八九十年代以來持續的工業化與新世紀以來實體經濟向虛擬經濟轉型的去工業化，就是農民工和新中產在當下中國登場的歷史緣由。與後工業社會的文化再現邏輯相似，在中國的文化景觀中，能夠出場的依然是形形色色的消費者，農民工／生產者隱匿在消費主義景觀背後。這種消費者／生產者的身份斷裂，不僅使得從事工業勞動的生產者在消費空間中被遮罩（正如城市建築工地被綠色帷幔所包裹，而作為消費空間的高檔酒店卻要用透明玻璃有意暴露廚房空間，如同新聞直播間同樣用透明玻璃讓觀眾看到後臺剪輯室，仿佛這樣就可以保證看見真相一樣），更重要的是這

些流連／留戀於購物廣場的消費者自身作為生產者的身份也被遺忘了。

　　收入本書的文章大多已經發表，其中《「愛的奉獻」的霸權效應、公民社會的想像及批判的位置》一文最早發表在《臺灣社會研究季刊》上，部分內容刊發《二十一世紀》（香港）、《文化縱橫》；《遮蔽與突顯：作為社會修辭的「農民工」》一文最初寫作於2004年北京大學戴錦華教授主持的「文化研究工作坊」，曾被收入薛毅老師主編《鄉土中國與文化研究》一書，2012年又被林春城先生推薦到韓國《中國現代文學》上發表。其他文章（或節選）多發表在《天涯》、《南風窗》、《天下》、《社會學家茶座》、《中國圖書評論》、《藝術評論》、《話題》年度叢書等思想文化刊物。在此向這些刊物的編委會、尤其是劉繼明、劉複生、楊早、寧二、田磊、王萍、劉昕亭、李雷等師友表示衷心感謝。最後，不得不說，本書的出版得益於好友陳均兄的推薦和蔡登山先生的賞識，這是我在秀威出版的第二本書，感動於秀威同仁對大陸青年研究者的扶持和厚愛！期待這本關於當下大陸大眾文化的研究能夠得到真誠的批判與回應。

2013年5月於京郊百望山

參考文獻

1. 薄一波：《若干重大決策與事件的回顧》，中共中央黨校出版社：北京，1991年；

2. 戴錦華：《隱形書寫——90年代中國文化研究》，江蘇人民出版社：南京，1999年；

3. 戴錦華主編：《書寫文化英雄——世紀之交的文化研究》，江蘇人民出版社：南京，2000年；

4 陳分森：《大轉變——國有企業改革沉思錄》，人民出版社：北京，1999年；

5. 葛象賢、屈維英：《中國民工潮——「盲流」真相錄》，中國國際廣播出版社：北京，1990年；

6. 國家經貿委企業改革司編：《國有企業改革與建立現代企業制度》，法律出版社：北京，2000年；

7. 公羊主編：《思潮（中國「新左派」及其影響）》，中國社會科學出版社：北京，2003年；

8. 黃平、崔之元主編：《中國與全球化：華盛頓共識還是北京共識》，社會科學文獻出版社：北京，2005年；黃平、崔之元等主編：《中國模式與「北京共識」：超越「華盛頓共識」》，社會科學文獻出版社：北京，2006年；

9. 黃宗智：《中國研究的範式問題討論》，社會科學文獻出版社：北京，2003年；

10. 金觀濤、劉青峰：《興盛與危機 論中國封建社會的超穩定結構》，湖南人民出版社：長沙，1984年；

11. 羅崗、倪文尖編：《90年代思想文選》，廣西人民出版社：桂林，2000年；

12. 呂新雨：《鄉村與革命——中國新自由主義批判三書》，華東師範大學出版社：上海，2012年；

13. 李歐梵：《現代性的追求》，生活・讀書・新知三聯書店：北京，2000年；

14. 郎咸平：《新帝國主義在中國》，東方出版社：北京，2010年；

15. 呂途：《中國新工人：迷失與崛起》，法律出版社：北京，2013年；

16. 潘維主編：《中國模式：解讀人民共和國的60年》，中央編譯出版社：北京，2009年；

17. 潘毅：《中國女工：新興打工者主體的形成》，九州出版社：北京，2011年；

18. 潘毅、盧暉臨、張慧鵬：《大工地：建築業農民工的生存圖景》，北京大學出版社：北京，2012年；

19. 喬均：《國有企業改革研究》，西南財經大學出版社：成都，2002年；

20. 秦暉：《田園詩與狂想曲——關中模式與前近代社會的再認識》，中央編譯出版社：北京，1996年；

21. 隋曉明：《中國民工調查》，群言出版社：北京，2005年；

22. 孫立平：《轉型與斷裂——改革以來中國社會結構的變遷》，清華大學出版社：北京，2004年；

23. 孫立平：《重建社會——轉型社會的秩序再造》，社會科學文獻出版社：北京，2009年；

24. 瑪雅主編：《戰略高度：中國思想界訪談錄》，中國出版集團、生活·讀書·新知三聯書店：北京，2008年；

25. 王小波：《沈默的大多數——王小波雜文隨筆全編》，中國青年出版社：北京，1997年；

26. 溫鐵軍：《中國農村基本經濟制度研究——「三農」問題的世紀反思》，中國經濟出版社：北京，2000年；

27. 溫鐵軍：《我們到底要什麼》，華夏出版社：北京，2004年；

28. 溫鐵軍：《解構現代化——溫鐵軍演講錄》，廣東人民出版社：廣州，2004年；

29. 溫鐵軍等：《八次危機：中國的真實經驗1949-2009》，東方出版社：北京，2013年；

30. 汪暉、陳燕谷主編：《文化與公共性》，生活·讀書·新知三聯書店：北京，1998年；

31. 汪暉：《現代中國思想的興起》，生活·讀書·新知三聯出版社：北京，2004年；

32. 汪暉：《去政治化的政治：短20世紀的終結與90年代》，生活·讀書·新知三聯書店：北京，2008年；

33. 謝冕、張頤武：《大轉型：後新時期文化研究》，黑龍江教育出版社：哈爾濱，1995年；

34. 薛毅編：《鄉土中國與文化研究》，上海書店出版社：上海，2008年；

35. 薛湧：《仇富——當下中國的貧富之爭》，鳳凰出版傳媒集團、江蘇文藝出版社：南京，2009年；

36. 新週刊雜誌社編：《向中產看齊——一個階層和它引領的生活》，廣東人民出版社：廣州，2004年；

37. 《新週刊》雜誌社編：《屌絲傳》，灘江出版社：桂林，2013年；

38. 余大興、胡小勇：《腳下的長路——中國民工現象透析》，經濟科學出版社：北京，1998年；

39. 葉維麗、馬笑冬：《動盪的青春：紅色大院的女兒們》，新華出版社：北京，2008年；

40. 楊湛：《洶湧民工潮》，廣州出版社：廣州，1993年；

41. 楊宏海：《打工世界：青春的湧動》，花城出版社：廣州，2000年；

42. 章敬平：《拐點：決定未來中國的十二個月》，新世界出版社：北京，2004年；

43. 鄭永年：《中國模式經驗與困局》，浙江人民出版社：杭州，2010年；

44. 鄭念：《潮落‧潮漲——民工潮透視》，中國人民大學出版社：北京，1993年；

45. 鄧正來：《國家與市民社會：一種社會理論的研究路徑》，中央編譯出版社：北京，2002年；

46. 趙剛：《知識之錨》，廣西師範大學出版社：桂林，2005年；

47. 趙潤田主編：《北漂白皮書——告訴你一個真實的演藝圈》，武漢出版社：武漢，2004年；

48. 朱蘇力：《送法下鄉——中國基層司法制度研究》，中國政法大學出版社：北京，2000年；

49. 朱蘇力：《道路通向城市：轉型中國的法治》，法律出版社：北京，2004年；

50. [美]莫里斯・梅斯納：《毛澤東的中國及其發展——中華人民共和國史》，社會科學文獻出版社：北京，1992年；

51. [美]莫里斯・邁斯納：《馬克思主義、毛澤東主義與烏托邦主義》，中國人民出版社：北京，2005年；

52. [美]本傑明・I・史華慈：《中國的共產主義與毛澤東的崛起》，中國人民大學出版社：北京，2006年；

53. [美]本尼迪克特・安德森：《想像共同體：民族主義的起源與散佈的新描述》，上海人民出版社：上海，2003年；

54. [美]伊曼紐爾・沃勒斯坦：《百思社會科學：19世紀範式的局限》，生活・讀書・新知三聯出版社：北京，2008年；

55. [美]李成編著：《「中產」中國：超越經濟轉型的新興中國中產階級》，上海譯文出版社：上海，2013年；

56. [英]恩斯特・拉克勞、查特爾・墨菲：《領導權與社會主義策略——走向激進民主政治》，黑龍江人民出版社：哈爾濱，2003年；

57. [法]鮑德里亞：《消費社會》，南京大學出版社：南京，2008年；

58. [英]德里克・希特：《何謂公民身份》，吉林出版社集團有限責任公司：長春，2007年；

59. [德]馬克思、恩格斯：《共產黨宣言》，人民出版社：北京，1997年；

60. [德]馬克思：《資本論》，人民出版社：北京，1953年；

61. [德]馬克思：《路易‧波拿巴的霧月十八日》，人民出版社：
北京，1997年；

62. [意]葛蘭西：《葛蘭西文選1916～1935》，國際共運研究
所編譯，人民出版社：北京，1992年；

63. [意]亞伯特‧馬蒂內利：《全球現代化──重思現代性事
業》，商務印書館：北京，2010年；

64. [印]帕沙‧查特吉：《被治理者的政治──思索大部分世界
的大眾政治》，廣西師範大學出版社，2007年；

65. [澳]傑華：《都市里的農家女──性別、流動與社會變遷》，
江蘇人民出版社：南京，2006年；

Viewpoint22　社會科學類　PF0135

危機時代與主體建構
——新世紀以來中國大眾文化研究

作　　　者／張慧瑜
主　　　編／蔡登山
責任編輯／廖妘甄
圖文排版／楊家齊
封面設計／陳怡捷

發　行　人／宋政坤
法律顧問／毛國樑　律師
出版發行／秀威資訊科技股份有限公司
　　　　　114台北市內湖區瑞光路76巷65號1樓
　　　　　電話：+886-2-2796-3638　傳真：+886-2-2796-1377
　　　　　http://www.showwe.com.tw
劃撥帳號／19563868　戶名：秀威資訊科技股份有限公司
　　　　　讀者服務信箱：service@showwe.com.tw
展售門市／國家書店（松江門市）
　　　　　104台北市中山區松江路209號1樓
　　　　　電話：+886-2-2518-0207　傳真：+886-2-2518-0778
網路訂購／秀威網路書店：http://www.bodbooks.com.tw
　　　　　國家網路書店：http://www.govbooks.com.tw

2014年1月　BOD一版
定價：380元
版權所有　翻印必究
本書如有缺頁、破損或裝訂錯誤，請寄回更換

國家圖書館出版品預行編目

危機時代與主體建構：新世紀以來中國大眾文化研究 / 張慧瑜
著. -- 一版. -- 臺北市：秀威資訊科技, 2014.01
　　面； 　公分. -- (Viewpoint 22 ; PF0135)
　BOD版
　ISBN 978-986-326-220-6(平裝)

　1. 流行文化

541.262 　　　　　　　　　　　　　　　102027885

讀者回函卡

感謝您購買本書，為提升服務品質，請填妥以下資料，將讀者回函卡直接寄回或傳真本公司，收到您的寶貴意見後，我們會收藏記錄及檢討，謝謝！如您需要了解本公司最新出版書目、購書優惠或企劃活動，歡迎您上網查詢或下載相關資料：http:// www.showwe.com.tw

您購買的書名：＿＿＿＿＿＿＿＿＿＿＿＿＿＿＿＿＿＿＿＿＿

出生日期：＿＿＿＿年＿＿＿＿月＿＿＿＿日

學歷：□高中 (含) 以下　　□大專　　□研究所 (含) 以上

職業：□製造業　□金融業　□資訊業　□軍警　□傳播業　□自由業
　　　□服務業　□公務員　□教職　　□學生　□家管　□其它＿＿＿＿

購書地點：□網路書店　□實體書店　□書展　□郵購　□贈閱　□其他

您從何得知本書的消息？

　　□網路書店　□實體書店　□網路搜尋　□電子報　□書訊　□雜誌
　　□傳播媒體　□親友推薦　□網站推薦　□部落格　□其他＿＿＿＿＿＿

您對本書的評價：（請填代號　1.非常滿意　2.滿意　3.尚可　4.再改進）

　　封面設計＿＿＿　版面編排＿＿＿　內容＿＿＿　文／譯筆＿＿＿　價格＿＿＿

讀完書後您覺得：

□很有收穫　□有收穫　□收穫不多　□沒收穫

對我們的建議：＿＿＿＿＿＿＿＿＿＿＿＿＿＿＿＿＿＿＿＿＿

＿＿＿＿＿＿＿＿＿＿＿＿＿＿＿＿＿＿＿＿＿＿＿＿＿＿＿＿＿

＿＿＿＿＿＿＿＿＿＿＿＿＿＿＿＿＿＿＿＿＿＿＿＿＿＿＿＿＿

＿＿＿＿＿＿＿＿＿＿＿＿＿＿＿＿＿＿＿＿＿＿＿＿＿＿＿＿＿

11466
台北市內湖區瑞光路 76 巷 65 號 1 樓

秀威資訊科技股份有限公司　　　收

BOD 數位出版事業部

....

（請沿線對折寄回，謝謝！）

姓　　名：＿＿＿＿＿＿＿＿＿　年齡：＿＿＿＿　性別：□女　□男

郵遞區號：□□□□□

地　　址：＿＿＿＿＿＿＿＿＿＿＿＿＿＿＿＿＿＿＿＿＿＿＿

聯絡電話：(日) ＿＿＿＿＿＿＿＿＿　(夜) ＿＿＿＿＿＿＿＿＿

E-mail：＿＿＿＿＿＿＿＿＿＿＿＿＿＿＿＿＿＿＿＿＿＿